Felix Berth, Angelika Diller,
Carola Nürnberg, Thomas Rauschenbach

Gleich und doch nicht gleich

Der Deutsche Qualifikationsrahmen und
seine Folgen für frühpädagogische Ausbildungen

Deutsches Jugendinstitut (Hrsg.)

DJI-Fachforum Bildung und Erziehung

Band 10

Felix Berth, Angelika Diller,
Carola Nürnberg, Thomas Rauschenbach

Gleich und doch nicht gleich

Der Deutsche Qualifikationsrahmen und seine Folgen für frühpädagogische Ausbildungen

Verlag Deutsches Jugendinstitut, München 2013

Das Deutsche Jugendinstitut e.V. (DJI) ist ein zentrales sozialwissenschaftliches Forschungsinstitut auf Bundesebene mit den Abteilungen „Kinder und Kinderbetreuung", „Jugend und Jugendhilfe", „Familie und Familienpolitik" und „Zentrum für Dauerbeobachtung und Methoden" sowie dem Forschungsschwerpunkt „Übergänge im Jugendalter" (Außenstelle Halle).

Seine Aufgaben sind anwendungsbezogene Grundlagenforschung über die Lebensverhältnisse von Kindern, Jugendlichen und Familien, Initiierung und wissenschaftliche Begleitung von Modellprojekten der Jugend- und Familienhilfe sowie sozialwissenschaftliche Dienstleistungen. Das Spektrum der Aufgaben liegt im Spannungsfeld von Politik, Praxis, Wissenschaft und Öffentlichkeit. Das DJI hat dabei eine doppelte Funktion: Wissenstransfer in die soziale Praxis und Politikberatung einerseits, Rückkoppelung von Praxiserfahrungen in den Forschungsprozess andererseits. Träger des 1963 gegründeten Instituts ist ein gemeinnütziger Verein mit Mitgliedern aus Institutionen und Verbänden der Jugendhilfe, der Politik und der Wissenschaft. Dem Kuratorium des DJI gehören Vertreter des Bundes, der Länder, des Trägervereins und der wissenschaftlichen Mitarbeiterschaft des DJI an. Die Finanzierung erfolgt überwiegend aus Mitteln des Bundesministeriums für Familie, Senioren, Frauen und Jugend und im Rahmen von Projektförderung aus Mitteln des Bundesministeriums für Bildung und Forschung. Weitere Zuwendungen erhält das DJI von den Bundesländern und Institutionen der Wissenschaftsförderung.

Alleinauslieferung: Springer Fachmedien Wiesbaden GmbH

Layoutkonzeption und Umschlag: Anja Rohde, Hamburg
Gesamtherstellung: grafik+druck GmbH, München

ISBN 978-3-87966-439-9

Inhalt

Vorwort

Der Deutsche Qualifikationsrahmen für lebenslanges Lernen (DQR) verfolgt ehrgeizige Ziele. Er soll sämtliche Qualifikationen, die Menschen im Laufe ihres Lebens erwerben, sichtbar und international vergleichbar machen. Das soll – zumindest theoretisch – ausschließlich durch eine Betrachtung der Lernergebnisse erfolgen; an welchem Ort und auf welche Weise gelernt wird, soll dabei keine Rolle spielen. Schon dieses Konzept widerspricht der deutschen Tradition, wonach ein Bildungsort mindestens so wichtig ist wie die Kompetenzen, die im Prozess der (Aus-)Bildung erworben werden.

Darüber hinaus ermöglicht der DQR mit seiner achtstufigen Klassifizierung von Kompetenzen auch Vergleiche, die bisher unüblich waren. Berufliche und akademische Bildung können nun ebenso zueinander ins Verhältnis gesetzt werden wie formale Qualifikationen zu jenen Kompetenzen, die in informellen oder nonformalen Kontexten erworben wurden. Was bisher sorgsam getrennt und abgegrenzt wurde, wird verknüpft und vergleichbar. Diese neue Sichtweise kann auch dazu führen, dass Bildungsgänge als gleichartig beschrieben werden, denen früher kaum jemand eine Art von Gleichheit zugeschrieben hätte.

So wurden die Abschlüsse der deutschen Fachschulen im Januar 2012 auf dem gleichen Niveau des DQR eingestuft wie die Bachelor-Abschlüsse der deutschen Hochschulen – auf Niveaustufe 6. Damit sind Fachschulausbildungen, die für den Beruf der Erzieherin qualifizieren, auf dem gleichen Niveau wie die neuen kindheitspädagogischen Bachelor-Studiengänge. Diese Setzung, die im Mai 2013 von Bund und Ländern in einem Beschluss kurz vor Redaktionsschluss dieses Buches festgeschrieben wurde, irritiert das frühpädagogische Arbeitsfeld; auch wirft sie Fragen auf, die nicht nur die Frühpädagogik betreffen: Worin besteht die vermeintliche, worin die tatsächliche Gleichheit von Qualifikationen? Welche Auswirkungen haben solche Postulate von Gleichartigkeit auf die betroffenen Arbeitsfelder? Werden sich durch solche Setzungen auch die Ausbildungen verändern?

Um solche Fragen zu diskutieren, veranstaltete das Deutsche Jugendinstitut im April 2012 eine Fachtagung mit dem Titel »Das Gleichheitsdilemma. Folgen und Nebenwirkungen einer Neuformatierung der frühpädagogischen Ausbildungslandschaft«. Bei dieser Veranstaltung der Weiterbildungsinitiative Frühpädagogische Fachkräfte (WiFF) am Deutschen Jugendinstitut waren Expertinnen und Experten aus Wissenschaft und Praxis aufgefordert, ihre Antworten auf diese Fragen zur Diskussion zu stellen. Die Positionen sämtlicher Referentinnen und Referenten, ergänzt durch weitere Beiträge, finden sich in diesem Buch, mit dem auch die langjährige Leiterin der WiFF, Angelika Diller, in den Ruhestand verabschiedet wird.

Das Buch ordnet die Beiträge in vier Themenblöcke. Am Anfang steht ein Blick auf Ausbildungen und Ausbildungsforschung in der Frühpädagogik. Thomas Rauschenbach nimmt die Ausbildungslandschaft in ihrer Gänze in den Blick: Welches Gesamtbild ergibt sich? Wie weit ist die Professionalisierung vorangeschritten? Er beschreibt die neuen Aufstiegschancen, aber auch die neuen Aufstiegsfallen. Peter Cloos setzt sich mit möglichen Unterschieden fachschulisch und hochschulisch ausgebildeten Fachkräften auseinander. Er zeigt, welche empirisch gesicherten Erkenntnisse bisher vorliegen, und entwickelt eine Systematik für eine fachkräftevergleichende Forschung. Joanna Dudek, Kirsten Hanssen und Bianca Reitzner machen die Größenverhältnisse der verschiedenen Ausbildungen sichtbar. Sie beschreiben, wie sich die Zahlen der Fachschülerinnen und Fachschulabsolventinnen in den letzten Jahren entwickelt haben, und analysieren die Trends zu Quereinstiegen und Teilzeitausbildungen. Tina Friederich beleuchtet schlaglichtartig, wie andere Länder den Europäischen Qualifikationsrahmen umsetzen und frühpädagogische Qualifikationen einordnen, indem sie die Entwicklungen in England, Frankreich und Dänemark mit ihren jeweiligen landestypischen Setzungen skizziert.

Der zweite Teil des Buches stellt die Frühpädagogik in den Zusammenhang von Bildungssystemen und personenbezogenen Dienstleistungen. Eine bildungssoziologische Analyse der personenbezogenen Dienstleistungen legt Martin Baethge vor. Er zeichnet nach, wie der Stellenwert von personenbezogenen Dienstleistungen in den letzten Jahrzehnten gewachsen ist, und nähert sich einer Antwort auf die Frage, welchen Beitrag hochschulische Ausbildungen zur Professionalisierung leisten können. Marianne Friese nimmt eine berufspädagogische Analyse vor. Sie verortet die Frühpädagogik in der professionellen Sorgearbeit und analysiert ihre genderspezifische Codierung. Detailliert zeigt sie auf, welche Kompetenzen in Curricula, Ausbildungen und Studiengängen vonnöten sind, um Sorgearbeit systematisch zu professionalisieren. Eberhard Funk beschreibt die Entwicklung des Deutschen Qualifikationsrahmens. Er skizziert die wichtigsten Kontroversen um den DQR und stellt die künftigen Themen bei der Weiterentwicklung des DQR dar.

Unterschiedliche Standpunkte in der frühpädagogischen DQR-Kontroverse bündelt der dritte Teil. Hier vertritt Manfred Müller-Neuendorf eine fachschulische Sicht; demnach bedeutet die Stufe 6 des DQR eine Aufwertung der Fachschulen. Claus Stieve hingegen nimmt die Perspektive der Hochschulen ein. Er argumentiert, dass akademische Ausbildungen einen wichtigen Beitrag für die Professionalisierung der Frühpädagogik leisten, und plädiert dafür, das Angebot an kindheitspädagogischen Studiengängen weiter auszubauen. Hilmar Hoffmann richtet den Blick insbesondere auf die Universitäten. Diese bieten derzeit nur wenige kindheitspädagogische Studiengänge an. Hilmar Hoffmann zeigt auf, unter welchen Umständen die Universitäten vom Beobachter des Ausbildungsgeschehens zu stärker Beteiligten werden könnten.

Der vierte Teil präsentiert Sichtweisen von Expertinnen und Experten aus Politik, Gewerkschaft und Einrichtungsträgern: Welche möglichen neuen Konturen zeichnen sich für das Arbeitsfeld der frühpädagogischen Fachkräfte ab? Doris Beneke sieht die Fachschulausbildung noch nicht faktisch auf dem DQR-Niveau 6 angekommen und plädiert für einen Professionalisierungsschub in der Erzieherinnenausbildung. Klaus Schäfer erklärt, dass die Balance zwischen fachschul- und hochschulausgebildeten Fachkräften noch gefunden werden muss. Ilse Schaad erläutert, ob die DQR-Einstufung auch Folgen für die Bezahlung nach sich ziehen kann.

Ein solches Buch ist, gerade wenn es nicht erst mehrere Jahre nach der Tagung erscheinen soll, auf die zügige Kooperation vieler angewiesen. Wir danken allen Autorinnen und Autoren für ihre Bereitschaft, auf Nachfragen und Änderungswünsche des Herausgeberteams einzugehen; wir danken auch Laura Eras, Astrid Klammt, Gisela Schweikl und Ronja Steinke, die die Manuskripte schnell und sorgfältig überprüft haben.

Die Herausgeberinnen und Herausgeber

I. Ausbildungen und Ausbildungsforschung in der Frühpädagogik

Der Preis des Aufstiegs? Folgen und Nebenwirkungen einer frühpädagogischen Qualifizierungsoffensive

Thomas Rauschenbach

Im letzten Jahrzehnt konnte man wiederholt beobachten, wie externe Anlässe, wie von außen einwirkende Beschlüsse das gesamte Arbeitsfeld, das sich mit Kindern und Familien beschäftigt, dynamisieren. Dabei lesen sich die Namen dieser Anlässe wie eine europäische Städtetour: Pisa, Bologna, Lissabon, Kopenhagen – alles Chiffren für Reformen der Bildungs- und Ausbildungswelt, die (auch) die Frühpädagogik betreffen, ohne dass dabei zumindest anfangs besonders viel fachinternes Zutun bemerkbar gewesen wäre.

Bei all diesen Reformprozessen wurden die Koordinaten der Frühpädagogik in kurzer Zeit neu abgesteckt. So veränderte die erste international vergleichende *PISA-Studie*, bekanntermaßen eine Schülerbefragung von 15-Jährigen, den deutschen Bildungsdiskurs und in der Folge partiell auch die Bildungsinstitutionen nachhaltig. Als eine anfänglich so nicht erwartbare Nebenwirkung wurde in diesem Zusammenhang eine Neujustierung der frühkindlichen Bildung ins Spiel gebracht: Früher, besser und gezielter sollten Kinder von klein auf gefördert werden. »Bildung von Anfang an«, so etwa der Titel des Hessischen Bildungs- und Erziehungsplans von 2007 (vgl. Hessisches Sozialministerium 2007), wurde zu einer darauf abzielenden, davor kaum vorstellbaren Devise, die in allen Bundesländern eine stärkere Akzentuierung des Bildungsbezugs der Kindertageseinrichtungen anhand von Bildungs- und Erziehungsplänen zur Folge hatte.

Ebenso wenig denkbar war es vor gut zehn Jahren, dass hierzulande in einer ausgesprochen kurzen Zeit so außergewöhnliche Anstrengungen in Sachen U3-Ausbau unternommen werden, wie das seit 2007 zu beobachten ist (vgl. Rauschenbach 2013a). Unter Bezugnahme auf die sogenannte *Lissabon-Strategie*, mittels derer sich die Mitgliedstaaten der Europäischen Union im Jahr 2000 auf eine Strategie für Wachstum und Beschäftigung einigten, um die EU binnen eines Jahrzehnts zum wettbewerbsfähigsten Wirtschaftsraum der Welt zu machen, entschied sich Deutschland für Verbesserungen der Kinderbetreuung; angestrebt wurde ein markanter Ausbau der Kindertageseinrichtungen, entsprechend den europäisch vorformulierten Zielen einer »Verbesserung der Vereinbarkeit von Arbeit und Privatleben, insbesondere durch Bereitstellung zugänglicher und erschwinglicher Betreuungseinrichtungen für Kinder« (BMFSFJ 2008, S. 1). Seit 2007 erfolgt demnach ein rascher und starker Ausbau der Betreuungsangebote für Kinder unter drei Jahren. Dieser sogenannte »U3-Ausbau« wurde zu einem nationalen bildungspolitischen Schlüsselprojekt, dem das neue »Kinderförderungsgesetz« (KiFöG) zugrunde lag, das einen Rechtsanspruch auf Tagesbetreuung für ein- und zweijährige Kinder ab August 2013 gewährt.

Der dritte Reformstrang trägt das Label *Bologna-Prozess*. Er wurde bereits 1999 auf europäischer Ebene als politischer Reformprozess in Gang gesetzt, an dessen Ende ein einheitlicher europäischer Hochschulraum stehen sollte. So einigten sich die europäischen Bildungsministerinnen und Bildungsminister auf die Einführung von Studiengängen mit Bachelor- und Master-Abschlüssen. In Verbindung mit dem kurz zuvor in Deutschland eingerichteten Akkreditierungsverfahren war damit das Tor zur Umstrukturierung vorhandener Diplom- und Magister-Studiengänge, aber auch zur Einführung neuer Bachelor- und Masterstudiengänge weit geöffnet. Der Weg in das Zeitalter früh- bzw. kindheitspädagogischer Hochschulstudiengänge war damit geebnet. Beinahe über Nacht entwickelten sich vor allem an den Fachhochschulen zahlreiche Varianten frühpädagogischer Bachelor-Studiengänge, die in Zukunft unter dem gemeinsamen Dach der »Kindheitspädagogik« firmieren sollen (vgl. JMFK 2011, S. 1; Dudek/Hanssen/Reitzner, in diesem Band).

Auch bei diesem Reformprozess fällt der Kontrast zur jüngeren Vergangenheit auf: Noch Ende des letzten Jahrhunderts waren Bemühungen um einen Modellversuch einer Hochschulausbildung für frühpädagogische Fachkräfte zum Scheitern verurteilt; der Aufbau einer frühpädagogischen Hochschullandschaft erschien damals in weiter Ferne (vgl. Rauschenbach/Beher/Knauer 1996, S. 363; Beher/Hoffmann/Rauschenbach 1999).

Schließlich hat der *Kopenhagen-Prozess* für die berufliche Bildung etwas Vergleichbares hervorgebracht wie »Bologna« für die Hochschulen. So sollte auch hier die europäische Zusammenarbeit gestärkt, gemeinsame Instrumente zur Qualitätssicherung in der beruflichen Bildung erarbeitet und Grundsätze zur Validierung non-formal und informell erworbener Kompetenzen entwickelt werden (vgl. BMBF 2012). Ein Resultat dieser Bemühungen ist der »Europäische Qualifikationsrahmen – EQR« und in seiner Folge der »Deutsche Qualifikationsrahmen – DQR« (vgl. Europäische Kommission 2008; Arbeitskreis Deutscher Qualifikationsrahmen 2009; Blings/Ruth 2012; KMK/BMBF/WMK/BMWi 2013 a).

Diese neue Rahmung brachte zusätzlich Bewegung in die Frühpädagogik. Es entzündete sich eine fundamentale Kontroverse, der zufolge das

Verhältnis der sozialpädagogischen Fachschulen – lange Zeit als Ausbildungsort fast mit einem Alleinstellungsmerkmal ausgestattet – zu den sich neu aufstellenden Hochschulen ausgelotet werden muss. Infolgedessen war bei diesem Thema auf einmal ebenfalls nichts mehr so selbstverständlich wie all die Jahrzehnte zuvor. Mehr noch: Das Vorhaben eines vereinheitlichten Qualifikationsrahmens wirft grundlegende Fragen zum künftigen Verhältnis von beruflicher und akademischer Ausbildung auf. Im Endeffekt zieht es sogar Fragen nach einer generellen Neujustierung der bundesdeutschen Hochschullandschaft und des gesamten (beruflichen) Ausbildungssystems nach sich (vgl. auch Baethge, in diesem Band).

In Anbetracht dieser neuen Dynamik und den damit verbundenen Entwicklungen will der nachfolgende Beitrag diese Thematik in den Mittelpunkt rücken und sowohl die Folgen dieser neu entstandenen Lage in der frühpädagogischen Ausbildungslandschaft als auch mögliche Nebenwirkungen ausloten. Dabei ist es nicht ganz einfach, sich den Kontroversen um den DQR einigermaßen unvoreingenommen zu nähern, den Überblick zu behalten und zugleich die Implikationen und Fallstricke dieser Debatte aufzuzeigen. Um diesem Anspruch ansatzweise gerecht zu werden, soll die frühpädagogische Ausbildungslandschaft etwas breiter in den Blick genommen werden, wobei eine Verständigung über konsensfähige Befunde ebenso notwendig ist wie über die vorerst nicht auszuräumenden Differenzen, um so die möglichen Spielräume weiterer Entwicklungen auszuloten.

Das unvollendete Projekt der europäischen Vereinheitlichung

Bei dem hier anstehenden Thema ist ein kurzer Rückblick in das Europa der späten 1980er-Jahre lehrreich. Der Rat der Europäischen Gemeinschaft entwickelte damals – nachdem die in den 1960er-Jahren begonnenen Versuche einer inhaltlichen Vereinheitlichung von Hochschulstudiengängen auf europäischer Ebene am Beispiel der Architektenausbildung gescheitert waren – die Idee neuartiger »beruflicher Befähigungsnachweise«, die eine Vergleichbarkeit der nationalen Berufsausbildungen im entstehenden EU-Binnenmarkt sicherstellen sollten. Ein deutscher Maurergeselle sollte dank eines solchen »Befähigungsnachweises« auch in Frankreich ohne Statusverlust seinen Beruf ausüben können, ebenso wie eine Laborassistentin aus Spanien in der Bundesrepublik ausbildungsadäquat eingestellt werden sollte (Rauschenbach/Beher/Knauer 1996, S. 379).

Interessanterweise entstand schon in der damaligen Debatte um ein Konzept der »ausbildungsbezogenen Wechselwährungen« auf europäischer Ebene die Frage, wo und wie die deutsche Erzieherinnen-Ausbildung in diesem Raster der »Befähigungsnachweise« im internationalen Vergleich eingeordnet werden könnte. Die Richtlinie der EG sah vor, die Ausbildungen in insgesamt nur drei Niveaus einzuteilen, und Deutschland hätte die Erzieherin gerne auf dem mittleren Niveau eingestuft gesehen. Doch dem stand entgegen, dass laut EG-Richtlinie dafür ein mindestens einjähriges Kurzstudium nötig war. Mithin stand die Drohung im Raum, die deutsche Erzieherinnenausbildung auf dem untersten Niveau der Befähigungsnachweise einzustufen. Dank deutscher Interventionen wurde das vermieden, indem man für die Erzieherinnen-Ausbildung eine Sonderregel entwickelte, die ihr einen Status gewährte, den man »Quasi-Niveau-2« nennen könnte (ebd.).

Auch wenn diese europäische Debatte hierzulande letztlich keine konkreten Auswirkungen auf die Lage der Erzieherinnen-Ausbildung mit Blick auf ihre Stellung und ihr Selbstverständnis hatte, war dieser internationale Vergleich dennoch ein erstes Warnsignal und ein guter Beleg dafür, dass Deutschland in Sachen Fachkräfteausbildung in der Frühpädagogik sich nicht länger einfach auf die eigene Tradition verlassen und zurückziehen konnte. Die in diesem Zusammenhang erstmals durchgeführten Porträts frühkindlicher Ausbildungen in ausgewählten Ländern Europas (vgl. Schilling 1996) sowie die kurze Zeit danach vorgestellten systematischen Länderanalysen (vgl. Oberhuemer/Ulich 1997) weiteten den Blick deutlich über die bundesdeutschen Grenzen hinaus.

An dieser europäischen Vergleichsdebatte wurde zugleich erkennbar, wie zufällig und fragil sich deutsche Ausbildungsbesonderheiten erweisen und wie rasch solche externen Impulse unter Umständen über ganze Berufsgruppen und Arbeitsfelder entscheiden können.

Die Erzieherin – das abgehängte Qualifikationsprofil

Die deutschen Kindertageseinrichtungen sind innerhalb der pädagogischen Arbeitsfelder die letzte Bastion ohne akademische Grundausrichtung; dieser Befund ist vielfältig diagnostiziert worden und hinlänglich bekannt. Das Qualifikationsprofil der Erzieherin ist zugleich das letzte große Ausbildungsprojekt im Sozial- und Bildungswesen, dem die Weihen einer akademischen Ausrichtung und Anerkennung bis heute verwehrt geblieben sind (vgl. BMFSFJ 2013). Im Unterschied dazu lässt sich die Geschichte der gesamten Lehrerinnenbildung als ein lang anhaltender, fortwährender Aufstieg bis hin zu einer nahezu vollständigen Verlagerung an die Universitäten bilanzieren (vgl. Tenorth 1992).

Ähnliches gilt auch für den außerschulischen Bereich. So kann die Transformation der einstigen Fürsorgerinnen- und Jugendleiterinnen-Ausbildungen zu Qualifikationsprofilen in Sozialpädagogik und Sozialarbeit an Fachhochschulen heutiger Provenienz sowie – darüber hinausgehend – die Einführung von universitären Diplomstudiengängen in Erziehungswissenschaft ebenfalls als eine kontinuierliche professionsorientierte Aufwärtsentwicklung im Sinne einer Akademisierung beschrieben werden, was sich in der Folge auch in allen Feldern der Kinder- und Jugendhilfe – abgesehen von den Kindertageseinrichtungen – niedergeschlagen hat (vgl. Amthor 2003, S. 487 ff.; BMFSFJ 2013).

Ein vergleichbarer Aufstieg, das muss man zunächst einmal nüchtern konstatieren, wurde dem Arbeitsfeld der Frühpädagogik und ihrer Kernberufsgruppe, den einstigen »Kindergärtnerinnen« und heutigen Erzieherinnen, bislang vorenthalten. Die Berufsgruppe der Erzieherin und die mit diesem Qualifikationsprofil korrespondierenden Ausbildungsstätten, die sozialpädagogischen Fachschulen und Fachakademien, sind in den letzten Jahrzehnten bei der Modernisierung der pädagogischen Berufsfelder stets übergangen und abgehängt worden – mit Blick auf den Status, die formale Einstufung und nicht zuletzt die Gehaltsfrage.

Zwar wurde die Erzieherinnen-Ausbildung immer wieder weiterentwickelt (vgl. Rauschenbach/Beher/Knauer 1996; Beher/Hoffmann/Rauschenbach 1999; Schmidt 2005; Ebert 2006; Amthor 2012), ausbildungshierarchisch aber verharrte dieses Qualifikationsprofil auf dem Niveau der Fachschulen, einem Schultyp, der unstrittig den berufsbildenden Schulen zugeordnet wird und dem dabei eine weiterbildende Rolle zukommt.

Dieser Umstand hat auch dazu beigetragen, dass für die sozialpädagogischen Fachschulen dieser Status als Fachschule im System der berufsbildenden Schulen bis heute nicht eindeutig geklärt ist. Denn keineswegs ausnahmslos wird ihnen der Status einer »echten« Fachschulausbildung zugebilligt. Bisweilen gelten sie nach wie vor als »unechte« Fachschulen, weil sie auch Auszubildenden zugänglich sind, die vorher keine einschlägige berufliche Erstausbildung – vergleichbar einer dualen Ausbildung (Lehre) – abgeschlossen haben, und die Fachschulen demnach keine wirklich weiterbildenden Ausbildungsstätten sind (vgl. etwa Schmidt 2005; auch Schäfer, in diesem Band).

Erschwerend hinzu kam – und dies hat das »Drama« der Erzieherinnen-Ausbildung und ihre »Sandwich-Position« vorerst besiegelt (vgl. Rauschenbach/Beher/Knauer 1996) – ab den frühen 1970er-Jahren der Auf- und Ausbau der Fachhochschulen mit den sozialpädagogischen Studiengängen sowie die gleichzeitige Einführung erziehungswissenschaftlicher

Diplomstudiengänge an den Universitäten. Beide Entwicklungen trugen das Ihrige dazu bei, dass in allen Bereichen der Sozialen Arbeit eine mehr oder minder starke »Tertiarisierung« und Akademisierung einsetzte, während dem Qualifikationsprofil der Erzieherin und dem Arbeitsfeld der Kindertagesbetreuung eine strukturanaloge Modernisierung bis in die jüngste Zeit verwehrt geblieben ist.

Ein Hoffnungsschimmer auf Änderung dieses Zustandes entstand mit der Debatte über die erwähnten europäischen »beruflichen Befähigungsnachweise«. In deutschen Fachkreisen wurde die Diskussion der Situation in den europäischen Staaten in den 1990er-Jahren zunächst als eine Chance wahrgenommen: Vor allem das von der EG verlangte Kurzstudium für das mittlere Qualifikationsniveau eröffnete die willkommene und attraktive Möglichkeit, auch für Deutschland eine Akademisierung des Erzieherinnen-Berufs einzufordern, zumal bei dem Blick über den Zaun nach und nach deutlich wurde, dass analoge Fachkraftausbildungen in Europa fast durchgängig an Hochschulen angesiedelt sind (vgl. Oberhuemer/Schreyer 2010).

Doch in der politisch-administrativen Praxis der Ausbildungsregulierung zeigte sich alsbald, dass die Hoffnung auf den berühmten Fahrstuhleffekt für Erzieherinnen in der Bundesrepublik nicht in Erfüllung gehen würde. Als die Sonderregelung für die deutschen Erzieherinnen mit der erwähnten »Quasi-Stufe-2« etabliert war, erlosch postwendend das Interesse der Politik an dieser Thematik. Wieder einmal war für das Qualifikationsprofil der Erzieherin die Möglichkeit einer nachholenden Modernisierung, war eine »zweite Chance« zu einer zumindest partiellen Akademisierung der Frühpädagogik vertan. Die zum Teil zaghaften, auch keineswegs einmütigen Forderungen mit Blick auf eine (Teil-)Akademisierung der Erzieherinnenausbildung und ihrer Ausbildungsstätten prallten an den unerschütterlichen Grundsätzen der politischen Administration ab (vgl. Rauschenbach/Beher/Knauer 1996, S. 382).

Um die Jahrhundertwende trat infolgedessen für das Berufsfeld der Erzieherin allenthalben Ernüchterung ein. Das Europathema hatte wieder an Bedeutung verloren, die Akademisierung und ein wie auch immer geartetes Aufstiegsprojekt der Erzieherinnen und der sozialpädagogischen Fachschulen waren in weite Ferne gerückt (vgl. Beher/Hoffmann/ Rauschenbach 1999). Zugleich mehrten sich die Anzeichen, dass der Ausbau der Kindertageseinrichtungen im Anschluss an den Kindergartenrechtsanspruch ab dem vollendeten dritten Lebensjahr bereits das Maximum dessen markierte, was durchsetzbar erschien; die »fetten Jahre« schienen vorbei (vgl. Rauschenbach/Schilling 2001). Niemand konnte ahnen, dass den

Kindertageseinrichtungen und ihren Ausbildungsstätten die vielleicht aufregendsten Jahre bevorstanden.

Der Überraschungscoup: frühpädagogische Hochschulstudiengänge

Vor knapp zehn Jahren begannen die eigentlich so nie geplanten Reformen in der Frühpädagogik. Zu beobachten ist seither eine fast dramatisch zu nennende Umgestaltung des frühpädagogischen Ausbildungs- und Beschäftigungssystems auf mehreren Ebenen. Nicht nur zahlenmäßig wuchs die Kindertagesbetreuung in der jüngsten Vergangenheit rapide. Vielmehr stieg – ironischerweise im Anschluss an PISA (obgleich dort der Kindergarten als Thema gar nicht vorkam) – auch die politische und öffentliche Bedeutung des Arbeitsfeldes. Kaum ein pädagogisches Segment erfuhr seitdem eine so starke öffentliche Aufwertung wie der frühpädagogische Bereich. Nachdem dann noch in atemberaubend kurzer Zeit neue frühpädagogische Studiengänge entstanden und das ambitionierte U3-Ausbauprojekt für Kinder unter drei Jahren auf den Weg gebracht wurde, waren beste Voraussetzungen geschaffen, um nach der ersten Expansionswelle Mitte der 1990er-Jahre im Zuge des Kindergartenrechtsanspruchs für einen erneuten und letztlich noch viel größeren Boom in der Frühpädagogik zu sorgen (vgl. Rauschenbach/Borrmann 2010; Rauschenbach 2012a).

In den letzten Jahren entdeckte die politisch interessierte Öffentlichkeit die frühe Kindheit. Themen wie »Bildung von Anfang an«, frühe Förderung, Krippenausbau, Kindertagespflege oder auch die verbesserte Sprachförderung in den Kitas entwickelten sich zu politisch debattenfähigen und schlagzeilenträchtigen Angelegenheiten. Parallel dazu – und von derartigen Rahmenbedingungen erheblich befeuert – erfolgte der U3-Ausbau in einer Geschwindigkeit, die vor wenigen Jahren noch undenkbar erschien. Der Rechtsanspruch auf ein Betreuungsangebot für Ein- und Zweijährige, der ab August 2013 gilt, trieb die Kommunen zu großen Anstrengungen. Zugleich scheinen die Eltern auf diesen Ausbau mit einer weiter steigenden Nachfrage nach Betreuungsplätzen zu reagieren (Rauschenbach 2012b, S. 237). Allein das hätte genügt, um das Feld der institutionellen Kinderbetreuung nachhaltig zu verändern.

Doch nachdem die Wissenschaftsministerien im Anschluss an die Bologna-Reform auf die ministerielle Genehmigung von neuen Studiengängen und damit auf ihre steuernde und ausgleichende Rolle verzichteten und zugleich die Hochschullandschaft genötigt wurde, nahezu alle Studiengänge auf das Bachelor/Master-Konzept umzustellen, hatte die Stunde der Gründung frühpädagogischer Studiengänge geschlagen. In nur wenigen

Jahren entstanden fortan – nunmehr ohne den einst notwendigen Segen der Politik bzw. der zuständigen Wissenschaftsministerien – frühpädagogische Studiengänge in großer Zahl, allerdings mit einer entscheidenden Besonderheit: Der Impuls zu diesem Ausbau ging nicht von dem vorhandenen frühpädagogischen Ausbildungssystem aus, schon gar nicht aus den Fachschulen (vgl. Rauschenbach/Schilling 2013).

Nach einer Initialzündung durch die Alice-Salomon-Hochschule Berlin und die Robert Bosch Stiftung mit ihrem Projekt »Profis in Kitas« (PIK) entwickelten sich neue frühpädagogische Studiengänge rasch zu einem konjunkturell attraktiven Ausbau- und Erweiterungsprojekt, wenn man so will, zu einem neuen »Geschäftsfeld« nicht nur, aber vor allem der Fachhochschulen. Politik, Fachwelt und Fachschulen – als die angestammten Vertreter der bisherigen Kita-Fachkraftausbildung – wurden dabei an keiner Stelle konsultiert, geschweige denn beteiligt. Und die Vehemenz, mit der dieser Ausbau in den Hochschulen vorangetrieben wurde, verunsicherte in seinen Anfängen – bevor das reale Ausmaß dieser Größenordnungen nach und nach erkennbar wurde (vgl. Rauschenbach/Schilling 2013; Dudek/Hanssen/Reitzner, in diesem Band) – viele Akteure im Feld. Unausgesprochen stand anfangs sogar ein mittelfristig mögliches Ende der Fachschulausbildung im Raum. Zumindest gerieten die Fachschulen dadurch auf einen Schlag in die Defensive.

Die neue Macht des Qualifikationsrahmens

Zu all diesen Entwicklungen kam schließlich noch ein weiterer Impulsgeber hinzu: der »Europäische Qualifikationsrahmen – EQR« und der »Deutsche Qualifikationsrahmen für lebenslanges Lernen – DQR«. Nicht ganz unähnlich den erwähnten »beruflichen Befähigungsnachweisen« der 1980er-Jahre verfolgen auch der EQR und der DQR das Ziel, die grenzüberschreitende Mobilität von EU-Bürgerinnen und Bürgern durch qualifikationsbezogene Konvertierungsregeln zu fördern (vgl. Europäische Kommission 2008, S. 3ff.; Arbeitskreis Deutscher Qualifikationsrahmen 2009, S. 2; Blings 2012).

Diese Instrumente setzen zwei neue Akzente: Auf der einen Seite bleibt das Lernen nicht mehr auf die Zeiten und Räume von Schule und Ausbildung begrenzt, vielmehr sollen unter dem Horizont des lebenslangen Lernens auch non-formale und informelle Lernprozesse stärker einbezogen werden und an Bedeutung gewinnen. Auf der anderen Seite sind in der Logik des EQR der Lerninput, die Zugangsvoraussetzungen und die Art bzw. das Niveau einer Bildungseinrichtung sehr viel weniger ausschlaggebend als in der bisherigen deutschen Tradition. Entscheidend soll stattdessen das zum Tragen kommen, was Lernende unter dem Strich wissen, verstehen, können – unabhängig davon, wann, wo und wie sie das gelernt haben, wie sie zu ihrem Wissen, ihren Fertigkeiten und ihren Kompetenzen gekommen sind (vgl. Blings 2012; auch Funk, in diesem Band).

Mit diesen Leitideen wäre für Deutschland eine bis dato unvorstellbare Revision des nationalen Selbstverständnisses innerhalb des Ausbildungssystems mit völlig veränderten Spielregeln verbunden: ein Paradigmenwechsel von einer »Inputorientierung« zu einer »Outputorientierung«, gewissermaßen ein Wechsel vom Ort zum Resultat der Ausbildung sowie eine Neugewichtung des Kompetenzerwerbs jenseits standardisiert-formalisierter Qualifizierungswege. Infolgedessen könnten auf diese Weise völlig unterschiedliche Bildungswege und -biografien, also unterschiedliche Ausgangszustände, im Ergebnis einigermaßen vergleichbare Endzustände hervorbringen. Mit anderen Worten: Während hierzulande im Bildungssystem stets die Modalitäten der Zulassungsberechtigung, also der, wenn man so will, »gültigen Eintrittskarte« im Vordergrund standen, soll im Unterschied dazu bei EQR und DQR der Nachweis der am Ende erworbenen Kompetenzen als entscheidender Schlüssel der Qualifikationsbewertung gelten.

Es wurden acht unterschiedliche Niveaustufen festgelegt, um die jeweiligen regelhaften Unterschiede der Ausbildungsniveaus im Sinne von Kompetenzprofilen zu ordnen und zu normieren, von einer minimalen Basisqualifikation ohne Berufsabschluss am unteren Ende auf der Niveaustufe 1 bis hin zur Promotion als der höchsten und achten Stufe (vgl. Funk, in diesem Band). Aus der Logik des beruflichen Ausbildungssystems heraus wird somit der neuartige Versuch unternommen, über alle formalen Qualifikationsstufen hinweg eine Vereinheitlichung und eine übergreifende Sortierung aller Kompetenzniveaus vorzunehmen, also nicht mehr nur die jeweils schulischen, beruflichen und akademischen Qualifikationen für sich zu bewerten und zu hierarchisieren.

Spätestens damit bedürfen bislang offen gebliebene Relationierungen und Gewichtungen einer Klärung. Während dabei die Frage des Verhältnisses von allgemeiner und beruflicher Bildung in der Kontroverse um das Verhältnis und den Stellenwert des Abiturs im Vergleich zur beruflich-dualen Ausbildung vorerst ausgespart und vertagt wurde – indem das Abitur einfach aus dem Ordnungssystem herausgenommen wurde –, wirft das neu formulierte Verhältnis von beruflicher und hochschulischer Bildung bislang unbeantwortete Fragen auf.

Für die Ausbildung zur Erzieherin und für die übrige frühpädagogische Ausbildungslandschaft ist diese Klassifikation des DQR insofern bedeutsam geworden, als damit eine Antwort auf die Frage erforderlich wurde, auf welcher Stufe denn welche Ausbildung einzusortieren sei. Eine in der Vergangenheit lange Zeit nicht diskutierte, vermeintlich geklärte Frage stand damit erneut auf der Agenda.

Zeitenwende – mögliche Neuformatierungen der frühpädagogischen Ausbildungslandschaft

Unübersehbar ist die frühpädagogische Ausbildungslandschaft durch die beschriebenen Entwicklungen – neu aufkommende Hochschulstudiengänge auf Bachelor- und Master-Niveau einerseits sowie eine notwendig gewordene Einsortierung der Fachschulabschlüsse im DQR andererseits – in Bewegung geraten. Welche Chancen, aber auch welche Risiken gehen mit derartigen Neuerungen einher? Dazu will ich drei Themenbündel zur Diskussion stellen.

Der Ausgangspunkt – die DQR-Kontroverse um Stufe 6

Spätestens 2012 schaukelte sich ein Konflikt auf, der um die Frage kreiste, auf welchem Niveau der Abschluss der Erzieherin im Deutschen Qualifikationsrahmen anzusiedeln ist, auf Stufe 5 oder 6. Auf der einen Seite plädierten Vertreterinnen und Vertreter der deutschen Fachschullandschaft in Anbetracht einer strukturanalogen Einstufung der Meisterprüfungen für die Stufe 6 als Regeleinstufung für die Erzieherinnenausbildung, was dem Bachelor-Abschluss an Fachhochschulen und Universitäten entspricht. Wissen, Fertigkeiten und Kompetenzen seien nach dem Abschluss einer Fachschulausbildung, so die Argumentation, einem erfolgreichen Bachelor-Studium an einer Hochschule durchaus ähnlich. Sie flankierten dieses Argument mit der Begrifflichkeit des DQR: Die Erzieherinnen-Ausbildung sei zwar nicht gleichartig, aber gleichwertig (vgl. Bundesverbände für sozialpädagogische Ausbildungsstätten 2010, S. 3; auch Müller-Neuendorf, in diesem Band).

Auf der anderen Seite stehen die Vertreterinnen und Vertreter der akademischen Frühpädagogik, die dies – wenig überraschend – etwas anders beurteilten. Sie legen Wert auf die Feststellung, dass an Hochschulen mit anderen Methoden gelehrt werde als an Fachschulen, was unter dem Strich das Qualifikationsprofil einer Absolventin erheblich beeinflusse. Studierende an Hochschulen lernen demzufolge mit wissenschaftlichen Methoden Wissen zu erwerben, zu prüfen und zu erzeugen. Insbesondere aufgrund dieser Methoden seien die so Ausgebildeten auf eine andere Art und Weise zur kritischen Reflexion und damit zu grundsätzlich anderem Arbeiten und Handeln fähig. Sie seien damit im Endeffekt weniger Wissenskonsumentinnen als vielmehr Wissen miterzeugende Koproduzentinnen (vgl. Studiengangstag Pädagogik der Kindheit 2012, S. 2ff; Stieve und Hoffmann, in diesem Band).

Zum Thema DQR gab es dann Ende 2011, Anfang 2012 Spitzengespräche zwischen Bund, Ländern und Sozialpartnern. Dabei wurde, wie bereits erwähnt, ein Konfliktthema, die Einstufung der allgemeinbildenden Schulen und des deutschen Abiturs, zunächst ausgeklammert; eine Entscheidung darüber soll, wenn überhaupt, erst in einigen Jahren getroffen werden. Im Unterschied dazu gab es jedoch zur Fachschulausbildung einen Hinweis, wo diese einzuordnen sei. So stellt die Vereinbarung von Bund, Ländern und Sozialpartnern vom Januar 2012 fest, es sei im Konsens vereinbart worden, dass auf Stufe 6 »Bachelor, Fachschule, Fachwirt, Meister« eingeordnet werden (BMBF 2012, S. 1). Dieser Konsens wurde von Verfahrensbeteiligten – unter anderem den Delegierten der Gewerkschaften im Arbeitskreis DQR – zwar gelegentlich infrage gestellt, jedoch nicht wirksam angefochten. Im Mai 2013 schließlich unterzeichneten Bund und Länder eine Vereinbarung, die die Zuordnung der staatlich geprüften Erzieherinnen auf Stufe 6 des DQR bestätigte (KMK/BMBF/WMK/BMWi 2013a; 2013b, S. 108ff). Infolgedessen müssen sich alle Beteiligten mit der neu entstandenen Lage auseinandersetzen, dass Fachschulabschlüsse und Bachelor-Abschlüsse auf der gleichen Stufe angesiedelt werden.

Gemeinsamkeiten – Gewissheiten jenseits von Kontroversen

Wenig überraschend ist, dass diese politische Entscheidung eine Kontroverse zwischen den Protagonisten der jeweiligen Ausbildungsebenen ausgelöst hat. Deshalb erscheint es hilfreich, sich zunächst einmal über jene Gemeinsamkeiten zu verständigen, die als Gewissheiten zwischen den Beteiligten konsensfähig sein dürften.

Da wäre – erstens – der empirische Befund, dass das System der Kinder- und Jugendhilfe in den nächsten Jahren so viele Arbeitsplätze bieten wird, dass keine Ausbildungsstufe – weder die heutigen Erzieherinnen noch die künftigen Kindheitspädagoginnen – sich vor drohender Arbeitslosigkeit besonders fürchten muss. Arbeitsplätze sind aller Voraussicht nach in ausreichender Zahl vorhanden, was sich schon heute in der Tatsache eines partiellen Fachkräftemangels in den Metropolen Westdeutschlands widerspiegelt (vgl. Rauschenbach/Schilling 2013). Die Kindertageseinrichtungen sind das am schnellsten wachsende Segment der Kinder- und Jugendhilfe, was die Zahlen des Statistischen Bundesamts von Jahr zu Jahr erneut belegen (vgl. Statistisches Bundesamt 2012). Aus Sicht der Beschäftigten ist dies momentan eine komfortable Entwicklung.

Ein weiterer, wenig strittiger Befund dürfte – zweitens – das zahlenmäßige Verhältnis der Ausbildungsgänge zueinander sein. So kann man davon ausgehen, dass der Anteil der akademisch ausgebildeten Fachkräfte im Feld der Kindertageseinrichtungen trotz des jüngsten Booms der früh- und kindheitspädagogischen Studiengänge auch in den nächsten Jahren sehr überschaubar bleiben wird. Für das Studienjahr 2010/11 liegt eine Schätzung vor, wonach etwa 1.000 Bachelor-Absolvierende die Hochschulen verlassen haben (vgl. Rauschenbach/Schilling 2013), wenngleich man festhalten muss, dass diese Schätzung auf nicht immer konsistenten Angaben der Hochschulen und der amtlichen Statistik beruht (vgl. Dudek/Hanssen/Reitzner, in diesem Band).

Diese Größenordnung ermöglicht jedoch Vergleiche und Abschätzungen zwischen den verschiedenen Ausbildungen. Im Unterschied zu den Hochschulausbildungen lag die Zahl der Absolventinnen und Absolventen der sozialpädagogischen Fachschulen im Jahr 2010/11 – nach jahrelangen markanten Steigerungen in Ost- und Westdeutschland – deutschlandweit bei etwa 19.000 Neuabschlüssen. Allein dieses Zahlenverhältnis – ca. 1.000 Bachelor-Absolventen, rund 19.000 Absolventinnen und Absolventen der Fachschulen – markiert, welche Ausbildung auch in den nächsten Jahren bei den Neuzugängen absolut dominierend bleiben wird. Behält man zugleich im Blick, dass gegenwärtig bereits mehr als 310.000 Erzieherinnen und Erzieher in der Kindertagesbetreuung tätig sind, dann wird deutlich, dass das sich bislang abzeichnende Volumen akademisch ausgebildeter Fachkräfte das Arbeitsfeld bis auf Weiteres weder qualitativ und erst recht nicht quantitativ nachhaltig verändern wird (vgl. Rauschenbach/Schilling 2013).

Kaum strittig dürfte aus heutiger Sicht schließlich – drittens – ein weiterer Befund sein: Bei den aktuellen Konflikten geht es nicht primär um Fragen der Bezahlung, da die Akademisierung eines Berufsfeldes keineswegs automatisch ökonomische Vorteile mit sich bringt. Das deutsche Tarifrecht ist geprägt von dem Gedanken, dass nicht nach der erfolgten Ausbildung, sondern nach der überwiegend ausgeübten Tätigkeit bezahlt wird (vgl. auch Schaad, in diesem Band). Der Zusammenhang von Ausbildung und Bezahlung ist allenfalls indirekter Natur, weil mit der höheren Ausbildung anspruchsvollere Tätigkeiten möglich sind. Dass dies aber keinerlei einklagbare Aufstiegsgarantien sichert, mussten Generationen diplomierter Sozialpädagoginnen und -pädagogen der Fachhochschulen bzw. universitär ausgebildeter Diplom-Pädagoginnen und Pädagogen seit den 1970er-Jahren bis heute erfahren (vgl. Krüger/Rauschenbach 2004).

Zwar kann eine generelle Anhebung oder Akademisierung einer ganzen Branche auf breiter Ebene durchaus ein wichtiger Impuls für eine gesellschaftliche Aufwertung und eine tarifliche Neubewertung sein. Doch bislang ist eine solche Tendenz im Bereich der institutionellen Kinderbetreuung allenfalls in kleinsten Dosierungen zu erkennen (vgl. Rauschenbach 2012a). Vergleichsweise sicher erscheint hingegen, dass die Entwicklung der Gehälter in Kindertageseinrichtungen nicht vorrangig oder gar ausschließlich von der Frage abhängen wird, ob Erzieherinnen die DQR-Stufe 6 erklimmen oder nicht. Zumindest dürfte die Wahrscheinlichkeit sehr viel größer sein, dass dies dazu führt, dass auch frühpädagogische Bachelor-Absolventinnen und Absolventen analog zu den Erzieherinnen und Erziehern bezahlt werden.

Herausforderungen – mögliche Folgen und Nebenwirkungen

Jenseits dieser noch einigermaßen klaren Rahmenbedingungen stellen sich zahlreiche ungeklärte Fragen, die vier Dimensionen betreffen:
a) die Auszubildenden und Ausbildungsinteressierten,
b) die Beschäftigten,
c) die einzelnen Ausbildungsinstitutionen und
d) das gesamte Ausbildungssystem.

(a) Die erste Frage, die sich stellt, lautet, ob sich die *Auszubildenden und Ausbildungsinteressierten* in der neuen DQR-Welt wegen der gleichrangigen Einstufung von Bachelor- und Fachschul-Abschlüssen auf Level 6 anders verhalten werden als sie dies bisher taten. Also: Bleibt es dabei, dass ein nennenswerter Teil der Bachelor-Studierenden an den Hochschulen bereits eine pädagogische Erstqualifikation einer Fachschule als Erzieherin oder Erzieher mitbringt (vgl. Helm 2010)? Oder wird ein zusätzliches Bachelor-Studium wesentlich unattraktiver, vielleicht sogar obsolet, wenn bereits ein Fachschulabschluss vorliegt? Wird sich infolgedessen der Zustrom zu den Fachschulen und den Fachhochschulen in der Gewichtung verändern – und falls ja, wie? Ist die postulierte »Gleichwertigkeit« aus Sicht der Auszubildenden überhaupt ein wichtiger Entscheidungsfaktor?

(b) Der Blick auf die *Beschäftigten* führt zu weiteren offenen Fragen: Werden die berufstätigen Erzieherinnen von heute die Gleichwertigkeit der Stufe 6 als die ihnen so lange vorenthaltene Anerkennung wahrnehmen, die sie stets vermisst haben? Käme ihnen also diese »Aufwertung« in irgendeiner Weise zugute, ähnlich beispielsweise der nachträglichen Graduierung der ehemaligen Fürsorgerinnen in den 1960er-Jahren? Oder werden sie dadurch lediglich demotiviert, gewissermaßen davon abgehalten, sich nochmals auf ein Hochschulstudium einzulassen, da es ihnen auf Anhieb keine erkennbaren Vorteile mehr bringt? Oder würde ihnen – etwa bei Tarifverhandlungen – die Einstufung auf Level 6 vielleicht sogar dabei helfen, die Berufsgruppe der Erzieherinnen tariflich generell besser zu positionieren?

Mit anderen Worten: Es ist eine vorerst offene Frage, ob die Einstufung auf DQR-Level 6 in der beruflichen Praxis irgendeine Relevanz hat oder ob es sich zuallererst um ein Binnenthema mit Blick auf die Neuordnung im Ausbildungssystem handelt (vgl. Beneke und Schäfer, in diesem Band). Das wäre auch nicht ganz folgenlos für die anderen frühpädagogischen Ausbildungen. Denn: Was bedeutet es eigentlich, wenn die Kluft zwischen Kinderpflegerinnen und Erzieherinnen auf zwei Stufen ausgeweitet ist (Stufe 4 versus Stufe 6), während zugleich die Differenz zwischen einer Fachschulausbildung und einem Universitätsstudium auf Bachelor-Niveau gänzlich verschwindet? Werden in der Folge alle Hochschulausgebildeten versuchen, sich durch ein Master-Studium wieder deutlicher von den Fachschulen abzusetzen, also eine erkennbare Differenz zu erzeugen? Auch mit Blick auf die Gruppe der Beschäftigten erweist sich mithin eine Reihe von Fragen als klärungsbedürftig.

(c) Ebenfalls offen ist die Frage, wie die verschiedenen *Ausbildungsinstitutionen* künftig mit der neuen Situation untereinander umgehen. Versuchen sie der Situation mit maximaler wechselseitiger Nichtbeachtung zu begegnen? Ziehen sich alle beteiligten Ausbildungsebenen in ihr eigenes Referenzsystem, in ihre eigenen fachlichen Welten zurück – die Fachschulen in die Fachschulwelt, die Hochschulen in die Hochschulwelt (und dort weiterhin in die Subwelten von Fachhochschulen und Universitäten)? Bleibt auf diese Weise faktisch die heutige Differenz bestehen, auch wenn symbolisch vielleicht Gleichheit proklamiert wird? Geht es also um Symbolpolitik oder um Realpolitik?

Die interessante Frage wird sein, ob die bislang vorliegenden Rahmenvorgaben irgendetwas im Binnenverhältnis zwischen Fachschulen und (Fach-)Hochschulen verändern. Zugespitzt gefragt: War es das schon? Sind die spärlichen Hinweise auf eine Neuordnung des Binnenverhältnisses von beruflicher und akademischer Bildung schon das Ende der Entwicklung? Oder ist dies vielleicht erst der Beginn einer weitergehenden Modifizierung der frühpädagogischen Ausbildungslandschaft?

Aufseiten der *Fachschulen* bieten sich in dieser Hinsicht vermutlich zwei ganz unterschiedliche Reaktionsmöglichkeiten an, eine vorrangig inhaltlich ausgerichtete Reform und eine stärker statusorientierte-systemische Veränderung, das heißt, es existieren die beiden Alternativen »Update der Ausbildung« oder »Upgrade der Ausbildungsinstitution«.

Die erste, näherliegende Reaktion wäre das Bestreben, die Qualität der Fachschulausbildung im vorgegebenen Rahmen der berufsbildenden Schulen durch inhaltliche Weiterungen zu erhöhen. Das Ziel wäre demnach, unter den gegebenen Bedingungen so viel wie möglich zu einer weiteren Professionalisierung der Erzieherinnenausbildung beizutragen, etwa durch eine thematische Ausweitung der Ausbildungsinhalte im Lichte der neueren Debatten um frühkindliche Bildung (zu einem früheren Versuch vgl. Beher/Hoffmann/Rauschenbach 1999; Schmidt 2005) oder auch durch verstärkte Kooperationen mit den Hochschulen. Bei dieser Variante, dem Update, stünde die Strategie im Vordergrund, eine weitere Professionalisierung der Erzieherinnenausbildung im Kern ohne eine generelle Veränderung des Ausbildungsortes anzustreben.

Der andere Weg würde sehr viel mehr die Systemfrage in den Mittelpunkt rücken, ginge also davon aus, dass diese DQR-6-Einsortierung mittelfristig auch eine statusmäßige und ausbildungsrechtliche Anhebung nach sich zieht. Die Frage, die sich in diesem Horizont stellt: Bedeutet die DQR-Einstufung der Fachschulabschlüsse auf Level 6, dass die Fachschulen sich mittelfristig selbst anders aufstellen? Wäre es demnach für die Fachschulen erstrebenswert, alsbald selbst Bachelor-Abschlüsse zu vergeben? Oder vorsichtiger gefragt: Würde es Sinn machen, wenn sich die sozialpädagogische Fachschullandschaft in der Zukunft in dem Sinne diversifiziert, dass einige Fachschulen ein Upgrade anstreben und nach »oben« wollen, sprich: Aufstiegsambitionen haben, während andere mit ihrer aktuellen Situation zufrieden sind? Völlig undenkbar erscheint dieser Weg jedenfalls nicht.

Aber auch aufseiten der *Hochschulen* besteht Klärungsbedarf. Sie müssen sich darüber verständigen, wie sie damit umgehen, falls die DQR-Nivellierung eine Realität schafft, die ein Bachelor-Hochschulstudium im frühpädagogischen Bereich eher unattraktiv werden lässt. Sollen sie sich in diesem Fall dann ganz auf das Masterstudium konzentrieren oder halten sie – jenseits von irgendwelchen DQR-Leveln – unbeirrt an der Qualitätsdifferenz eines Studiums gegenüber einer beruflichen Ausbildung fest, hoffen also, dass sich die aus ihrer Sicht bessere Qualifikation auf einem freien Markt durchsetzt? Oder fokussieren sie das Profil des Studiums künftig vielleicht einfach stärker auf andere Bereiche und Themenfelder als die Kita-nahe Erzieherinnenausbildung, um so gewissermaßen der offenen Konkurrenz um die gleichen Arbeitsplätze aus dem Weg zu gehen? Zumindest in diesem Sinne würde der horizonterweiternde Terminus »Kindheitspädagogik« im Vergleich zu dem Profil »Frühpädagogik« Sinn machen und alternative Optionen eröffnen.

Dieses Problem der Neuprofilierung und Akzentsetzung von eng beieinander liegenden Ausbildungen im Lichte der DQR-Debatten bedrängt die frühpädagogische Ausbildungslandschaft vermutlich weit mehr als viele andere Ausbildungs- und Berufssegmente. Im Unterschied zur Frühpädagogik ist das enge Nebeneinander von beruflichen und akademischen Ausbildungen in vielen Bereichen und Branchen eher hypothetischer Natur, da sie diese unmittelbare Konkurrenz vergleichbarer Ausbildungen so nicht kennen. Daher könnte es durchaus sein, dass die Frühpädagogik mit der Thematik eines angemessenen Umgangs einer gemeinsamen DQR-Einstufung von Fachschul- und Bachelorabschlüssen auf Level 6 erst einmal relativ alleine dasteht, zumal auch die eigenen Arbeitgeber keine ordnungspolitischen Anstrengungen erkennen lassen, die zu einer Klärung beitragen.

(d) Beim Blick auf das gesamte *Ausbildungssystem* schließlich stellt sich die Frage, ob es möglich erscheint, für das Qualifikationsprofil der Erzieherinnen als frühpädagogischer Kernausbildung einen Entwicklungspfad zu beschreiten, den man generell als eine »Neuformatierung der frühpädagogischen Ausbildungslandschaft« umschreiben könnte. Der Grundgedanke dabei wäre, dass in der Frühpädagogik – analog zu den Entwicklungen in der Sozialpädagogik und Sozialarbeit in den 1960er-Jahren (vgl. Rauschenbach 2013b) – das vollzogen wird, was eine kaum sichtbare gläserne Decke ein halbes Jahrhundert verhindert hat: dem Qualifikationsprofil der Erzieherinnen und Erzieher und damit auch den Fachschulen endlich den Weg in die akademische Welt zu eröffnen. Unter Umständen ermöglicht die neu eingetretene Lage durch EQR und DQR den Fachschulen für Sozialpädagogik mithin einen Platz im tertiären Ausbildungssystem, also der Hochschullandschaft, wie hier bereits kurz unter dem Schlagwort des »Upgrades« skizziert.

Wäre es denn so undenkbar, dass mittelfristig die besten deutschen Fachschulen in Hochschulen eigener Art, etwa in Duale Hochschulen, umgewandelt werden, ähnlich der Entwicklung in den 1960er-Jahren, als damalige Fachschulen in Höhere Fachschulen überführt und kurz danach zu Fachhochschulen ausgebaut wurden – und das, obwohl der Lehrkörper keineswegs von Anfang an und in vollem Umfang den formalen Anforderungen einer Hochschule entsprach (vgl. Schmidt 2005)? Warum, so könnte man fragen, ist gegenwärtig ein Gründungsboom von privaten Hochschulen im Sektor Business und Management zu beobachten (vgl. Autorengruppe Bildungsberichterstattung 2012) – und warum lässt sich dies nicht zumindest in Modellversuchen für den Bereich der Frühpädagogik erproben? Warum sollen nicht auch Stiftungen, Bundesländer oder große freie Träger – jenseits der bereits hochschulisch engagierten Kirchen – mit Blick auf die heutigen Fachschulen einen ähnlichen Schritt wagen? In dieser Hinsicht sind bislang ungenutzte Entwicklungspotenziale zu erkennen.

Insgesamt kann es dabei jedoch nicht darum gehen, das Türschild »Fachschule« abzuschrauben und stattdessen stolz das Etikett »Hochschule« anzubringen. Bevor sich die Kennzeichnung ändert, müssen sich Arbeitsweise und Selbstverständnis einer Bildungsinstitution ändern. Demzufolge sollte die Wissenschaftlichkeit der Ausbildung im Zentrum stehen, kann es mithin nicht nur um das Lehren und Erlernen eines Fächerkanons gehen, sondern muss eine Einheit zwischen Erzeugung und Vermittlung des fachlichen Wissens, also zwischen Forschung und Lehre angestrebt werden (vgl. Schmidt 2005). Aber so klar man auf derartige Restriktionen hinweisen muss, so deutlich muss man auch das Potenzial derartiger Überlegungen herausstreichen: Eine Fachschule muss nicht auf ewig eine Fachschule bleiben.

Der DQR als Anlass zur Revision der Ausbildungslandschaft? Ein Ausblick

Wenn man in dieser etwas unübersichtlichen Gemengelage eine Bilanz zu ziehen versucht, dann erweist sich dieses Ansinnen aufgrund der DQR-Debatte als einigermaßen schwierig. Noch immer befindet sich, wenn man so will, die frühpädagogische Ausbildungslandschaft in einem komplexen Entwicklungsprozess mit offenem Ausgang. Es sollen daher abschließend einige Punkte angemerkt werden.

1. Es wird auf Dauer wenig Sinn machen – und wäre auf dem bundesdeutschen Arbeitsmarkt auch vermutlich ein Unikat –, dass es im Bereich der Frühpädagogik buchstäblich auf jedem Ausbildungsniveau eine Ausbildung gibt, ohne dass sich dies letztlich in einer beruflichen Hierarchie

widerspiegelt. Dies fängt an bei den unausgebildeten Personen in der Kindertagespflege – und in geringer Zahl auch bei den Kindertageseinrichtungen –, setzt sich fort bei den mehr oder weniger gut geschulten Tagespflegepersonen auf der Basis des sogenannten »DJI-Curriculum« (vgl. Weiß u.a. 2008), geht weiter über die Kinderpflegerinnen- und Sozialassistentinnen-Ausbildungen an den Berufsfachschulen bis zu den hier diskutierten sozialpädagogischen Fachschulen, den Fachhochschulen und den Universitäten, die ihrerseits noch ergänzt werden durch die Berufsakademien und Dualen Hochschulen in einigen Bundesländern sowie den Pädagogischen Hochschulen in Baden-Württemberg.

Für Außenstehende ist es jedenfalls kaum noch nachzuvollziehen, warum ein Berufsfeld so extrem gespreizt ist, also gewissermaßen auf allen Ebenen ausbildet – und doch gleichzeitig den Anspruch hochhält, dass pädagogische Arbeit unteilbar ist, dass also »die Arbeit am Kind« ein ganzheitlicher Akt sei. Es kann mittelfristig keinen Sinn machen, dass alle nur möglichen Ausbildungsinstanzen eigene Ausbildungen anbieten – und am Ende dann eine völlige Konfusion entsteht, wer wofür zuständig ist. Professionalität eines Berufssegmentes sieht jedenfalls anders aus.

2. Der europäische Qualifikationsrahmen strebt Innovationen an, von denen bislang im DQR bzw. in der für die Frühpädagogik geführten Debatte noch wenig zu sehen ist. Da gab es das ursprüngliche Anliegen, durch den EQR eine Art »europäische Währungsunion des Ausbildungssystems« zu schaffen, also nationale Ausbildungen in Europa vergleichbar zu machen. In der deutschen Debatte – und in Teilen auch in den Entwicklungen anderer Länder (vgl. Friederich, in diesem Band) – ist von diesem Anliegen im Augenblick nicht mehr viel erkennbar (vgl. auch Annen 2012).

Auch war im Kontext von EQR und DQR von einer stärkeren »Outputorientierung« die Rede. Dahinter verbirgt sich weit mehr als die bloße Neuformatierung des Verhältnisses von beruflicher und akademischer Ausbildung. Zumindest wären hier erhebliche Anstrengungen notwendig, von den Resultaten der Ausbildungen und den erreichten Kompetenzniveaus her die Frage der Einstufung aufzurollen – und nicht nur auf der Basis der formalen Ausbildungskonzepte. Das aber ist eine Frage der – nicht vorhandenen – empirischen Forschung (vgl. Blings 2012; Cloos, in diesem Band). Es dürfte dabei künftig nicht nur darum gehen, eine formale Qualifikation generell auf ein Level einzustufen, da ansonsten jede individuelle Qualifikationsdifferenz unberücksichtigt bliebe. Mit anderen Worten: Sollen im Endeffekt eigentlich Ausbildungen oder individuelle Qualifikationen einem

Level zugeordnet werden? Sofern Letzteres nicht angestrebt wird, würde das Hinzukommen non-formal und informell erworbener Kompetenzen keinen Sinn machen (vgl. Blings/Ruth 2012).

Diese Unklarheit weist darauf hin, dass die verstärkte Beachtung non-formal und informell erworbener Kompetenzen und Fähigkeiten noch längst nicht in einer Weise gelingt, wie es im EQR und im DQR intendiert ist. So ist von diesen Dimensionen im Augenblick in Deutschland noch vergleichsweise wenig die Rede. Auch wenn es nicht darum gehen kann, formale und hoch diffizile Ausbildungen durch Erfahrungslernen und Selbstqualifizierungsprozesse zu substituieren, so bedarf es doch zumindest einer Debatte, wie mit diesen für Deutschland gänzlich neuen Dimensionen im Rahmen der beruflichen Ausbildung umzugehen wäre (vgl. Blings 2012; Annen 2012).

In der Summe kann man jedenfalls den Eindruck gewinnen, dass die europäischen Impulse – wieder einmal – vorrangig dazu genutzt werden, um national anscheinend anderweitig nicht in Gang zu setzende Reformen voranzutreiben und internationale Anlässe lediglich für nationale Reformbedarfe zu instrumentalisieren, ohne sich über die anderen genannten Punkte sonderlich viele Gedanken zu machen.

3. Es dürfte wenige Stimmen geben, die eine weitere Professionalisierung der Frühpädagogik für überflüssig oder sinnlos halten. Die Anforderungen und Erwartungen an das Aufwachsen von Kindern in öffentlicher Verantwortung im Rahmen der Kindertagesbetreuung in den ersten Lebensjahren haben seit der Jahrhundertwende so an Bedeutung gewonnen, dass eine Weiterentwicklung unausweichlich ist (vgl. BMFSFJ 2013).

Ein wenig überraschend ist dabei allerdings – und hier wiederholt sich offenkundig ein Stück Geschichte der sozialen Frauenschulen von vor rund 100 Jahren (vgl. Rauschenbach 1999, S. 17ff.) –, dass dieser Bedarf an *Professionalisierung* in der Frühpädagogik nicht sonderlich eng oder unmittelbar, jedenfalls keineswegs selbstverständlich an den Prozess einer *Akademisierung* gekoppelt wird, also an eine politisch geforderte generelle Verlagerung der frühpädagogischen Ausbildungen an die Hochschulen. Dies ist auf der einen Seite vermutlich der starken Stellung der Fachschulen geschuldet, auf der anderen Seite aber auch Ausdruck und Spiegelbild eines traditionellen Frauenberufs (vgl. Friese, in diesem Band). Auch zu dieser Frage wird sich das gesamte Berufssegment der Frühpädagogik noch dezidierter verhalten müssen.

Insgesamt fällt die Vorläufigkeit und Unabgeschlossenheit der Entwicklungen im Kontext von EQR und DQR auf. »Es ist ein erstaunliches

Ergebnis eines auch unter dem Leitbild der Lernergebnisorientierung gestarteten Prozesses, dass letztendlich als Ergebnis der Erprobung des DQR den Qualifikationsniveaus Bildungsgänge und damit eben keine Lernergebnisse zugeordnet wurden. (...) Die Förderung der Gleichwertigkeit von beruflicher und akademischer Bildung durch die angemessene Anerkennung von DQR-/EQR-Qualifikationsniveaus ist damit um fünf Jahre vertagt« (Blings 2012, S. 18). Deshalb wird sich erst noch zeigen, »ob sich das Transparenzsystem zu einem Berechtigungssystem entwickeln wird« (ebd., S. 19).

Literatur

Amthor, Ralph Christian (2003): Die Geschichte der Berufsausbildung in der Sozialen Arbeit. Auf der Suche nach Professionalisierung und Identität. Weinheim/München

Amthor, Ralph Christian (2012): Einführung in die Berufsgeschichte der Sozialen Arbeit. Weinheim

Annen, Silvia (2012): Anerkennung informellen Lernens im europäischen Vergleich. In: Blings, Jessica/Ruth, Klaus (Hrsg.): Transparenz und Durchlässigkeit durch den EQR? Perspektiven zur Implementierung. Bielefeld, S. 121–137

Arbeitskreis Deutscher Qualifikationsrahmen (2009): Diskussionsvorschlag eines Deutschen Qualifikationsrahmens für lebenslanges Lernen. www.deutscherqualifikationsrahmen.de/de?t=/documentManager/sfdoc.file.supply&fileID=1299831873450 (14.12.12)

Autorengruppe Bildungsberichterstattung (2012): Bildung in Deutschland 2012. Ein indikatorengestützter Bericht mit einer Analyse zur kulturellen Bildung im Lebenslauf. Bielefeld

Beher, Karin/Hoffmann, Hilmar/Rauschenbach, Thomas (1999): Das Berufsbild von ErzieherInnen. Von der fächerorientierten zur tätigkeitsorientierten Ausbildung. Berlin

Blings, Jessica (2012): EQR-Implementierung und Lernergebnisorientierung – ein Weg in Richtung mehr Durchlässigkeit? In: Blings, Jessica/Ruth, Klaus (Hrsg.): Transparenz und Durchlässigkeit durch den EQR? Perspektiven zur Implementierung. Bielefeld, S. 9–22

Blings, Jessica/Ruth, Klaus (Hrsg.) (2012): Transparenz und Durchlässigkeit durch den EQR? Perspektiven zur Implementierung. Bielefeld

Bundesverbände für sozialpädagogische Ausbildungsstätten (2010): Empfehlungen zur Zukunft der Erzieher/Innenausbildung in Deutschland.

www.beaonline.de/cms/docs/2010/Positionspapier_10_11_25_26_BoefAE_BAG_KAE_BeA.pdf (14.12.12)

Bundesministerium für Bildung und Forschung (BMBF) (2012): Vereinbarung vom 31.10.12 zum Deutschen Qualifikationsrahmen.

Bundesministerium für Familie, Berlin Senioren, Frauen und Jugend (2008): Richtlinien für das Förderprogramm betrieblich unterstützte Kinderbetreuung. Berlin

Bundesministerium für Familien, Senioren, Frauen und Jugend (BMFSFJ) (Hrsg.) (2013): Vierzehnter Kinder- und Jugendbericht. Kinder- und Jugendhilfe in neuer Verantwortung. Bundestagsdrucksache 17/12200. Berlin

Ebert, Sigrid (2006): Erzieherin – ein Beruf im Spannungsfeld von Gesellschaft und Politik. Freiburg

Europäische Kommission (2008): Der Europäische Qualifikationsrahmen für lebenslanges Lernen (EQR). Luxemburg

Helm, Jutta (2010): Das Bachelorstudium Frühpädagogik. München

Hessisches Sozialministerium/Hessisches Kultusministerium (Hrsg.) (2007): Bildung von Anfang an. Bildungs- und Erziehungsplan für Kinder von 0 bis 10 Jahren in Hessen. Wiesbaden

Jugend- und Familienministerkonferenz (JFMK) (2011): Staatliche Anerkennung von Bachelorabschlüssen im Bereich der Kindertagesbetreuung und Berufsbezeichnung. http://www.mbjs.brandenburg.de/sixcms/media.php/5527/TOP_7_2_endg__ltig.pdf (14.12.12)

Krüger, Heinz-Hermann/Rauschenbach, Thomas (Hrsg.) (2004): Pädagogen in Studium und Beruf. Empirische Bilanzen und Zukunftsperspektiven. Wiesbaden

Oberhuemer, Pamela/Ulich, Michaela (1997): Kinderbetreuung in Europa. Tageseinrichtungen und pädagogisches Personal. Weinheim/Basel

Oberhuemer, Pamela/Schreyer, Inge (2010): Frühpädagogisches Personal in Europa – Ausbildungen und Professionsprofile. Opladen & Farmington Hills

Rauschenbach, Thomas (1999): Das sozialpädagogische Jahrhundert. Analysen zur Entwicklung Sozialer Arbeit in der Moderne. Weinheim/München

Rauschenbach, Thomas (2012 a): Der Arbeitsmarkt im Feld der frühkindlichen Bildung. Vorlesung im Schloss, Universität Osnabrück. nifbe.de/index.php/fachbeitraege-von-a-z?view=item&id=302 (14.12.2012)

Rauschenbach, Thomas (2012 b): Zwischen Mangel und Modernisierung. In: KiTa aktuell NRW, 21. Jg., H. 10, S. 237–239

Rauschenbach, Thomas (2013 a): Ein Rechtsanspruch und seine Folgen – der U3-Ausbau auf der Zielgeraden. Erscheint in: Frühe Bildung

Rauschenbach, Thomas (2013 b): Soziale Berufe: In: Kreft, Dieter/Mielenz, Ingrid (Hrsg.): Wörterbuch Soziale Arbeit. Aufgaben, Praxisfelder, Begriffe und Methoden der Sozialarbeit und Sozialpädagogik. 7. Aufl. Weinheim/Basel, S. 813–818

Rauschenbach, Thomas/Borrmann, Stefan (2010): Wenn die Privatsache Kinderbetreuung öffentlich wird. Zur neuen Selbstverständlichkeit institutioneller Kinderbetreuung, in: Cloos, Peter/Karner, B. (Hrsg.): Erziehung und Bildung von Kindern als gemeinsames Projekt. Zum Verhältnis familialer Erziehung und öffentlicher Kinderbetreuung. Hohengehren, S. 11–25

Rauschenbach, Thomas/Schilling, Matthias (2001): Wachstum ohne Ende – Ende des Wachstums? Die Personalstruktur der Kinder- und Jugendhilfe am Beginn des neuen Jahrhunderts, in: Rauschenbach, Thomas/ Schilling, Matthias (Hrsg.): Kinder- und Jugendhilfereport 1. Analysen, Befunde und Perspektiven. Münster, S. 15–31

Rauschenbach, Thomas/Schilling, Matthias (2013): Die Akademisierungsfrage der Frühpädagogik und ihre Nebenwirkungen. Erscheint in: Sektion Sozialpädagogik und Pädagogik der Frühen Kindheit der DGfE (Hrsg.) (2013): Konsens und Kontroversen zwischen Sozialer Arbeit und Pädagogik der Frühen Kindheit. Weinheim/München

Rauschenbach, Thomas/Beher, Karin/Knauer, Detlef (1996): Die Erzieherin. Ausbildung und Arbeitsmarkt. 2. Aufl. Weinheim/München

Schilling, Matthias (1996): Europa als Motivator – Europa als Korrektiv? In: Rauschenbach, Thomas/Beher, Karin/Knauer, Detlef: Die Erzieherin. Ausbildung und Arbeitsmarkt. 2. Aufl. Weinheim/München, S. 369–386

Schmidt, Thilo (2005): Entwicklungen in der Ausbildung von Erzieherinnen. In: Zeitschrift für Pädagogik, 51. Jg., S. 713–730

Ständige Konferenz der Kultusminister der Länder/Bundesministerium für Bildung und Forschung/Wirtschaftsministerkonferenz/Bundesministerium für Wirtschaft und Technologie (KMK/BMBF/WMK/BMWi) (2013 a): Gemeinsamer Beschluss zum Deutschen Qualifikationsrahmen für lebenslanges Lernen. Berlin

Ständige Konferenz der Kultusminister der Länder/Bundesministerium für Bildung und Forschung/Wirtschaftsministerkonferenz/Bundesministerium für Wirtschaft und Technologie (KMK/BMBF/WMK/BMWi) (2013 b): Anlage zum Gemeinsamen Beschluss zur Einführung des

Deutschen Qualifikationsrahmens für lebenslanges Lernen (DQR). Berlin

Statistisches Bundesamt (2012): Kinder und tätige Personen in Tageseinrichtungen und in öffentlich geförderter Kindertagespflege am 01.03.2012. Wiesbaden

Studiengangstag Pädagogik der Kindheit (2012): Ausführliche Stellungnahme des Studiengangstags Pädagogik der Kindheit zu aktuellen Entwicklungen im Rahmen der Ausgestaltung des DQR. www.fbts.de/fileadmin/fbts/Arbeitskreise/Studiengangstag/Stellungnahme_Studiengangstag_Paedagogik_der_Kindheit_Original.pdf (14.12.12)

Tenorth, Heinz-Elmar (1992): Laute Klage, stiller Sieg. Über den unaufhaltsamen Aufstieg der Pädagogik in der Moderne. In: Erziehungswissenschaft zwischen Moderne und Modernitätskrise, 29. Beiheft der Zeitschrift für Pädagogik, S. 129–139

Weiß, Karin/Stempinski, Susanne/Schumann, Marianne /Keimeleder, Lis (2008): Qualifizierung in der Kindertagespflege. Das DJI-Curriculum.»Fortbildung von Tagespflegepersonen«. www.fruehe-chancen.de/files/pdf/application/pdf/curriculum_dji.pdf (14.12.2012)

Kindheitspädagogische Professionalität im Spiegel vergleichender Forschung

Über mögliche Unterschiede zwischen fachschul- und hochschulausgebildeten Fachkräften

Peter Cloos

In den politischen und fachlichen Debatten stehen seit etwas mehr als zehn Jahren Fragen nach der Reform der Bildung, Betreuung und Erziehung in der frühen Kindheit ganz oben auf der Tagesordnung. Auch vor dem Hintergrund, dass die OECD (2006) mehrfach das niedrige Ausbildungsniveau in deutschen Kindertageseinrichtungen kritisiert hat, wird dabei die Akademisierung des Personals in Kindertageseinrichtungen als eine zentrale Reformstrategie angesehen (vgl. Diller/Rauschenbach 2006; Thole/Cloos 2006; Thole 2008, 2010; Speth 2010; von Balluseck 2008; Viernickel 2008; Aktionsrat Bildung 2012).

Argumentiert wird dabei erstens, dass nachhaltige Qualitätsverbesserungen im Handlungsfeld der Kindertageseinrichtungen maßgeblich durch eine Professionalisierung des Personals zu erreichen seien. Zweitens wird hier die Formel einer Professionalisierung durch Akademisierung vertreten (vgl. Aktionsrat Bildung 2012). Eine Akademisierung soll demnach durch die Etablierung von kindheitspädagogischen Studiengängen vorangetrieben werden. Im Kern geht es insofern um die Frage nach der »richtigen« Ausbildung und dem »angemessenen« Ausbildungsniveau für kindheitspädagogische Handlungsfelder. Aktuell verschärft sich diese Debatte über die Frage, wo die Erzieherinnenausbildung im Deutschen Qualifikationsrahmen (DQR) einzuordnen ist (vgl. Cloos u.a. 2012; Gebrande 2011). Sie wirft im Feld der Kindheitspädagogik die Frage nach der Gleichwertigkeit beziehungsweise Andersartigkeit der nebeneinander bestehenden Qualifizierungen auf.

Der folgende Beitrag greift zunächst die hier aufgeworfenen Fragen nach der Professionalisierung durch Akademisierung auf und formuliert Konsequenzen für eine fachkräftevergleichende Forschung (Kapitel 1). In einem zweiten Schritt werden unterschiedliche Perspektiven und Ansätze einer Forschung fokussiert, die Differenzen zwischen den unterschiedlichen Berufsgruppen untersuchen können (Kapitel 2). In der Diskussion um die Akademisierung der Kindheitspädagogik werden immer wieder Ergebnisse internationaler Studien herangezogen. Kapitel 3 geht der Frage nach, ob auf der Basis dieser Studien von einer besseren Prozessqualität der Kindertageseinrichtungen und von Entwicklungsvorteilen bei Kindern durch den Einsatz akademisch ausgebildeten Personals ausgegangen werden kann. Im anschließenden Kapitel richtet sich der Blick auf den Stand einer fachkräftevergleichenden Forschung in Deutschland (Kapitel 4). Abschließend werden Konsequenzen für die Zukunft einer solchen Forschung gezogen (Kapitel 5).

Eine kindheitspädagogische Forschung, die die Frage nach dem »richtigen« Ort der kindheitspädagogischen Ausbildung aufgreift, steht vor einem grundsätzlichen Dilemma. Zum einen wird diese Forschung überwiegend an Institutionen betrieben, die selbst in die Debatte um die Akademisierung kindheitspädagogischer Fachkräfte involviert sind und ein genuin *hochschulpolitisches* Interesse an einer Akademisierung haben. Zum anderen ist sie als Wissenschaft gefordert, *Forschungsinteressen* aus einer kritisch-distanzierten sowie methodisch und empirisch hinreichend abgesicherten Perspektive zu verfolgen. Meines Erachtens wird die Debatte um den »richtigen« Ort der kindheitspädagogischen Ausbildung jedoch nicht immer hinreichend differenziert geführt. Der Beitrag ist somit auch ein Plädoyer für eine differenzierte und sachliche Debatte. Er soll zu einer Sensibilisierung für mögliche Perspektiven und Probleme einer fachkräftevergleichenden Forschung beitragen.

Professionalisierung durch Akademisierung? Herausforderungen an die Forschung

Will man sich der Frage nach der »richtigen« Ausbildung für kindheitspädagogische Handlungsfelder empirisch nähern, bedarf es zunächst differenzierter Überlegungen, welche Prämissen einer solchen Frage zugrunde liegen und vor welchen Herausforderungen eine diese Frage in den Blick nehmende vergleichende Fachkräfteforschung steht. Dabei zeigt sich, dass die Frage nach der »richtigen« Ausbildung insgesamt zu kurz greift.

Die These, die Etablierung von Studiengängen im Bereich Kindheitspädagogik würde zu einer Akademisierung und Professionalisierung in Kindertageseinrichtungen führen, geht von mindestens fünf Annahmen aus. Erstens wird mit der These unterstellt, dass ein Vergleich von fachschulisch und hochschulisch qualifiziertem Personal empirisch vorgenommen werden könne, wobei hinreichend empirisches Wissen vorliege und die methodischen und methodologischen Fragen hinreichend geklärt seien (1). Darüber hinaus geht sie zweitens davon aus, dass eine Hochschulausbildung höherwertige Kompetenzen bei ihren Absolventinnen und Absolventen herausbilden könne als eine Fachschulausbildung (2). Dabei legt sie drittens zugrunde, dass ein Studium bzw. eine Ausbildung der *wesentliche* Indikator für solch einen Kompetenzvorsprung sei (3). Viertens unterstellt sie, dass eine Akademisierung auch nachhaltige Effekte auf kindheitspädagogische Arbeitsfelder habe (4). Fünftens wird daraus geschlussfolgert, dass durch ein professionalisiertes akademisches Personal verbesserte Effekte auf die Kompetenzentwicklung der von den Absolventinnen und Absolventen betreuten Kinder zu erwarten seien (5). Diese Annahmen sind nicht trivial, sondern äußerst voraussetzungsvoll und stellen eine vergleichende Fachkräfteforschung vor große Herausforderungen.

Liegt hinreichend empirisches Wissen vor? Sind die methodischen und methodologischen Fragen geklärt?

Aktuell greift die Diskussion über die »richtige« kindheitspädagogische Ausbildung zumeist auf Daten empirischer Studien zu kindheitspädagogischen Fachkräften zurück, die veraltet sind und neuere Entwicklungen in den kindheitspädagogischen Handlungsfeldern kaum aufgreifen (vgl. etwa Thole/Cloos 2006). So werden Studien herangezogen, die zu einer Zeit erstellt wurden, in denen es noch gar keine kindheitspädagogischen Studiengänge in Deutschland gab. Hinzu kommt, dass eine komparative pädagogische Berufsgruppenforschung in Deutschland noch weitgehend in den Anfängen steckt. Die damit verbundenen methodischen und methodologischen Herausforderungen, ihre potenziellen Forschungsperspektiven (vgl. Nittel/Schütz 2010; Cloos/Schulz 2012) und ihre kindheitspädagogischen Anschlüsse (vgl. Nittel/Schütz 2012) sind bislang kaum ausgelotet. Somit bleibt weitgehend ungeklärt, welche Untersuchungen, welche Kriterien, welche Zusammenhänge mit welchen Forschungsfragen und -perspektiven hier zielführend wären.

Damit ist auch der Gewinn einzelner Forschungsperspektiven für die Beantwortung der Frage nach den Unterschieden zwischen den einzelnen Berufsqualifikationen ungewiss. Sollen zum Beispiel aus kompetenztheoretischer Perspektive einzelne Kriterien wie das Wissensniveau der Fachkräfte ermittelt werden, soll qualitativ die Binnenstruktur der jeweiligen Berufskulturen erschlossen werden oder soll das komplexe Zusammenwirken von unterschiedlichen Berufsgruppen in einem Berufssystem aus einer feldtheoretischen Perspektive in den Blick genommen werden?

Erschwerend kommt für eine vergleichende Fachkräfteforschung hinzu, dass im Vergleich zu anderen erziehungswissenschaftlichen Teildisziplinen eine kindheitspädagogische Professionsforschung noch kaum entwickelt ist. Dies betrifft rein quantitativ betrachtet das Forschungsvolumen und die hier bislang gewonnenen Erkenntnisse. Deshalb liegt weder über kindheitspädagogische Ausbildungsgänge noch über die dort tätigen Berufsgruppen hinreichend Wissen vor, das einer vergleichenden Fachkräfteforschung eine Grundlage bieten könnte.

Kann eine Hochschulausbildung höherwertige Kompetenzen bei ihren Absolventinnen und Absolventen herausbilden?

Ausgangsbasis professionstheoretischer Bestimmungsversuche waren merkmalstheoretische Modelle, die die klassischen Professionen – Ärzte, Priester, Anwälte – als Berufe besonderen Typs in den Blick nahmen und ihre hervorstechenden Merkmale bestimmten. Im Zuge der Etablierung neuer Berufsgruppen wurde versucht, die Merkmale der klassischen Professionen auch auf andere Berufe anzuwenden, mit dem Ziel, den jeweiligen Grad der Professionalisierung einer Berufsgruppe zu bestimmen. Somit liegen innerhalb der Professionsforschung vielfältige Überlegungen zu den Möglichkeiten und Grenzen einer an herkömmlichen Merkmalsbeschreibungen orientierten vergleichenden Betrachtung von klassischen Professionen und weniger professionalisierten Berufsgruppen vor (vgl. Dewe/Ferchhoff/Radtke 1992). Ein Ergebnis dieser Diskussion ist, dass herkömmliche Merkmalsbeschreibungen vorwiegend deskriptiv und wenig theoretisch fundiert sind, beliebig erweitert werden können und Merkmale vorwiegend ahistorisch bestimmen (vgl. Olk 1986; Cloos 2008, 2012).

Aus dieser Perspektive stellt sich für eine vergleichende Berufsgruppenforschung das Problem der hinreichenden Bestimmung der Vergleichskriterien. Zum Beispiel könnte eine Studie, in Orientierung an dem klassischen Professionskriterium einer hinreichenden wissenschaftlichen Wissensbasis, einen höheren Grad Wissenschaftlichkeit feststellen, dieser Faktor würde jedoch noch keine bessere Berufspraxis garantieren, wenn Ausbildung und berufliche Praxis keine ausreichende Relationierung von wissenschaftlich-generalisierten mit professionellen, das heißt eine Verknüpfung von theoretischen und praktischen, fallbezogenen Wissensbestandteilen ermöglichen (vgl. etwa Oevermann 1996; Dewe/Otto 2010).

Stand der aktuellen Professionsdiskussion ist, dass Professionen als herausgehobene Berufe mit spezifischer Wissensbasis für die Gesellschaft essenzielle, zentralwertbezogene Leistungen erbringen (Dewe/Ferchhoff/

Radtke 1992, S. 7) – dies überwiegend eingebunden in organisatorische Kontexte (vgl. Klatetzki/Tacke 2005). Professionen seien zudem fortwährend mit Risiken und widersprüchlichen Anforderungen, mit Ungewissheit und Komplexität konfrontiert (vgl. Schütze 1996, 2000). Für professionelles Handeln sei zentral, dass es »nicht nach dem Modell kalkulierten zweckrationalen Planens« funktioniere (Schütze 1992, S. 163f.). Es folge einer »hermeneutisch-kommunikativen bzw. interpretativ-dokumentarischen [...] Logik« (ebd.). Nach Bernd Dewe und Hans-Uwe Otto (2010, S. 210) relationieren Professionen Theorie und Praxis. Wissenschaftliche Wissensbestände würden »praktisch-kommunikativ in den Prozess der alltäglichen Organisation des Handelns und der Lösung hier auftretender Probleme fallbezogen kontextualisiert«.

Die Diskussion um die »richtige« kindheitspädagogische Ausbildung greift auf diese Vorannahmen zurück. Von Befürwortern einer Akademisierung wird die These vertreten, dass solche reflexiven Kompetenzen des Umgangs mit Ungewissheit nur innerhalb eines wissenschaftlichen und am besten in einem kindheitspädagogischen Studium erworben werden können. Die Vorannahme ist jedoch in zweierlei Hinsicht voraussetzungsvoll: Erstens werden dabei theoretische Modelle auf ein Handlungsfeld übertragen, ohne dass empirisch nachgewiesen wäre, dass diese auch in dieser Weise Gültigkeit für die kindheitspädagogische Praxis haben. Zweitens wird unterstellt, dass kindheitspädagogische Studiengänge eine gesteigerte Reflexivität für die pädagogische Arbeit herausbilden. Dies bringen unter anderem die vorliegenden Qualifikationsrahmen für eine kindheitspädagogische Ausbildung zum Ausdruck (vgl. Robert Bosch Stiftung 2008; BAG-BEK 2009).

Eine gesteigerte Reflexivitätserwartung wird folgendermaßen an eine hochschulische Ausbildung adressiert: »Zu erlangen ist die auf wissenschaftlichen Kenntnissen gründende – d. h. methodisch geleitete, kritisch reflektierende und hinter jegliche Vordergründigkeiten blickende – Fähigkeit, selbstständig Sachverhalte zu erkennen, einzuordnen und zu bewerten, um sie sodann handelnd beeinflussen zu können« (König/Pasternack 2008, S. 26). Inwiefern ein Studium solche Kompetenzen herausbilden kann, ist empirisch wenig ergründet. Hinzu kommt, dass Reflexivität als ein Konstrukt gelten kann, das insgesamt weder theoretisch noch empirisch hinreichend erschlossen ist (vgl. Cloos 2009).

Ist ein Studium der wesentliche Indikator für einen Kompetenzvorsprung?

Die Annahme, dass ein kindheitspädagogisches Studium der *wesentliche* Indikator für einen Kompetenzvorsprung gegenüber einer fachschulischen Ausbildung darstellt, ignoriert die Erkenntnis, dass Kompetenzen »nicht schlichtweg durch eine institutionalisierte sowie fachlich spezialisierte Ausbildung auf wissenschaftlicher Grundlage allein zu erwerben« sind, »an deren Ende die Beherrschung eines Fachwissens samt dem dazugehörigen beruflichen Methodenrepertoire steht« (Dewe 1996, S. 743 f.). Vielmehr zeigt sich, dass berufliche Differenzen auf der Basis unterschiedlicher Bildungs- *und* Ausbildungsbiografien das Resultat einer eingeübten und habituell strukturierten Praxis in Organisationskulturen und beruflichen Handlungsfeldern sind (vgl. Cloos 2008).

Hat eine Akademisierung nachhaltige Effekte auf kindheitspädagogische Arbeitsfelder?

Aus professionstheoretischer Perspektive kann Professionalität nicht isoliert als Kompetenz von individuellen Akteuren betrachtet werden. Vielmehr bedarf es einer Perspektive, die das Zusammenspiel von Akteuren innerhalb eines professionellen Systems auf der einen und gesellschaftlichen Akteuren auf der anderen Seite in den Blick nimmt (vgl. etwa Freidson 1979; Cloos 2013). So würde die Akademisierung einer Berufsgruppe möglicherweise kaum Effekte nach sich ziehen, wenn diese nicht in eine Professionalisierungsstrategie des gesamten Handlungsfeldes eingebettet wäre und unter anderem die Fachberatung und Organisationsentwicklung, die Träger und Fachschullehrerausbildung und den wissenschaftlichen Nachwuchs einschließen würde. Gleichzeitig müsste solch eine Professionalisierungsstrategie auch sozial- und bildungspolitisch abgesichert sein, um erfolgreich wirken zu können.

Auch wenn das Akademisierungsprojekt mit einer Vielzahl sozial- und bildungspolitischer Maßnahmen – wie der Etablierung von Bildungsplänen in den Bundesländern, dem Rechtsanspruch auf einen Betreuungsplatz ab dem vollendeten ersten Lebensjahr – zusammenfällt, deutet sich eine fehlende politische Verankerung der Akademisierung an. Angesichts der geringen Absolventenzahlen der Studiengänge und der noch bestehenden arbeitsmarktpolitischen Hürden für die Absolventinnen und Absolventen ist zudem die Annahme plausibel, dass nur ganz allmählich eine höhere Akademikerquote erreicht werden kann – vorausgesetzt, die bestehenden Studiengänge können sich auch langfristig konsolidieren (vgl. etwa Nürnberg/Rauschenbach 2011). Von einer hochschulischen Ausbildung kindheitspädagogischer Fachkräfte können allenfalls langfristig Effekte erwartet werden.

Sind von einem akademischen Personal verbesserte Effekte auf die Kompetenzentwicklung der Kinder zu erwarten?

Das Projekt einer kindheitspädagogischen Akademisierung wird auch über das Argument abgestützt, Akademisierung würde nicht nur Professionalität bzw. Qualität frühkindlicher Bildung verbessern, sondern auch – damit verbunden – für die Entwicklung der Kinder förderlich sein. Hierzu fehlen allerdings in Deutschland Befunde. Die Frage kann nur in methodisch gut abgesicherten und komplex angelegten Studien – unter Kontrolle unterschiedlicher Faktoren, die Einfluss auf Professionalität haben – beantwortet werden.

Forschungsperspektiven einer vergleichenden Fachkräfteforschung

Wie bisher dargestellt werden konnte, bewegt sich eine vergleichende Fachkräfteforschung in mehrfacher Hinsicht auf unsicherem Terrain. Wie kann nun eine solche Forschung den hier nur ansatzweise skizzierten Forschungsproblemen begegnen und ihren Untersuchungsgegenstand in den Blick nehmen? Zur Beantwortung dieser Fragen werden im Folgenden unterschiedliche Forschungsperspektiven einer vergleichenden Fachkräfteforschung aufgezeigt. Daran angekoppelt werden – um den Rahmen des Beitrags nicht zu sprengen – jeweils nur knapp unterschiedliche Forschungsmethoden aufgezeigt. Zunächst möchte ich zwischen einer Ausbildungs- und einer Fachkräfteforschung unterscheiden. Im Anschluss daran wird unterschieden zwischen einer vergleichenden Fachkräfteforschung als

- Dispositionsforschung,
- Performanzforschung,
- Wirkungsforschung,
- Performativitätsforschung und
- Forschung mit feldtheoretischem Zugang.

Vergleichende Ausbildungsforschung

Soll die Frage beantwortet werden, welche Unterschiede zwischen fachschul- und hochschulausgebildeten Fachkräften bestehen, können zunächst die jeweiligen Ausbildungssettings in ihren Struktur- und Prozessqualitäten untersucht werden. In den Blick genommen werden können hier bezogen auf Strukturqualitäten zum Beispiel die jeweiligen Curricula oder die

Qualifikationen der Lehrkräfte. Die vorzufindenden Lehr- und Lernsettings geben etwa Aufschluss über die unterschiedlichen Prozessqualitäten der Ausbildungsgänge. Auf der Ebene der Schülerinnen und Schüler bzw. Studierenden können Ergebnisqualitäten bezogen auf die Zufriedenheit, besser jedoch bezogen auf die dort erworbenen Orientierungen und Kompetenzen untersucht werden.

Qualitäten lassen sich durch Selbsteinschätzungen oder auch durch externe Beobachter ermitteln. Effekte lassen sich besonders gut nachzeichnen, wenn nicht nur Querschnitt-, sondern auch Längsschnittstudien durchgeführt werden, wenn also beobachtet wird, wie sich Kompetenzen in und nach der Ausbildung, also in der anschließenden Berufstätigkeit, entwickeln. Biografische Studien können hier Aufschluss über die biografische Genese von Professionalität geben. Letztendlich klären solche Studien jedoch nur die Ausgangsbedingungen; Unterschiede im pädagogischen Handeln lassen sich damit nur bedingt klären, weil – wie noch zu zeigen sein wird – hierüber nur Dispositionen erfasst werden können.

Vergleichende Fachkräfteforschung als Dispositionsforschung

Professionsforschung ist im überwiegenden Teil Dispositionsforschung, weil sie nicht das tatsächliche Können, sondern die Könnensdispositionen untersucht. Der größte Teil kindheitspädagogischer Professionsforschung rekonstruiert das Wissen (vgl. Faas 2010), die pädagogischen Orientierungen und die Deutungsmuster von Fachkräften (vgl. Cloos 2008). Solche Studien liefern wichtige Erkenntnisse, weil Deutungskompetenzen zu den Kernkompetenzen professioneller Berufe gehören (vgl. Oevermann 1996; Schütze 1996).

Insbesondere im Kontext des quantitativen Paradigmas ist Professionsforschung vor allen Dingen Kompetenzforschung. Sie orientiert sich dabei an mehr oder weniger normativ bestimmten Modellen, die festlegen, wie Kompetenzen zu messen sind und was als kompetent zu gelten hat. Orientierung geben dabei allgemeine Kompetenzmodelle (vgl. Weinert 2001), die durch handlungsfeld- und bereichsspezifische Kompetenzen ergänzt werden. Beispielsweise haben in der aktuellen kindheitspädagogischen Diskussion Klaus Fröhlich-Gildhoff, Iris Nentwig-Gesemann und Stefanie Pietsch (2011) ein solches Kompetenzmodell entwickelt, das zwischen Wissens- und Könnensdispositionen sowie Deutungskompetenzen und damit zusammenhängenden motivationalen Aspekten unterscheidet.

Vergleichende Fachkräfteforschung als Performanzforschung

Das von Fröhlich-Gildhoff, Nentwig-Gesemann und Pietsch (2011) entwickelte Modell weist auf die Differenzen zwischen Wissen und Können auf der einen und dem tatsächlichen Handeln auf der anderen Seite hin. Es macht darauf aufmerksam, dass die im Interview mitgeteilte oder im Fragebogen erfasste (Deutungs-)Kompetenz nicht die Performanz des Handelns abbildet. Somit kann eine vergleichende Dispositionsforschung nur das Reservoir an Kompetenzen vergleichen, nicht jedoch, wie es im Handeln tatsächlich zum Zuge kommt.

Abbildung 1: Dispositions- und Performanzforschung

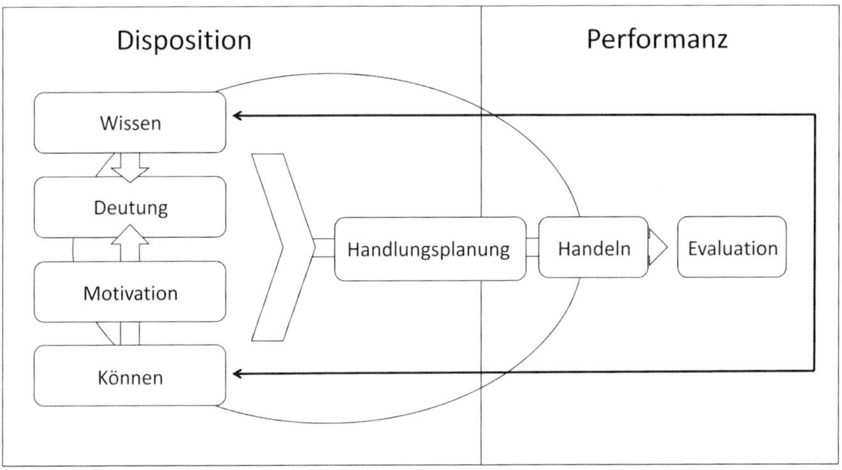

Quelle: Fröhlich-Gildhoff-Nentwig-Gesemann/Pietsch 2011, S. 17 / eigene Darstellung

Demgegenüber nimmt eine Performanzforschung die im Handeln tatsächlich realisierten Kompetenzen in den Blick. Diese können experimentell, aber vorzugsweise in Realsituationen untersucht werden. Eine Performanzforschung hat jedoch den Nachteil, dass sie Professionalität vor allen Dingen als Kompetenz eines individuellen Akteurs betrachtet und keine Erkenntnisse darüber liefert, wie wirksam die untersuchte Performanz in Bezug auf kindheitspädagogische Zielsetzungen ist.

Fachkräftevergleichende Wirkungsforschung

Insbesondere unter dem Paradigma der Qualitätsforschung hat Wirkungsforschung international in der Kindheitspädagogik eine hohe Prominenz erlangt (vgl. Aktionsrat Bildung 2012; Stamm 2013). Im Rahmen dieser Forschungstradition werden zum Beispiel Merkmale des pädagogischen Personals als Strukturqualität erfasst. Eine vergleichende Fachkräfteforschung wird besonders interessant, wenn sie das Merkmal formale Qualifikation auf die Prozessqualität oder das Outcome der kindlichen Kompetenzentwicklung bezieht. Wirkungsforschung hat sich grundsätzlich der Frage zu stellen, welche Bewertungsmaßstäbe an den Untersuchungsgegenstand angelegt werden und durch wen und wie diese bestimmt werden. Diese Festlegungen moderieren schließlich auch die Identifikation von Wirkungen im Forschungsprozess. Aus der Vielfalt an potenziell messbaren oder vorstellbaren Wertmaßstäben hat sie diejenigen zu wählen, die für den Nachweis von Wirksamkeit plausibel erscheinen.

Vergleichende Fachkräfteforschung als Performativitätsforschung

Eine vergleichende Performativitätsforschung berücksichtigt, dass Professionalität nicht individuell hergestellt wird, sondern das Ergebnis von Situationen ist, an denen Dinge, Räume, weitere Personen und vieles mehr beteiligt sind (vgl. Cloos u. a. 2009; zum Begriff Performativität vgl. Wulf/Göhlich/Zirfas 2001). Sie fragt im Gegensatz zu einer Kompetenzforschung danach, wie Professionalität performativ in Situationen gemeinsam hervorgebracht wird. Sie interessiert sich für die in diesen Situationen rekonstruierbaren Binnenstrukturen und -logiken (Dewe/Ferchhoff/Radtke 1992, S. 12) und darin sichtbar werdende Handlungsparadoxien (vgl. Schütze 2000) und Antinomien professionellen Handelns (vgl. Helsper 1996). Ethnografische Studien sind besonders geeignet, Professionalität in ihrer performativen Hervorbringung zu untersuchen. Werden solche Studien mit biografisch-narrativen Interviews kombiniert, kann die beobachtete Performativität auf Dispositionen bezogen werden (vgl. Cloos 2008). Nachteile solcher Studien sind, dass sie die Binnenlogiken des Handelns weitgehend in situ erfassen und es ihnen schwerfällt, die Bedingungen des Feldes, in denen dieses Handeln beobachtet wird, in den Blick zu bekommen (vgl. u. a. Cloos 2012; Neumann 2012).

Abbildung 2: Dispositions- und Performativitätsforschung

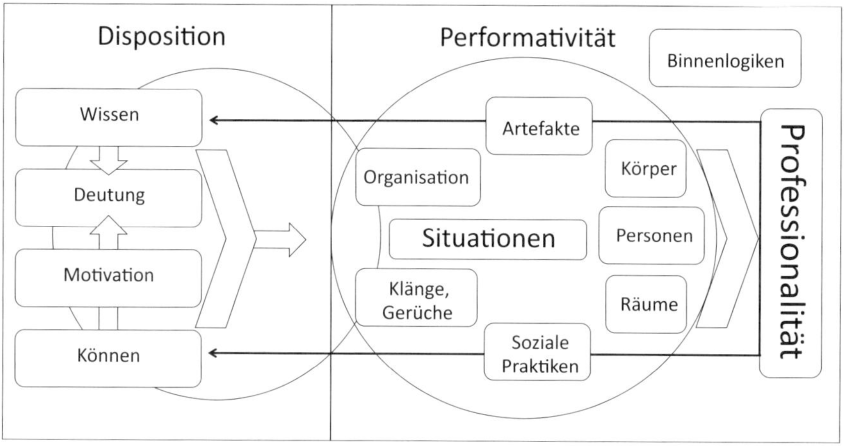

Quelle: Fröhlich-Gildhoff/Nentwig-Gesemann/Pietsch 2011, S. 17 / eigene Darstellung

Feldtheoretisch verankerte vergleichende Fachkräfteforschung

Ein feldorientierter Forschungsansatz hat zum Ziel, makro- und mikrosoziologische Perspektiven zum professionellen Handeln zu verbinden und beim Fachkräftevergleich zu berücksichtigen. Er beachtet, dass Berufsfelder historisch gewachsen sind. Michael-Sebastian Honig (2004) hat solch eine feldtheoretische Perspektive für die kindheitspädagogische Ethnografie entworfen. Diese habe unter anderem erstens die jeweils im Feld zu beobachtende Performativität zu untersuchen. Zweitens habe sie die »situierte(n) Handlungsorientierungen von Akteuren, die das Feld gestalten« zu rekonstruieren (ebd., S. 32). Drittens würde sie die Kontexte, die das Feld konstituieren, in den Blick nehmen (vgl. ebd.; auch Cloos/Schulz 2012). In diesem Sinne würde sie auch den Zusammenhang von feldspezifischen professionellen Logiken und den sich verändernden Konturen der bildungspolitischen und wohlfahrtsstaatlichen Produktion von Dienstleistungen für Kinder und ihre Familien untersuchen (vgl. Honig/Joos/Schreiber 2004).

Ergebnisse einer vergleichenden Fachkräfteforschung im internationalen Kontext

In Zusammenhang mit der Forderung nach einer Akademisierung des kindheitspädagogischen Personals wird in Deutschland häufig auf internationale Studien verwiesen und argumentiert, dass ein positiver Zusammenhang zwischen dem Qualifikationsgrad der Mitarbeiterinnen und Mitarbeiter, der Einrichtungs- oder Angebotsqualität und/oder dem Entwicklungsstand der Kinder bestehe (u.a. Aktionsrat Bildung 2012, S. 28). Solche positiven Zusammenhänge wurden nach Margrit Stamm (2013), Kuger und Kluczniok (2008) und Mischo u.a. (2012) von Howes/Whitebook/Phillips (1992), Scarr/Eisenberg/Deater-Deckard (1994), Kontos/Wilcox-Herzog (1997), Phillipsen u.a. (1997) und Burchinal u.a. (2000), aber auch im Zusammenhang der Study of Early Child Care des National Institute of Child Health and Human Development (NICHD) (vgl. NICHD ECCRN 2000), von der Forschergruppe um Pianta u.a. (2005) und im »Effective Provision of Pre-School Education (EPPE) Projekt« (Sylva u.a. 2004, S. 159 und Sylva u.a. 2008) herausgearbeitet.

Insbesondere Fachkräfte mit einem Universitätsabschluss würden Kinder stärker zu »nachhaltigem Denken und zu kognitiv anspruchsvollen Aktivitäten anregen« (Aktionsrat Bildung 2012, S. 28). Auch Metaanalysen und systematische Vergleiche von vorliegenden Studien, zum Beispiel von Whitebook (2003) sowie von Kelley und Camilli (2006), bestätigen, dass eine kindheitspädagogische hochschulische Ausbildung mit einer höheren Förderqualität in Kindertageseinrichtungen zusammenhängt.

Aus den Studien wird geschlussfolgert, dass eine hochschulische Ausbildung des Personals für die Qualität der pädagogischen Arbeit eine hohe Bedeutung hat, dass aber nicht das gesamte Personal akademisch ausgebildet sein müsse. Eine akademische Fachkraft ziehe somit im Team positive Teameffekte nach sich. Insbesondere eine akademische Ausbildung der Leitungskraft habe besondere Effekte auf die Qualität der Einrichtung (Aktionsrat Bildung 2012, S. 31). Während in der Fachpraxis zuweilen vermutet wird, akademisch ausgebildete Fachkräfte könnten als »Theoretiker« nicht sensibel genug auf die Kinder zugehen, konnte die Studie »Cost, Quality, and Child Outcomes in Child Care Centers« (vgl. Howes 1997) nachzeichnen, dass Fachkräfte mit einem Bachelor-Abschluss eine höhere Sensitivität und Responsivität im Umgang mit den Kindern zeigen.

Allerdings liegen nach Margrit Stamm (2013) und Mischo u.a. (2012) auch Studien vor, die diesen positiven Zusammenhang nicht bestätigen können, etwa die Sekundäranalyse von Early u.a. (2007) zu den Daten unter anderem der Early Head Start-Studie und der NICHD-Studie. Eine Hochschulausbildung sei »für eine entsprechende Qualitätssteigerung nicht unbedingt hinreichend« (Mischo u. a. 2012, S. 36). Mit Verweis auf Pianta u. a. (2009) argumentiert Stamm (2013), dass schlüssige Ergebnisse nur hervorgebracht werden könnten, wenn zusätzlich zum formalen Abschluss weitere Merkmale und Kompetenzen des Personals kontrolliert würden.

Sie kommt entgegen dem Aktionsrat Bildung (2012) zu dem Schluss, dass insgesamt widersprüchliche Ergebnisse zum Zusammenhang von Ausbildungsniveau und Qualität vorliegen. Auch weist sie darauf hin, dass ein akademischer Abschluss nicht grundsätzlich eine hohe Qualität garantieren könne. Zudem muss darauf hingewiesen werden, dass die hier vorgetragenen Ergebnisse sich nicht einfach auf die Situation in Deutschland übertragen lassen, weil sich Ausbildungsniveaus zwischen den Ländern erheblich unterscheiden. Deshalb ist es interessant, die bislang in Deutschland erzielten Ergebnisse zu betrachten.

Ergebnisse einer vergleichenden Fachkräfteforschung in Deutschland

Eine professionsbezogene kindheitspädagogische Forschung ist in Deutschland bislang wenig entwickelt (vgl. Betz/Cloos 2013), sodass auch nur wenige Grundlagen für eine fachkräftevergleichende Forschung ausgearbeitet sind. Zudem können auf der Basis vorliegender Studien die neueren Entwicklungen in kindheitspädagogischen Handlungsfeldern kaum angemessen beschrieben werden. Eine vergleichende Fachkräfteforschung steckt hier noch in den Kinderschuhen. Die Ergebnisse groß angelegter Studien, die einen positiven Zusammenhang zwischen dem formalen Ausbildungsniveau und der Qualität von Förderung in Kindertageseinrichtungen nachweisen könnten (vgl. Tietze 2012), liegen noch nicht vor, sodass bislang auf nur einige wenige Studien mit in der Regel kleinen Stichproben zurückgegriffen werden muss, die Unterschiede zwischen Fach- und Hochschule betrachten. Diese werden im Folgenden vorgestellt. Dabei werden aber auch die Schwierigkeiten bei der Beobachtung von Unterschieden aufgezeigt.

Ausbildungsforschung

In Deutschland wurden insbesondere am Institut für Hochschulforschung in Halle an der Saale Versuche unternommen, fach- und hochschulische Studiengänge miteinander zu vergleichen. Trotz der kleinen Stichproben liefern diese aktuell aufschlussreiche Erkenntnisse zur Frage der Gleichwertigkeit von Fach- und Hochschulausbildung. Bezogen auf den Input der Ausbildungsgänge haben Peer Pasternack und Viola Strittmatter (2012) und andere die Modulhandbücher eines Referenzstudienganges an der Alice-Salomon-Hochschule mit denen zweier Fachschulausbildungsgänge (Alice-Salomon-Schule Hannover und Herman-Nohl-Schule Hildesheim) verglichen. Dabei kommen sie zu dem Schluss, dass die Fachschulen in ihren Lernzielbeschreibungen einen größeren Wert auf die Herausbildung von professionellen Haltungen legen, jedoch die »Anteile der wissensbezogenen Lernziele zwischen den Fachschulen und der Fachhochschule nicht wesentlich differieren« (ebd., S. 143).

Bezogen auf die »Präsenz von Themen mit hohem Professionalisierungspotenzial in den Curricula« (ebd., S. 145) zeigen sich jedoch deutliche Unterschiede. Während der Theorie-Praxis-Verflechtung in den fachschulischen Curricula eine hohe Bedeutung beigemessen wird, werden an der Hochschule deutlich ausgeprägter Lernziele im Bereich der Ausbildung von Analyse- und Forschungsmethoden sowie Möglichkeiten des forschenden Lernens formuliert. Bezogen auf den Output haben Karsten König und Peer Pasternack (2008) zum Beispiel Abschlussarbeiten der Hoch- und Fachschulausbildung in Berlin verglichen. Sie kommen zu dem Schluss, »dass – zumindest die engagierten und für diese Studie offenen – Fachschulen ihre Schülerinnen und Schüler so auf die Abschlussarbeiten vorbereiten können, dass in den uns vorliegenden Arbeiten ähnliche Qualifikationen dokumentiert werden wie in den Bachelor-Arbeiten« (König/Pasternack 2008, S. 116). Bei der Einarbeitung von theoretischen Grundlagen unterscheiden sich die Abschlussarbeiten der Hoch- und Fachschulen demnach jedoch erheblich, denn es gelinge der Hochschule, »den wissenschaftlichen Anspruch stärker zu vermitteln als den Fachschulen, die sich zwar auch an der Wissenschaft orientieren, darin aber nicht ihre Kernaufgabe sehen« (ebd.).

Auch die WiFF-Studierendenbefragung von Jutta Helm (2010) liefert durch den Vergleich von Studierenden der Kindheitspädagogik mit und ohne vorausgegangene sozialpädagogische Ausbildung Daten für eine vergleichende Ausbildungsforschung. Helm kommt zu dem Schluss, dass Studierende mit sozialpädagogischer Berufsausbildung in den Bereichen Fachwissen, analytisches Denken und Forschen »signifikant häufiger an(geben), die jeweiligen Kompetenzen während ihres bisherigen Studiums erworben oder verbessert zu haben« (2010, S. 62). Sie deutet die vorliegenden Daten in zwei Richtungen: Einerseits scheine sich das fachliche Niveau des Studiums deutlich von der fachschulischen Ausbildung abzuheben (vgl. ebd.), andererseits könnten die Studierenden mit sozialpädagogischer Qualifikation »aufgrund ihrer Vorerfahrungen mehr von einem frühpädagogischen Studium profitieren« (ebd.) als die grundständig Studierenden. Somit ermögliche das Studium den ehemaligen Fachschulabsolventinnen und -absolventen eine »wachsende Professionalisierung« (ebd.).

Dispositionsforschung

Im Bereich der Dispositionsforschung haben Dieter Thoma, Daniela Ofner, Carolyn Seybel und Rosemarie Tracy (2011) in einer Pilotstudie die Sprachförderkompetenz von kindheitspädagogischen Fachkräften aus sprachwissenschaftlicher Perspektive untersucht. Die aktuell vorgestellten Ergebnisse beziehen sich vor allem auf das Wissen, weniger auf das Können und das konkrete Sprachförderhandeln. Die Pilotstudie konnte insgesamt einen positiven Zusammenhang zwischen formalem Abschluss und dem Wissen über Sprache als kognitives und kommunikatives System herausarbeiten: »Der Mittelwert der korrekt gelösten Aufgaben lag bei den Frühpädagogik-Studierenden einer PH um etwa zwanzig Prozent über dem der im Beruf tätigen Fachkräfte« (Thoma u.a. 2012, S. 34).

Ferner stellt die Studie eine hohe Varianz bei der Lösungskompetenz der pädagogischen Fachkräfte fest. Während 71 bis 86 Prozent der Frühpädagogik-Studierenden die Aufgaben korrekt lösten, waren dies bei den Fachkräften zwischen 30 und 82 Prozent. Ein signifikanter Unterschied bestehe zudem zwischen den Fachkräften mit und ohne Weiterbildung zum Thema Sprache. Kritisch einzuwenden ist, dass diese Stichprobe extrem klein war und aus nur 25 pädagogischen Fachkräften und 14 Studierenden einer Pädagogischen Hochschule bestand. Zudem stellt sich die Frage, ob die Unterschiede weniger durch das formale Ausbildungsniveau als durch die Aktualität des verfügbaren Wissens erklärt werden können. Dafür spricht, dass sich die Unterschiede zwischen Studierenden und Fachkräften annähern, wenn eine Weiterbildung zum Thema Sprache besucht wurde. Zudem stellt sich die Frage, ob die befragten Studierenden nach dem Studium nach einigen Berufsjahren das Niveau ihres Wissens halten können.

Die AVE-Studie von Christoph Mischo, Stefan Wahl, Jessica Hendler und Janina Strohmer (2012) untersucht aktuell die pädagogischen Orientierungen angehender frühpädagogischer Fachkräfte an Fach- und Hochschulen. Hier wurde nicht davon ausgegangen, dass sich Unterschiede zwischen den Befragten nur durch das Niveau der Ausbildung erklären lassen. Vielmehr wurde angenommen, dass individuelle Hintergrundvariablen wie zum Beispiel kognitive Fähigkeiten und der soziodemografische Hintergrund Differenzen zwischen den Befragten bedingen und diese sogar überlagern können. Die Stichprobe beträgt 712 Personen; sie kommen aus 15 Fachschulen (n = 379) und 14 grundständigen Studiengängen (n = 333). Bislang liegen nur Ergebnisse bezogen auf das vierte Semester vor.

In der Studie mussten die Befragten Einschätzungen zu den Funktionen und Aufgaben von Kindertageseinrichtungen abgeben (Beispiel: auf Gesundheit achten = Betreuung; Kindern Möglichkeit geben, Individualität zu entdecken = Kinder als Subjekt). Die Befragten gaben ebenso Einschätzungen zum kindlichen Lernen ab: Unterschieden wurde hier zwischen instruktivistischen, konstruktivistischen und kokonstruktivistischen Einstellungen.

Die Studie konnte herausarbeiten, dass Fachschülerinnen und Fachschüler wie auch Studierende das Kind eher als Erziehungs*subjekt* betrachten und überwiegend ein kokonstruktivistisches Lernverständnis aufweisen. Jedoch wurden bei Fachschülerinnen und Fachschülern höhere Werte bei der Betreuungsfunktion und dem Item »Kind als Erziehungs*objekt*« gefunden. Diese Unterschiede bleiben bei der Betreuungsfunktion unter Hinzunahme der Hintergrundvariablen bestehen. Fachschülerinnen und Fachschüler tendieren auch eher zu einem instruktivistischen Lernverständnis, wenn Hintergrundvariablen berücksichtigt werden. Die Studie konnte aber auch herausarbeiten, dass die Unterschiede innerhalb des jeweiligen Ausbildungstyps – Fach- oder Hochschule – erheblich variieren. Welche Einstellungen vorzufinden sind, hat also nicht allein mit dem Ausbildungstyp, sondern damit zu tun, welche konkrete Ausbildungseinrichtung besucht wird.

Insgesamt kommen die Autorinnen und Autoren zu dem Schluss, dass sich Unterschiede in den Einstellungen auf Effekte des jeweiligen Ausbildungstyps und der konkreten Ausbildungsstätte zurückführen lassen. Sie vermuten auf der Grundlage der Daten aber auch, dass individuelle Merkmale jenseits des Ausbildungskontextes pädagogische Orientierungen nicht unwesentlich beeinflussen. Kritisch wenden die Autorinnen und Autoren jedoch ein, dass die Befunde »keinen Aufschluss darüber (geben), welche dieser Einstellungen pädagogisch wünschenswerter bzw. ›besser‹ sind« (ebd. S. 42). Nachzufragen ist, ob die Unterschiede zwischen Fachschülerinnen und Fachschülern und Studierenden auch im Beruf bestehen bleiben. Hier sind die weiteren Ergebnisse der Studie mit Spannung zu erwarten.

Performativitätsforschung

In einer eigenen ethnografischen Studie wurden die beruflich-habituellen Unterschiede von Mitarbeiterinnen und Mitarbeitern in der Kinder- und

Jugendhilfe rekonstruiert (vgl. Cloos 2008). Die Daten der Studie wurden allerdings wenige Jahre vor der Etablierung von kindheitspädagogischen Studiengängen in einem Kindergarten und einer Einrichtung der Jugendberufshilfe, bezogen auf Mitarbeiterinnen und Mitarbeiter mit sehr unterschiedlichen Qualifikationsprofilen, erhoben. Aufgeführt wird die Studie hier, weil sie die Potenziale eines ethnografisch-vergleichenden Zugangs aufzeigen kann.

In der Studie war es möglich, auf der Basis biografischer Interviews die beruflich-habituellen Dispositionen und durch ethnografische Beobachtungen das professionelle Handeln zu beobachten. Handlungsfeldvergleichend wurden hier die Interaktions- und Sprachstile, die Bewegungsmuster und Zeitskripte und die jeweiligen Aufgaben der Mitarbeiterinnen und Mitarbeiter miteinander verglichen, ihre Praxis des Fallverstehens und ihre Kommunikation mit der Außenwelt, aber auch die Distinktionen, Aushandlungen und Kämpfe zwischen Berufsgruppen. Ein zentrales Ergebnis der Untersuchung war, dass die beobachteten Mitarbeiterinnen und Mitarbeiter auf der einen Seite ständig die Gemeinsamkeit des Teams inszenieren, auf der anderen Seite aber auch die Unterschiede insbesondere zu den jeweils niedriger Qualifizierten herstellen.

Die Studie konnte auch aufzeigen, dass eine höhere Qualifikation mit

- einer höheren Begründungs- und Reflexionsverpflichtung,
- komplexeren Deutungen des beruflichen Alltags,
- stärker ausgeprägten höhersymbolischen Sprachstilen,
- einer höheren Komplexität der Wissensdomänen,
- präziser ausformulierten gesellschaftstheoretischen Ansprüchen und
- einer größeren Nähe zu fachlichen und – in sehr eingeschränktem Maße – wissenschaftlichen Diskursen

einhergeht. Die Studie verdeutlicht, dass beruflich-habituelle Unterschiede auf der Basis unterschiedlicher individueller Bildungsbiografien und auf der Grundlage der beruflichen Sozialisation qua Ausbildung, unterschiedlicher formaler Funktionen und Teampositionen das Resultat einer eingeübten und habituell strukturierten Praxis in Organisationskulturen und beruflichen Handlungsfeldern sind.

Herausforderungen an eine vergleichende Fachkräfteforschung

Insgesamt kann in Deutschland der vorliegende Forschungsstand zur Frage nach den Unterschieden zwischen fachschulisch und hochschulisch ausgebildeten Fachkräften noch kaum befriedigen. Dies bezieht sich zum einen auf die Anzahl und zum anderen auf das Spektrum der vorliegenden

Studien. Wie der Beitrag verdeutlichen konnte, hat eine fachkräftevergleichende Forschung insgesamt mit unterschiedlichen Forschungsansätzen den Untersuchungsgegenstand aus verschiedenen Perspektiven in den Blick zu nehmen.

Kindheitspädagogische Professionsforschung und vergleichende Fachkräfteforschung sind in Deutschland vorwiegend Dispositionsforschung. Diese kann nur mittelbar Aussagen über die im Alltag beobachtbare Performanz machen. Sie kann keine Erkenntnisse über die in pädagogischen Situationen hervorgebrachte Professionalität liefern und kann auch nur in geringem Maße die feldspezifischen Kontexte der Hervorbringung von Professionalität berücksichtigen. Dies mag auch daran liegen, dass die Perspektive einer historischen kindheitspädagogischen Professionsforschung (vgl. Erning/Neumann/Reyer 1987) in diesem Zusammenhang wenig Berücksichtigung findet. Zudem ist eine vergleichende Wirkungsforschung in Deutschland noch nicht etabliert. Die Frage nach einer Professionalisierung durch Akademisierung kann somit kaum beantwortet werden. Zudem zeigt sich, dass die Frage nach der »richtigen« Ausbildung insgesamt zu kurz greift (vgl. auch Mischo u. a. 2012). Professionalität wird nicht allein durch eine Hochschulausbildung erlangt; sie ist ein mehrdimensionales Konstrukt.

Soll der Frage nach den Unterschieden zwischen einer Ausbildung an Fachschule und Hochschule für die Professionalität kindheitspädagogischer Fachkräfte empirisch nachgegangen werden, bedarf es nicht nur einer vermehrten Aktivität in diesem Forschungsfeld, sondern auch Studien, die aus einer differenzierten Perspektive in den Blick nehmen, welche Bedeutung der Ausbildungsort im Kanon verschiedener anderer Faktoren für die Herausbildung von Kompetenz, Performanz und Wirkung und die Entwicklung eines beruflichen Habitus haben kann. Als Herausforderungen solch einer Forschung können angesehen werden:

- die hohe Komplexität der Konstrukte Profession und Professionalität,
- die verschiedenen Ebenen, auf denen Professionalität untersucht werden kann,
- die Kriterienbestimmung für einen Vergleich,
- die hohe Varianz innerhalb der Ausbildungstypen,
- die Verknüpfung von Dispositions- und Performanzforschung unter Berücksichtigung der Mikro- und Makroebenen der Hervorbringung von Professionalität.

Gleichzeitig hat aber auch eine fachkräftevergleichende Forschung die historischen und feldspezifischen Bedingungen der Herausbildung einer kindheitspädagogischen Profession zu reflektieren. Dann kann sie berücksichtigen, dass Professionalität mehr ist als die Summe individueller Kompetenzen, sondern (von mehreren Akteuren) in historisch gewachsenen Feldern gemeinsam hervorgebracht wird.

Literatur

Aktionsrat Bildung (2012): Professionalisierung in der Frühpädagogik. Qualifikationsniveau und -bedingungen des Personals in Kindertagesstätten. Münster

Balluseck, Hilde von (Hrsg.) (2008): Professionalisierung der Frühpädagogik. Perspektiven, Entwicklungen, Herausforderungen. Opladen/Farmington Hills

Betz, Tanja/Cloos, Peter (2013): Kindheit und Profession. Konturen und Befunde eines Forschungsfeldes. Weinheim/Basel (im Erscheinen)

Bundesarbeitsgemeinschaft Bildung und Erziehung in der Kindheit (BAG-BEK) (2009): Qualifikationsrahmen für BA-Studiengänge der »Kindheitspädagogik«/»Bildung und Erziehung in der Kindheit«. Manuskript Köln

Burchinal, Margaret/Peisner-Feinberg, Ellen/Bryant, Donna M./Clifford, Richard (2000): Children's social and cognitive development and child care quality. Testing for differential associations related to poverty, gender, or ethnicity. In: Applied Developmental Science 4, S. 149–165

Cloos, Peter (2008): Die Inszenierung von Gemeinsamkeit. Eine vergleichende Studie zu Biografie, Organisationskultur und beruflichem Habitus von Teams in der Kinder- und Jugendhilfe. Weinheim/München

Cloos, Peter (2009): Praktiken der alltäglichen Organisation von Wissen und Erfahrung. Teamarbeit, Reflexivität und Inferenz. In: Göhlich, Michael/Weber, Maria/Wolff, Stephan (Hrsg.): Organisation und Erfahrung. Beiträge der AG Organisationspädagogik. Wiesbaden, S. 181–193

Cloos, Peter (2012): Professionsforschung und erziehungswissenschaftliches Denken und Handeln. Zu den Chancen feldtheoretischer Zugänge. In: Ackermann, Friedhelm/Ley, Thomas/Machold, Claudia/Schrödter, Mark (Hrsg.): Qualitatives Forschen in der Erziehungswissenschaft. Wiesbaden, S. 177–195

Cloos, Peter (2013): Kindheitspädagogik als Profession. Erscheint in: Dick, Michael/Marotzki, Winfried/Mieg, Harald (Hrsg.): Handbuch Professionsentwicklung

Cloos, Peter/Schulz, Marc (2012): Differenzen und Gemeinsamkeiten pädagogischer Handlungsfelder. Entwurf einer ethnographisch verglei-

chenden Forschungsperspektive. In: Friebertshäuser, Barbara/Kelle, Helga/Boller, Heike/Bollig, Sabine/Huf, Christina/Langer, Antje/Ott, Marion/Richter, Sophia (Hrsg.): Feld und Theorie. Herausforderungen erziehungswissenschaftlicher Ethnographie. Berlin u. a., S. 217–230
Cloos, Peter/Oehlmann, Sylvia/Hundertmark, Maren (Hrsg.) (2012): Von der Fachschule in die Hochschule: Modularisierung und Vertikale Durchlässigkeit in der kindheitspädagogischen Ausbildung. Wiesbaden
Cloos, Peter/Köngeter, Stefan/Müller, Burkhard/Thole, Werne (2009): Die Pädagogik der Kinder- und Jugendarbeit. 2. Aufl. Wiesbaden
Dewe, Bernd (1996): Das Professionswissen von Weiterbildnern. Klientenbezug – Fachbezug. In: Combe, Arno/Helsper, Werner (Hrsg.): Pädagogische Professionalität. Untersuchungen zum Typus pädagogischen Handelns. Frankfurt am Main, S. 714–757
Dewe, Bernd/Otto, Hans-Uwe (2010): Reflexive Sozialpädagogik. Grundstrukturen eines Typs dienstleistungsorientierten Professionshandelns. In: Thole, Werner (Hrsg.): Grundriss Soziale Arbeit. Ein einführendes Handbuch. 3. überarbeitete und erweiterte Auflage. Opladen, S. 197–217
Dewe, Bernd/Ferchhoff, Wilfried/Radtke, Frank-Olaf (1992): Einleitung. Auf dem Weg zu einer aufgabenzentrierten Professionstheorie pädagogischen Handelns. In: Dewe, Bernd/Ferchhoff, Wilfried/Radtke, Frank-Olaf (Hrsg.): Erziehen als Profession. Zur Logik professionellen Handelns in pädagogischen Arbeitsfeldern. Opladen, S. 7–20
Diller, Angelika/Rauschenbach, Thomas (Hrsg.) (2006): Qualifizierung für die ErzieherInnenausbildung. DJI-Fachforum Bildung und Erziehung, Band 4. München
Early, Diane Marie u. a. (2007): Teachers' Education, classroom quality, and young children's academic skills. Results from seven studies of preschool programs. Child Development, 78. Jg., Heft 2, S. 558–580
Erning, Günter/Neumann, Karl/Reyer, Jürgen (1987): Geschichte des Kindergartens. Band 1 und 2. Freiburg im Breisgau
Faas, Stefan (2010): Erfassung und Analyse frühpädagogischen Professionswissens. Eine forschungsmethodische Annäherung. In: Fröhlich-Gildhoff, Klaus/Nentwig-Gesemann, Iris/Strehmel, Petra (Hrsg.) (2010): Forschung in der Frühpädagogik III. Schwerpunkt: Sprachentwicklung & Sprachförderung. Freiburg im Breisgau, S. 219–245
Freidson, Eliot (1979): Der Ärztestand. Berufs- und wissenschaftssoziologische Durchleuchtung einer Profession. Stuttgart

Fröhlich-Gildhoff, Klaus/Nentwig-Gesemann, Iris/Pietsch, Stefanie (2012): Kompetenzorientierung in der Qualifizierung frühpädagogischer Fachkräfte. München

Gebrande, Johanna (2011): Der Deutsche Qualifikationsrahmen (DQR) im Lichte fach- und bildungspolitischer Stellungnahmen. WiFF Expertise Nr. 17. München

Helm, Jutta (2010): Das Bachelorstudium Frühpädagogik. München

Helsper, Werner (1996): Antinomien des Lehrerhandelns in modernisierten pädagogischen Kulturen. Paradoxe Verwendungsweisen von Autonomie und Selbstverantwortlichkeit. In: Combe, Arno/Helsper, Werner (Hrsg.): Pädagogische Professionalität. Frankfurt am Main, S. 521–570

Honig, Michael-Sebastian (2004): Wie bewirkt Pädagogik, was sie leistet? Ansatz und Fragestellung der Trierer Kindergarten-Studie. In: Honig, Michael-Sebastian/Joos, Magdalena/Schreiber, Norbert: Was ist ein guter Kindergarten? Theoretische und empirische Analysen zum Qualitätsbegriff in der Pädagogik. Weinheim/München, S. 17–37

Honig, Michael-Sebastian/Joos, Magdalena/Schreiber, Norbert (2004): Was ist ein guter Kindergarten? Theoretische und empirische Analysen zum Qualitätsbegriff in der Pädagogik. Weinheim/München

Howes, Carollee (1997): Children's Experiences in Center-Based Cild-Care as a Function of Teacher Background and Adult: Child Ratio. In: Merrill-Palmer Quarterly, Vol. 43, No. 3, S. 404–425

Howes, Carollee/Whitebook, Marcy/Phillips, Deborah A. (1992): Teacher characteristics and effective teaching in child care: Findings from the National Child Care Staffing Study. In: Child and Youth Care Forum 21, S. 399–414

Kelley, Pamela/Camilli, Gregory (2006): The Impact of Teacher Education on Outcomes in Early Childhood Education. A Meta-analysis, New Brunswick: National Institute for Early Education Research

Klatetzki, Thomas/Tacke, Veronika (Hrsg.) (2005): Organisation und Profession. Wiesbaden

König, Karsten/Pasternack, Peer (2008): elementar + professionell. Die Akademisierung der elementarpädagogischen Ausbildung in Deutschland. Mit einer Fallstudie: Der Studiengang »Erziehung und Bildung im Kindesalter« an der Alice Salomon Hochschule Berlin (HoF-Arbeitsbericht 5'08). Hrsg. vom Institut für Hochschulforschung (HoF) an der Martin-Luther-Universität Halle-Wittenberg. Wittenberg

Kontos, Susan/Wilcox-Herzog, Amanda (1997): Influences on children's competence in early childhood classroom. In Early Childhood Research Quarterly 12, S. 247–262

Kuger, Susanne/Kluczniok, Katharina (2008): Prozessqualität im Kindergarten. Konzept, Umsetzung und Befunde. In: Roßbach, Hans-Günther/Blossfeld, Hans-Peter (Hrsg.): Frühpädagogische Förderung in Institutionen. Zeitschrift für Erziehungswissenschaft. Sonderheft 11. Wiesbaden, S. 159–177

Mischo, Christoph/Wahl, Stefan/Hendler, Jessica/Strohmer, Janina (2012): Pädagogische Orientierungen angehender frühpädagogischer Fachkräfte an Fachschulen und Hochschulen. In: Frühe Bildung 1 (1), S. 34–44

Neumann, Sascha (2012): Teilnehmende Objektivierung unter Anwesenden. Zum Verhältnis von Ethnographie und Feldtheorie in der erziehungswissenschaftlichen Forschung. In: Friebertshäuser, Barbara u.a. (Hrsg.): Feld und Theorie. Herausforderungen erziehungswissenschaftlicher Ethnographie. Opladen, S. 57–70

NICHD Early Child Care Research Network (2000): Characteristics and quality of child care for toddlers and preschoolers. In: Applied Developmental Science 3, S. 116–41

Nittel, Dieter/Schütz, Julia (2010): Komparative Berufsgruppenforschung. Pädagogische Erwerbsarbeit im System des Lebenslangen Lernens. In: Zeitschrift für Bildungsverwaltung 26, S. 49–56

Nittel, Dieter/Schütz, Julia (2012): Zwischen Verberuflichung und Professionalität. Professionalisierungsdynamiken und Anerkennungskämpfe in der sozialen Welt der Erzieherinnen und Weiterbildner. In: Käpplinger, Bernd/Robak, Steffi/Schmidt-Lauff, Sabine (Hrsg.): Engagement für die Erwachsenenbildung. Ethische Bezugnahmen und demokratische Verantwortung. Wiesbaden, S. 111–129

Nürnberg, Carola/Rauschenbach, Thomas (2011): Aus der Kita-Praxis in den Hörsaal und wieder zurück. München

OECD (2006): Starting Strong II. Early Childhood Education and Care. Paris: OECD

Oevermann, Ulrich (1996): Theoretische Skizze einer revidierten Theorie professionalisierten Handelns. In: Combe, Arno/Helsper, Werner (Hrsg.): Pädagogische Professionalität. Frankfurt am Main, S. 70–182

Olk, Thomas (1986): Abschied vom Experten. Sozialarbeit auf dem Weg zu einer alternativen Professionalisierung. Weinheim/München

Pasternack, Peer/Strittmatter, Viola (2012): Hochschul- und Bologna-kompatibel? Kompetenzorientierung in der ErzieherInnenausbildung an Fachschulen für Sozialpädagogik. Eine Analyse niedersächsischer Modulhandbücher. In: Cloos, Peter/Oehlmann, Sylvia/Hundertmark, Maren (Hrsg.): Von der Fachschule in die Hochschule. Wiesbaden, S. 127–153

Phillipsen, Leslie C./Burchinal, Margaret R./Howes, Carollee/Cryer, Debby (1997): The prediction of process quality from structural features of child care. In: Early Childhood Research Quarterly 12, S. 281–303

Pianta, Robert C./Barnett, W. Steven/Burchinal, Margaret/Thornburg, Kathy R. (2009): The effects of preschool education. What we know, how public policy is or is not aligned with the evidence base, and what we need to know. In: Psychological Science in the Public Interest 2, S. 49–88

Pianta, Robert C./Howes, Carollee/Burchinal, Margaret/Bryant, Donna/Clifford, Richard/Early, Diane/Barbarin, Oscar (2005): Features in of pre-kindergarten programs classrooms, and teachers. Do they predict observed classroom quality and child-teacher interaction? In: Applied Develepmental Science Vol. 9, S. 144–159

Robert Bosch Stiftung (2008): Frühpädagogik studieren. Ein Orientierungsrahmen für Hochschulen. Stuttgart

Scarr, Sandra/Eisenberg, Marlene/Deater-Deckard, Kirby (1994): Measurement of quality in child care centers. Early Childhood Research Quarterly, 9, S. 131–151

Schütze, Fritz (1992): Sozialarbeit als »bescheidene« Profession. In: Dewe, Bernd/Ferchhoff, Wilfried/Radtke, Frank-Olaf (Hrsg.): Erziehen als Profession. Opladen, S. 132–170

Schütze, Fritz (1996): Organisationszwänge und hoheitsstaatliche Rahmenbedingungen im Sozialwesen. Ihre Auswirkung auf die Paradoxien des professionellen Handelns. In: Combe, Arno/Helsper, Werner (Hrsg.): Pädagogische Professionalität. Frankfurt am Main, S. 183–273

Schütze, Fritz (2000): Schwierigkeiten bei der Arbeit und Paradoxien des professionellen Handelns. Ein grundlagentheoretischer Aufriß. In: ZBBS, 1. Jg., H. 1, S. 49–96

Speth, Christine (2010): Akademisierung der Erzieherinnenausbildung? Beziehung zur Wissenschaft. Wiesbaden

Stamm, Margrit (2013): Theoretische und empirische Konturen der internationalen kindheitspädagogischen Professionsforschung. Erscheint in: Betz, Tanja/Cloos, Peter (Hrsg.): Kindheit und Profession. Konturen und Befunde eines Forschungsfeldes. Weinheim/Basel

Sylva, Kathy/Meluish, Edward/Sammons, Pam/Siray-Blatchforld, Iram/Taggart, Brenda/Elliot, Karen (2004): The Effective Provision of Pre-School Education Project (EPPE). In: Faust, Gabriele/Götz, Margarete/Hacker, Hartmut/Roßbach, Hans-Günther (Hrsg.) Anschlussfähige Bildungsprozesse im Elementar- und Primarbereich. Bad Heilbrunn, S. 154–167

Sylva, Kathy/Melhuish, Edward/Sammons, Pam/Siraj-Blatchford, Iram/Taggart, Brenda (2008): Effective pre-school and primary education 3-11 project. Final report from primary phase: Preschool, school and family influences on children's development during Key Stage 2 [Research Report No DCSF-RR061]. Institute of Education. University of London

Thole, Werner (2008): »Professionalisierung« der Pädagogik der Kindheit. In: Thole, Werner/Roßbach, Hans-Günther/Fölling-Albers, Maria/Tippelt, Rudolf (Hrsg.): Bildung und Kindheit. Pädagogik der frühen Kindheit in Wissenschaft und Lehre. Opladen/Farmington Hills, S. 271–294

Thole, Werner (2010): Die pädagogischen MitarbeiterInnen in Kindertageseinrichtungen. Professionalität und Professionalisierung eines pädagogischen Arbeitsfeldes. Zeitschrift für Pädagogik, 56. Jg., H. 2, S. 206–222

Thole, Werner/Cloos, Peter (2006): Akademisierung des Personals für die Handlungsfelder der »Pädagogik der Kindheit«. Zur Implementierung kindheitspädagogischer Studiengänge an Universitäten. In: Diller, Angelika/Rauschenbach, Thomas (Hrsg.): Qualifizierung für die ErzieherInnenausbildung. DJI-Fachforum Bildung und Erziehung. Band 4. München, S. 47–77

Thoma, Dieter u. a. (2012): Professionalisierung in der Frühpädagogik. Eine Pilotstudie zur Sprachförderkompetenz. In: Frühe Bildung, 0. Jahrgang, Heft 0, S. 31–36

Tietze, Wolfgang u. a. (2012): NUBBEK. Nationale Untersuchung zur Bildung, Betreuung und Erziehung in der frühen Kindheit. www.nubbek.de/media/pdf/NUBBEK%20Broschuere.pdf (03.03.13)

Viernickel, Susanne (2008): Reformmodell für die Ausbildung des frühpädagogischen Fachpersonals. In: Roßbach, Hans-Günther/Blossfeld, Hans-Peter (Hrsg.): Frühpädagogische Förderung in Institutionen. Zeitschrift für Erziehungswissenschaft. Sonderheft 11. Wiesbaden, S. 123–138

Weinert, Franz E. (2001): Vergleichende Leistungsmessung in Schulen – eine umstrittene Selbstverständlichkeit. In: Weinert, Franz E. (Hrsg.): Leistungsmessung in Schulen. Weinheim/Basel, S. 17–31

Whitebook, Marcy (2003): Early Education Quality: Higher Teacher Qualifications for Better Learning Environments. A Review of the Literature. Institute of Industrial Relations. University of California, Berkeley

Wulf, Christoph/Göhlich, Michael/Zirfas, Jörg (Hrsg.) (2001): Grundlagen des Performativen. Weinheim

Pluralisierung der Ausbildungslandschaft

Neue Wege in das Arbeitsfeld Kindertageseinrichtungen

Joanna Dudek, Kirsten Hanssen, Bianca Reitzner

Bis heute bilden staatlich anerkannte Erzieherinnen[1] deutschlandweit den größten Anteil des Fachpersonals in Kindertageseinrichtungen. Dennoch: Im Arbeitsfeld der Kindertageseinrichtungen finden sich zugleich Berufsgruppen mit unterschiedlichen Ausbildungsabschlüssen. Diese unterscheiden sich im Qualifikationsniveau, im Ausbildungsort sowie in der berufspraktischen und wissenschaftlichen Ausrichtung. Neben der Erzieherin, die die klassische Ausbildung an einer Fachschule für Sozialpädagogik[2] durchlaufen hat, und der an Berufsfachschulen ausgebildeten Kinderpflegerin beziehungsweise Sozialassistentin[3] ist auch eine relativ kleine Zahl hochschulisch ausgebildeter Sozialpädagoginnen in Kindertageseinrichtungen tätig.

In jüngerer Zeit sind Tendenzen einer »Pluralisierung« des Zugangs zum Arbeitsfeld festzustellen. Ausgelöst ist diese Entwicklung durch die steigenden pädagogischen Anforderungen im frühpädagogischen Bereich und durch eine höhere Nachfrage nach Betreuungsplätzen und einem damit zusammenhängenden zusätzlichen Personalbedarf. Der Ausbau von frühpädagogischen Studiengängen sowie Maßnahmen zum Quereinstieg ermöglichen neue Zugänge zu einer Beschäftigung in Kindertageseinrichtungen.

Dieser Beitrag rückt die diesbezüglichen Veränderungen im Arbeitsfeld der Kindertageseinrichtungen ins Blickfeld. Dargestellt werden die Ausbildungswege in der frühpädagogischen Ausbildungslandschaft und Entwicklungen der Ausbildungsorte Fachschule und Hochschule sowie neue Wege in das Arbeitsfeld von Kindertageseinrichtungen.

---

1 Da der größte Anteil der Personen in den beschriebenen Berufsgruppen und den Ausbildungen weiblich ist, wird im fortlaufenden Text zur besseren Lesbarkeit ausschließlich die weibliche Form verwendet.

2 Im nachfolgenden Text wird die Bezeichnung »Fachschule für Sozialpädagogik« verwendet, welche die »Fachakademien für Sozialwesen« und die bayerischen »Fachakademien für Sozialpädagogik« einschließt. Die Personen, die eine Ausbildung an der Fachschule absolvieren, werden im vorliegenden Text als »(Fach)schülerinnen« bezeichnet, auch wenn an den Fachakademien die Bezeichnung »Studierende« verwendet wird.

3 Der Fokus des Textes liegt auf der Qualifizierung zur frühpädagogischen Fachkraft, weshalb auf eine Beschreibung der Ausbildung zur Kinderpflegerin beziehungsweise Sozialassistentin verzichtet wird.

Der klassische Ausbildungsweg: die Fachschule

Der Beruf der staatlich anerkannten Erzieherin hat in den letzten vier Jahrzehnten einen starken Zulauf erfahren. Während die Zahl der in den alten Bundesländern beschäftigten Erzieherinnen im Jahr 1974 bei gerade einmal 43.000 Personen lag, wurden im Jahr 2012 knapp 324.000 in Kindertageseinrichtungen beschäftigte Erzieherinnen (inklusive der neu hinzugekommenen Erzieherinnen aus den neuen Bundesländern) verzeichnet (vgl. Statistisches Bundesamt 2012 a).

Die Ausbildung zur staatlich anerkannten Erzieherin findet in Deutschland traditionell an Fachschulen für Sozialpädagogik statt. Die heutige Erzieherinnenausbildung an der Fachschule basiert auf der Rahmenvereinbarung der Kultusministerkonferenz (KMK) vom 7. November 2002. Als Vollzeitausbildung gliedert sich diese in der Regel in eine zweijährige fachtheoretische Ausbildung an einer Fachschule und ein anschließendes berufspraktisches Anerkennungsjahr. In einzelnen Bundesländern gibt es jedoch Ausnahmen.

Zugangsvoraussetzungen

Grundvoraussetzung für die Aufnahme einer Erzieherinnenausbildung ist ein mittlerer Schulabschluss oder ein gleichartiger Bildungsabschluss. Trotz der Rahmenvereinbarung der Kultusministerkonferenz, die die Fachschulausbildung zur staatlich anerkannten Erzieherin regelt, gibt es keine bundesweit einheitlichen Zulassungsvoraussetzungen, da die beruflichen Voraussetzungen in der Rahmenvereinbarung vergleichsweise allgemein definiert sind (vgl. Pasternack/Schulze 2010) und das Schulberufssystem von den Ländern verantwortet wird (vergleiche dazu auch die Beiträge von Baethge und Friese, in diesem Band).

Um eine Erzieherinnenausbildung beginnen zu können, bedarf es, vereinfacht formuliert, entweder einer einschlägigen Berufsausbildung im Bereich der Kindertagesbetreuung oder einer praktischen Tätigkeit in einer Kindertageseinrichtung von mindestens einem Jahr als Zulassungsvoraussetzung. Was als einschlägige Berufsausbildung angesehen wird, ist unterschiedlich geregelt. Sozialpädagogische und sozialpflegerische Berufe (Sozialhelferinnen, Sozialbetreuerinnen, Heilerziehungshelferinnen) werden in fast allen Bundesländern als einschlägige Berufsausbildungen anerkannt, in wenigen Bundesländern auch hauswirtschaftliche und pflegerische Berufe. In einigen Bundesländern gibt es auch die Möglichkeit, mit nichteinschlägiger Berufsausbildung die Erzieherinnenausbildung zu beginnen. Zum Teil sind in diesem Fall zusätzliche Praktika in sozialpädagogischen Einrichtungen nötig, wobei auch hier die Dauer variiert (vgl. Janssen 2010). In vielen Bundesländern kann darüber hinaus die Dauer der Fachschulausbildung unter bestimmten Voraussetzungen verkürzt werden, zum Beispiel durch die Anrechnung vorhandener Kompetenzen (vgl. Dudek/Gebrande 2012).

Ausbau der Teilzeit- beziehungsweise berufsbegleitenden Ausbildungsform

Neben der Möglichkeit einer regulären Vollzeitausbildung an Fachschulen gibt es in allen Bundesländern mit Ausnahme des Saarlands auch die Möglichkeit, eine Teilzeitausbildung bzw. eine berufsbegleitende Ausbildung an einer Fachschule für Sozialpädagogik zu absolvieren. In der Regel verlängert sich dadurch die Ausbildungsdauer, wobei es auch hier Unterschiede zwischen den Bundesländern gibt. Die Zulassungsvoraussetzungen von Teilzeit- beziehungsweise berufsbegleitenden Ausbildungen entsprechen grundsätzlich denen der Vollzeitausbildung. Bei einer berufsbegleitenden Ausbildungsform sind zusätzlich eine mindestens halbtags ausgeübte erzieherische Tätigkeit in einer sozialpädagogischen Einrichtung und das Einverständnis des Arbeitgebers erforderlich. Personen, die eine berufsbegleitende Ausbildung absolvieren, können in manchen Bundesländern bereits während der Ausbildung auf den Personalschlüssel angerechnet werden. Der Umfang der Anrechnung auf den Personalschlüssel ist in den Bundesländern unterschiedlich geregelt. In einigen Bundesländern (zum Beispiel Berlin) können die Schülerinnen mit Beginn der Ausbildung zu 100 Prozent auf den Personalschlüssel als Fachkraft angerechnet werden (vgl. BMFSFJ 2012). Diese daraus resultierende Gleichstellung mit bereits ausgebildetem Fachpersonal ist kritisch zu hinterfragen, da die Schülerinnen noch nicht die Qualifikation einer voll ausgebildeten Erzieherin besitzen und nicht alle Anforderungen erfüllen können.

Die Zahl der Teilzeit- und berufsbegleitenden Ausbildungsgänge hat zwischen den Schuljahren 2008/09 bis 2010/11 in den meisten Bundesländern einen erheblichen Zuwachs erfahren, und die Nachfrage nach dieser Ausbildungsform stieg in den letzten Jahren deutlich an (vgl. Dudek/Gebrande 2012).

Mit dem Ziel, insbesondere durch einen monetären Anreiz während der Ausbildung mehr Menschen für den Beruf der Erzieherin zu gewinnen, wird in Baden-Württemberg seit dem Schuljahr 2012/13 überdies eine praxisintegrierte Form der Ausbildung (PIA) erprobt. Die Ausbildung erstreckt sich über drei Jahre und findet an den Fachschulen für Sozialpädagogik statt. Im Unterschied zur klassischen Ausbildung werden in der neuen Ausbildungsform die fachlichen Inhalte, die Praktika sowie das Anerkennungsjahr stärker miteinander verzahnt, und die Schülerinnen erhalten über den gesamten Zeitraum eine Ausbildungsvergütung von 700 bis 850 Euro. Zwischen Träger und Fachschule wird ein Kooperationsvertrag geschlossen, und die entsprechende Praxiseinrichtung entwickelt gemeinsam mit der Fachschule einen Ausbildungsplan. In welchem Umfang dieses neue Ausbildungsmodell genutzt wird, bleibt abschließend zu prüfen. Auch Schülerinnen der PIA können in jedem Ausbildungsjahr als Fachkraft auf den Personalschlüssel angerechnet werden, jedoch nur zu 40 Prozent. Auch ist eine alleinige Tätigkeit der Schülerin in der Gruppe im ersten Ausbildungsjahr nicht zulässig (vgl. BMFSFJ 2012; Lohr 2012; Ott 2012).

Die Erprobung neuer Modelle wie der praxisintegrierten Ausbildung einerseits und der Ausbau von Teilzeitausbildungen sowie berufsbegleitenden Ausbildungsformen andererseits sind ein Hinweis darauf, dass sich selbst bei der klassischen Ausbildungsform an der Fachschule eine Pluralisierung abzeichnet.

Ausbau der Ausbildungskapazitäten

Der Zuwachs der Berufsgruppe der staatlich anerkannten Erzieherinnen in Kindertageseinrichtungen spiegelt sich in der Zunahme der Fachschulen für Sozialpädagogik in Deutschland wider (vgl. Tabelle 1). Im Jahr 1994 gab es in Deutschland 367 Fachschulen für Sozialpädagogik (vgl. Rauschenbach/Beher/Knauer 1995). Bis zum Jahr 2009 stieg die Anzahl der Fachschulen auf 423 (vgl. Janssen 2011), und im Jahr 2011 wurden durch die WiFF bereits 561 Fachschulen für Sozialpädagogik gezählt.[4] Dieser deutliche Anstieg zwischen 2009 und 2011 ist allerdings partiell auf Unterschiede bei der Zählung der Fachschulen zurückzuführen. In Nordrhein-Westfalen wurde etwa im Jahr 2011 die Zahl der Bildungsgänge ausgewiesen, weshalb Fachschulen mit Teilzeit- und Vollzeitausbildungsangeboten doppelt in die Zählung eingehen. Die aktuelle Anzahl der Fachschulen wird in Nordrhein-Westfalen dagegen nicht ausgewiesen.

4 Anfrage bei den Statistischen Landesämtern durch die WiFF (Schuljahr 2011/12).

Tabelle 1: Anzahl der Fachschulen für Sozialpädagogik in Deutschland

	1994	2009	2011
Fachschulen für Sozialpädagogik	367	423	561*

* In Nordrhein-Westfalen wird die Anzahl der Bildungsgänge erfasst. Fachschulen mit mehreren Bildungsgängen gehen deshalb mehrfach in die Zählung ein.

Quelle: 1994: Rauschenbach u. a. (1995); 2009: Janssen (2011); 2011: Statistische Landesämter/WiFF-Recherche

Die beschriebene Ausweitung der Ausbildungskapazitäten zeigt sich auch in der Anzahl der Schülerinnen und Absolventinnen der Erzieherinnenausbildung. Im Schuljahr 2008/09 nahmen knapp 23.200 Personen eine Ausbildung zur Erzieherin auf (vgl. Tabelle 2). Im Ausbildungsjahrgang 2010/11 lag die Zahl der Ausbildungsanfängerinnen bereits bei fast 28.200 Personen und stieg bis zum Schuljahr 2011/12 auf knapp 30.700 Fachschülerinnen im ersten Schuljahr. Bundesweit stieg die Anzahl der Personen, die eine Ausbildung zur staatlich anerkannten Erzieherin begonnen haben, zwischen den Schuljahren 2008/09 und 2011/12 um 33 Prozent an.

Ein Blick auf die Absolventinnenzahlen zeigt auch hier eine deutliche Zunahme. Im Schuljahr 2008/09 hatten über 16.000 Personen ihre Fachschulausbildung abgeschlossen (vgl. Tabelle 2). Im Schuljahr 2010/11 lag die Anzahl bereits bei über 19.000 Absolventinnen. Deutschlandweit ist zwischen den Schuljahren 2008/09 und 2010/11 die Anzahl der Absolventinnen der Erzieherinnenausbildung um 18 Prozent gestiegen.

Tabelle 2: Schülerinnen im 1. Ausbildungsjahr und Absolventinnen der Ausbildung zur Erzieherin an Fachschulen für Sozialpädagogik in Deutschland

	Ausbildungsjahr			
	2008/09	2009/10	2010/11	2011/12
Schülerinnen im 1. Ausbildungsjahr	23.159	25.855	28.188	30.693
Absolventinnen der Ausbildung	16.070	17.963	19.003	–.–

–.– Werte liegen noch nicht vor

Quelle: Statistisches Bundesamt: Fachserie 11, Reihe 2, Bildung Kultur – Berufliche Schulen Schuljahr 2008/09 bis 2011/2012, Wiesbaden. Verschiedene Jahrgänge sowie ergänzende Tabellen zur Fachserie 11, Reihe 2 – Berufliche Schulen 2008/09; Ländereregebnisse der Statistischen Landesämter (zusammengestellt vom Forschungsverbund DJI/TU Dortmund)

Neue Ausbildungswege: die Hochschulausbildung

Seit rund zehn Jahren ist der gezielte Ausbau eigenständiger hochschulischer Ausbildungsmöglichkeiten für das Arbeitsfeld der Kindertageseinrichtungen zu beobachten. Ausgelöst wurde diese Entwicklung zum einen durch die gesellschaftliche Beachtung der Ergebnisse der PISA-Studien und der daraus folgenden Debatte um frühkindliche Bildung beziehungsweise Frühpädagogik, zum anderen durch die Studienreform auf der Grundlage der Bologna-Erklärung von 1999. Die Umstellung von Studienabschlüssen auf europäisch vergleichbare Bachelor- und Master-Abschlüsse mit dem Ziel, die Durchlässigkeit und Flexibilität von Ausbildungen zu erhöhen (vgl. Rauschenbach 2012), ermöglichte auch in der Frühpädagogik die Entwicklung neuer Studiengänge.

Die Frage nach der Bedeutung der frühpädagogischen Studiengänge als neuem Ausbildungsweg für das Arbeitsfeld der Kindertageseinrichtungen führt zu Fragen nach der Zahl der Studiengänge, der Zahl der Studierenden und der Zahl der Absolventinnen. Für alle drei Bereiche (Studiengänge/Studierende/Absolventinnen) ist entscheidend, dass bisher wenige amtliche Daten für die Beobachtung der Studiengänge zur Verfügung stehen und eine Vielzahl von Daten auf Selbstauskünften der Hochschulen basieren. Eine genaue Anzahl von frühpädagogischen Studiengängen ist nur bedingt ermittelbar, da unterschiedliche Kriterien zur Bestimmung herangezogen werden können und der Aufbau der Studiengänge weder durch einheitliche Bestimmungen gekennzeichnet ist noch als abgeschlossen betrachtet werden kann. Je nach Auswahl der Kriterien variieren deshalb die Zahlenangaben für frühpädagogische Studiengänge erheblich. Einige Zählungen beziehen sich auf Standorte (vgl. Züchner/Rauschenbach 2012; Rauschenbach/Borrmann 2007), andere beziehen sich auf Studiengänge und beziehen hier auch fachlich stark spezialisierte Studiengänge mit ein (vgl. WiFF).[5]

Kategorisierungen früh- bzw. kindheitspädagogischer Studiengänge

Mögliche Kategorien einer Einordnung früh- beziehungsweise kindheitspädagogischer Studiengänge sind die Studiengänge (konzeptionelle Ausrichtung) selbst, die Hochschulen (Standorte) sowie die Zusammenarbeit mit anderen Ausbildungsorten (Kooperationen). Überdies können Studiengänge nach ihrem Status (akkreditiert, beantragt), nach formalen Kriterien wie Zugangsvoraussetzungen (Hochschulreife, Fachhochschulreife, Berufs-

5 www.weiterbildungsinitiative.de/studium/studiengangsdatenbank.html (22.03.2013)

abschluss), Abschlüssen (Master, Bachelor) und Form (grundständig/aufbauend/berufsbegleitend) unterschieden werden.

Hochschulstandorte, Studiengänge, Kooperationen: An einigen Hochschulstandorten werden mehrere Studiengänge angeboten, während es auch Hochschulen mit mehreren Standorten gibt, die den entsprechenden Studiengang am jeweiligen Standort anbieten. Des Weiteren bieten Hochschulen Studiengänge in Kooperation mit anderen Hochschulen an. Weitere Kooperationen bestehen zwischen Hochschulen und Fachschulen.

Akkreditierte oder beantragte Studiengänge: Das abgeschlossene Akkreditierungsverfahren ist ein weiteres Kriterium der möglichen Zählung von Studiengängen, da auch beantragte Studiengänge bekannt gemacht und erfasst werden, aber faktisch noch keine Studierenden aufnehmen.

Formen von Studiengängen: Studiengänge der Frühpädagogik werden in unterschiedlichen Formen angeboten. Hierbei handelt es sich um grundständige oder Aufbau-Studiengänge, die in Vollzeit, Teilzeit oder auch berufsbegleitend absolviert werden können. Dabei werden berufsbegleitende Angebote an den Hochschulen als eigene Studiengänge ausgewiesen.

Zugangsvoraussetzungen: Die Zugangsvoraussetzungen zu den Studiengängen sind vielfältig. Neben der allgemeinen Hochschulreife oder einer Fachhochschulreife kann auch eine abgeschlossene Berufsausbildung als Erzieherin als Voraussetzung ausreichend oder sogar verlangt sein. Einige Studiengänge setzen eine Kombination der genannten Qualifikationen voraus, also Fachhochschulreife plus abgeschlossene Erzieherinnenausbildung. Für einige wenige Studiengänge gelten auch andere Berufsausbildungen als die einer Erzieherin als Zugangsvoraussetzung.

Abschlüsse: Während man grundsätzlich die Studiengänge nach ihren Abschlüssen Bachelor oder Master unterscheiden kann und für die Master-Studiengänge noch die Unterscheidung konsekutiv oder weiterbildend berücksichtigen kann, sind die Bezeichnungen der Studiengänge und ihrer Abschlüsse nicht eindeutig und damit auch nicht immer zweifelsfrei dem Feld der Frühpädagogik und dem Arbeitsfeld der Kindertageseinrichtungen zuzuordnen. Die Jugend- und Familienministerkonferenz hat für diese Studiengänge im Mai 2010 eine einheitliche Berufsbezeichnung als »staatlich anerkannte Kindheitspädagogin/staatlich anerkannter Kindheitspädagoge« empfohlen. Grundlage für die Anerkennungsverfahren ist der Orientierungsrahmen »Bildung und Erziehung in der Kindheit« vom Dezember 2010 (vgl. JFMK 2010).

Inhaltlich-konzeptionelle Ausrichtung der Studiengänge: Frühpädagogische Studiengänge sind inhaltlich-konzeptionell an Altersgruppen zwischen 0 und 10 Jahren ausgerichtet oder haben einen bestimmten Einrichtungsbezug. Des Weiteren sind sie durch umfassende frühpädagogische Inhalte gekennzeichnet. Allein die Bezeichnung eines Studiengangs gibt keinen ausreichenden Hinweis für die eindeutige Zuordnung zur Frühpädagogik und das Arbeitsfeld der Kindertageseinrichtungen. Einige Studiengänge beinhalten nur einzelne die Frühpädagogik betreffende Schwerpunkte oder sind auf Spezialgebiete wie zum Beispiel Sprachförderung ausgerichtet. Solche fachlich affinen Studiengänge sind nicht ohne Weiteres den allgemeinen frühpädagogischen Studiengängen zuzurechnen (zur Benennung von Studiengängen vgl. Stisser/Horn 2012).

Frühpädagogische Bachelor-Studiengänge: Anzahl und Studienplätze

Um einen Überblick über die Anzahl von frühpädagogischen Studiengängen zu erhalten, werden im Folgenden Standorte (Universitäten, Fachhochschulen, Pädagogische Hochschulen) mit Bachelor-Studiengängen (grundständige und berufsbegleitende Studiengänge, ohne affine Studiengänge) sowie die Anzahl der bereitgestellten Studienplätze pro Jahr zusammengestellt (vgl. Tabelle 3). Datengrundlage ist eine Abfrage bei den Hochschulen aus dem Jahr 2010 sowie ein Abgleich mit den durch die WiFF[6] verzeichneten Studiengängen. Masterstudiengänge wurden nicht berücksichtigt. Die Anzahl der Studienplätze wurde dabei zum Teil geschätzt; bei fehlenden Angaben wurden 30 Plätze pro Studiengang angenommen. Die auf diese Weise ermittelte Anzahl der Studienplätze ist jedoch nur als Annäherung an die aktuellen Studienplatzzahlen zu verstehen.

6 www.weiterbildungsinitiative.de/studium/studiengangsdatenbank.html

Tabelle 3: Standorte, Studiengänge und Studienplätze in frühpädagogischen Bachelorstudiengängen nach Bundesländern (Angaben absolut)

	Standorte	Studiengänge	Studienplätze (z. T. geschätzt)
Baden-Württemberg	12	12	700
Bayern	4	4	122
Berlin	3	5	120
Brandenburg	1	1	30
Bremen	1	1	50*
Hamburg	1	1	110
Hessen	4	4	180
Mecklenburg-Vorpommern	1	2	80
Niedersachsen	2	3	100
Nordrhein-Westfalen	11	11	355**
Rheinland-Pfalz	1	3	212
Saarland	1	1	160
Sachsen	6	6	176***
Sachsen-Anhalt	1	2	90
Schleswig-Holstein	1	1	90
Thüringen	3	5	250
Westdeutschland inkl. Berlin	41	46	2.197
Ostdeutschland	12	16	626
Deutschland	53	62	2.823

* Letzte Zulassung zum Studium im Wintersemester 2010/11
** Kath. Hochschule Aachen: keine Neuaufnahme zum Studium Wintersemester 2012/13
*** Ev. Hochschule Dresden: keine Neuaufnahme zum Studium Sommersemester 2013

Quelle: eigene Recherchen/ WiFF-Studiengangsdatenbank (Stand: Juni 2012)

In Deutschland können derzeit insgesamt 62 früh- beziehungsweise kindheitspädagogische Bachelor-Studiengänge gezählt werden. Diese Zählung ist jedoch nur als aktuelle Momentaufnahme zu verstehen, da weiterhin neue Studiengänge genehmigt, einige geschlossen oder hinsichtlich ihrer Abschlüsse umgestaltet werden. So sind beispielsweise im Wintersemester 2011/12 sieben neue Studiengänge eingerichtet worden, vier davon in Nordrhein-Westfalen sowie jeweils einer in Baden-Württemberg, Sachsen und Berlin.

Ein schon im Wintersemester 2010/11 in Bayern neu geschaffener Studiengang richtet sich sowohl an ausgebildete Fachkräfte als auch Bewerberinnen ohne einschlägige Berufserfahrung. Zwei bereits länger bestehende Studiengänge in diesem Bundesland richten sich hingegen ausschließlich an ausgebildete Erzieherinnen. Damit zeigen sich neben einem quantitativem Ausbau auch Veränderungen hin zu einer Öffnung von Zulassungsvoraussetzungen.

Gleichzeitig werden an einigen Standorten Studiengänge nicht mehr weitergeführt und nehmen keine Studierenden mehr auf; derzeit sind dies zwei Bachelor-Studiengänge an Fachhochschulen in Nordrhein-Westfalen und Sachsen sowie ein Studiengang an der Universität Bremen.

Mancherorts eröffnet eine vertiefte Kooperation von Fachschulen und Hochschulen die Möglichkeit eines Doppelabschlusses. So sind drei Studiengänge als integrierte Angebote ausgelegt, das heißt, die Ausbildungsanteile werden sowohl an der Fachschule als auch an der Hochschule erworben; die Absolventinnen erhalten zwei Abschlüsse: den einer Erzieherin und einen Bachelor. Bezweckten Kooperationen zwischen Fachschulen und Fachhochschulen bisher eher, die Anerkennung der Ausbildungsleistungen der Fachschule für ein Studium besser abzustimmen, erhalten diese Kooperationen durch den Doppelabschluss eine neue Ausrichtung. Ein Beispiel für einen integrierten Studiengang findet sich an der Evangelischen Hochschule Darmstadt; kürzlich umgestellt auf einen integrierten Studiengang wurde an der Evangelischen Hochschule Nürnberg.

Die Dynamik der Entwicklung und Ausgestaltung frühpädagogischer Studiengänge ist demnach ungebrochen. Auch die Zulassungsvoraussetzungen zur Aufnahme eines früh- beziehungsweise kindheitspädagogischen Studiums sind vielfältig. Bei etwa der Hälfte der Studiengänge ermöglicht eine abgeschlossene Erzieherinnenausbildung die Aufnahme des Studiums. Dabei setzt eine kleine Anzahl von Studiengängen allein die Erzieherinnenausbildung voraus, andere erfordern die Fachhochschulreife und/oder die Erzieherinnenausbildung. Die andere Hälfte der Studiengänge hat in der Regel die Fachhochschulreife zur Voraussetzung.

Akademisch ausgebildetes Personal in Kindertageseinrichtungen

Wie eingangs erwähnt sind seit den 1970er-Jahren auch akademisch ausgebildete Fachkräfte in Kindertageseinrichtungen tätig. Gleichwohl blieb die Quote der akademisch Ausgebildeten in den Kindertageseinrichtungen stets sehr niedrig; sie stieg von etwa 2 Prozent auf inzwischen etwas über 4 Prozent (1974: 1,9 Prozent, 1990: 3,4 Prozent, 2011: 4,2 Prozent). Infolgedessen stellen akademisch ausgebildete Kräfte derzeit mit insgesamt

12.000 an Fachhochschulen und 4.500 an Universitäten Ausgebildeten eine Minderheit der pädagogisch Tätigen dar (vgl. Rauschenbach/Schilling 2013).

Nun stellt sich die Frage, ob die Absolventinnen der frühpädagogischen Studiengänge an diesem Zahlenverhältnis etwas ändern werden oder bereits geändert haben. Theoretisch wäre ein solcher Effekt seit dem Sommer 2007 möglich – damals verließen die ersten Absolventinnen früh- oder kindheitspädagogischer Studiengänge die Hochschulen (vgl. Rauschenbach 2013). Inzwischen sind nach Schätzungen jährlich rund 1.000 Absolventinnen von frühpädagogischen Studiengängen zu erwarten (Rauschenbach/Schilling 2013).

Die Kinder- und Jugendhilfestatistik als Referenzquelle für das Arbeitsfeld der Kindertageseinrichtungen erfasst für das Jahr 2012 erstmals die dort tätigen Personen nach dem Abschluss »Staatlich anerkannte Kindheitspädagogen/-innen (Master/Bachelor)«. Dabei weist die Statistik für diese Gruppe 1.017 Kindheitspädagoginnen aus, die in deutschen Kindertageseinrichtungen angestellt sind. Hierbei ist jedoch zu berücksichtigen, dass zu dieser Kategorie auch jene Absolventinnen früh- beziehungsweise kindheitspädagogischer Studiengänge gezählt werden, die nicht den Abschluss »staatlich anerkannte Kindheitspädagogin« haben. Die Empfehlung der JFMK, eine einheitliche Bezeichnung von Abschlüssen für früh- bzw. kindheitspädagogische Studiengänge einzuführen, befindet sich derzeit noch in der Umsetzung. In der ohnehin schon kleinen Gruppe des akademisch ausgebildeten Kita-Personals bilden die Kindheitspädagoginnen vorerst eine Minderheit.

Inwiefern sich die Quote von akademisch ausgebildeten Fachkräften in Kindertageseinrichtungen ändert, ist keineswegs gewiss, da auch erst die nächsten Jahre zeigen werden, ob die Absolventinnen von frühpädagogischen Bachelor-Studiengängen in nennenswertem Umfang in Kindertageseinrichtungen beschäftigt sein werden. Die differenzierte Ausweisung von Qualifikationen in der Kinder- und Jugendhilfestatistik trägt dazu bei, Entwicklungstendenzen besser beobachten zu können.

Quereinstiege in den Erzieherinnenberuf

Aufgrund des gestiegenen Fachkräftebedarfs wurden neben dem Ausbau der Ausbildungskapazitäten an den Fachschulen und Hochschulen in den letzten Jahren auch neue Zugangs- und Qualifizierungsmöglichkeiten für Quereinsteigende geschaffen. Zum einen gibt es Maßnahmen für Personen, die bereits über Kenntnisse und Fähigkeiten im sozialpädagogischen Bereich verfügen. Zum anderen bestehen Qualifizierungsmöglichkeiten für Personen, die aus fachfremden Berufen kommen und sich zu einer pädagogischen Fachkraft für die Tätigkeit in einer Kindertageseinrichtung qualifizieren möchten. Welche Möglichkeiten sich für welche Personengruppe konkret bieten, hängt stark vom jeweiligen Bundesland ab. Im Folgenden werden die in den einzelnen Bundesländern aktuell vorhandenen Qualifizierungsmaßnahmen dargestellt, die neben der regulären Vollzeitausbildung, der Teilzeitausbildung und der berufsbegleitenden Ausbildung den Einstieg in den Erzieherinnenberuf ermöglichen.

Zugangswege für Personen aus fachaffinen Berufen

Einige Bundesländer haben im Rahmen der Novellierung der Kita-Personalverordnungen ihren Fachkräftekatalog für bestimmte Berufsgruppen geöffnet. So können in Hessen Lehrerinnen der Grund- und Förderschulen in einer Kindertageseinrichtung arbeiten, ohne davor an einer Nachqualifizierung teilgenommen zu haben. In Schleswig-Holstein gelten seit April 2012 Heilerziehungspflegerinnen und Heilpädagoginnen als pädagogische Fachkräfte. Demzufolge dürfen sie die Funktion der Gruppen- und Einrichtungsleitung auch in nicht integrativen Kindertageseinrichtungen übernehmen (vgl. Dudek/Gebrande 2012).

Ein spezielles Qualifizierungsmodell für Personen aus fachaffinen Berufsgruppen gibt es zum Beispiel in Berlin und Brandenburg. Dort können unter anderem Grundschullehrerinnen, Heilerziehungspflegerinnen, Psychologinnen oder Sport-, Kunst- und Musikpädagoginnen im Rahmen individuell abgestimmter Bildungsmaßnahmen ihre Qualifizierungslücken schließen und den Status einer pädagogischen Fachkraft erlangen (vgl. BMFSFJ 2012; Dudek/Gebrande 2012).

Auch in Bayern und Sachsen besteht für Personen aus fachaffinen Berufen die Möglichkeit, sich im Rahmen spezieller Bildungsmaßnahmen zur Erzieherin zu qualifizieren. Hierbei handelt es sich allerdings nicht um individuell geplante Qualifizierungsmaßnahmen, sondern um »standardisierte« Qualifizierungen mit einer bestimmten Dauer und klar definierten Zielgruppen. In Bayern richtet sich die Nachqualifizierung speziell an Grundschullehrkräfte und Heilerziehungspflegerinnen, in Sachsen an Hochschulabsolventinnen der Erziehungswissenschaft; beide Qualifizierungsmaßnahmen finden berufsbegleitend statt (vgl. BMFSFJ 2012; Dudek/Gebrande 2012).

Darüber hinaus gibt es für Personen aus fachaffinen Berufsgruppen verstärkt auch Qualifizierungsmodelle, die von den staatlichen Fachschulen für Sozialpädagogik angeboten werden. So richtet sich zum Beispiel in Hessen ein Ausbildungsgang speziell an Personen, die im Ausland ein pädagogisches oder sozialwissenschaftliches Studium absolviert haben, das in Deutschland nicht anerkannt wird. Die Ausbildung umfasst insgesamt drei Jahre und wird in einer berufsbegleitenden Form angeboten. Das Besondere an diesem Ausbildungsgang ist der curriculare Zuschnitt auf die unterschiedlichen pädagogischen Leitbilder der Teilnehmenden und das verpflichtende Zusatzangebot »Fachsprache Deutsch« (vgl. Berufliche Schulen Berta Jourdan 2012).

Die Quereinsteigenden dürfen bei den hier beschriebenen Qualifizierungsmodellen bereits mit Beginn der Nachqualifizierung als Ergänzungs- oder Fachkraft in der Kindertageseinrichtung tätig sein.

Zugangswege für Personen aus fachfremden Berufen

Neben den Möglichkeiten regulärer Vollzeit-, Teilzeit- oder berufsbegleitender Ausbildungen an der Fachschule für Sozialpädagogik gibt es für Personen aus fachfremden Berufen in Berlin und Brandenburg darüber hinaus spezielle Qualifizierungsmöglichkeiten. So können Arbeitslose und von Arbeitslosigkeit Bedrohte in Brandenburg eine tätigkeitsbegleitende Qualifizierung absolvieren, mit der sie sich zu einer pädagogischen Fachkraft für die Tätigkeit in einer Kindertageseinrichtung qualifizieren können. Die Zulassung setzt einen mittleren Schulabschluss und eine abgeschlossene nicht einschlägige Berufsausbildung voraus. Die Qualifizierung orientiert sich inhaltlich am Lernfeldkonzept der in Brandenburg gültigen Fachschulverordnung und dauert zwei Jahre. Die kürzere Zeitdauer der Maßnahme gegenüber der Fachschulausbildung resultiert aus der Beschränkung auf das Arbeitsfeld Kindertagesbetreuung (vgl. Dudek/Gebrande 2012).

Neue Einstiegsmöglichkeiten in den Erzieherinnenberuf haben sich auch für Personen ergeben, die aus fachfremden Berufsgruppen kommen und für die Realisierung einer besonderen Konzeption einer Kindertageseinrichtung erforderlich sind. Diese Regelung richtet sich insbesondere an Träger, deren Kindertageseinrichtungen ein bilinguales Konzept verfolgen und demzufolge muttersprachliches Personal benötigen. Auch Träger mit anderen besonderen Konzeptionen, zum Beispiel Kindertageseinrichtungen mit musikpädagogischem Profil oder Bewegungs-Kitas, können Quereinsteigende mit einem speziellen Kompetenzprofil unter Anrechnung auf den Personalschlüssel beschäftigen. Dies ist in den Bundesländern Berlin und Brandenburg möglich. Die Quereinsteigenden müssen auch hier bestimmte Fortbildungsmaßnahmen im pädagogischen Bereich absolvieren, um auf die pädagogische Arbeit in der Kita vorbereitet zu werden (vgl.

Dudek/Gebrande 2012). Bei diesen beiden Modellen dürfen die Quereinsteigenden mit Beginn der Qualifizierungsmaßnahmen als pädagogische Fachkräfte auf den Personalschlüssel angerechnet werden.

Externenprüfung

Eine weitere Möglichkeit, einen Abschluss als Erzieherin zu erwerben, besteht in der Absolvierung der sogenannten Externenprüfung[7] – einer Prüfung, die das Nachholen des Berufsabschlusses staatlich anerkannte Erzieherin ermöglicht. Das Ablegen der Externenprüfung ist in allen 16 Bundesländern möglich. Die Externenprüfung bezieht sich in der Regel auf den schulischen Abschnitt. Anschließend muss noch das Berufspraktikum abgeleistet werden. Aufgrund der hohen Anforderungen an das individuelle Lernpotenzial der Teilnehmenden bei der Vorbereitung auf die Externenprüfung ist diese Möglichkeit nur für gut vorqualifizierte Personen, die über umfangreiche Erfahrungen im pädagogischen Bereich verfügen, geeignet. Die schulischen und beruflichen Zugangsvoraussetzungen für die Teilnahme an der Externenprüfung entsprechen in den meisten Bundesländern den Zugangsvoraussetzungen für die Fachschulausbildung. Die Vorbereitung auf die Prüfung kann im Selbststudium oder im Rahmen eines Vorbereitungskurses erfolgen. Diese werden von Fachschulen wie auch von freien Bildungsanbietern angeboten (vgl. Dudek/Gebrande 2012).

Zusammenfassend ist festzuhalten, dass die Regelungen und Qualifizierungsmodelle für Quereinsteigende in den einzelnen Bundesländern sehr unterschiedlich sind. Zum einen gibt es Unterschiede hinsichtlich der Dauer, Struktur und Organisation der Maßnahmen. Zum anderen lassen sich Differenzen in Bezug auf die Personen- und Berufsgruppen feststellen, an die sie sich richten. So gibt es Zugänge für fachlich affine Berufsgruppen. Diese sind jedoch sehr heterogen und reichen von speziellen Ausbildungsgängen an Fachschulen bis hin zum Einstieg ins Arbeitsfeld Kindertageseinrichtung ohne jegliche Nachqualifizierung. Auch Qualifizierungsmodelle für Personen ohne fachliche Vorerfahrung reichen von relativ umfangreichen Maßnahmen bis hin zu kurzen Nachqualifizierungen für Personen zur Profilergänzung einer Einrichtung. Trotz des unterschiedlichen Qualifikationsniveaus führen all diese Zugänge zum Status einer pädagogischen Fachkraft.

Gemeinsam ist den hier vorgestellten Qualifizierungsmodellen, dass sie meist als berufsbegleitende Maßnahmen konzipiert sind und durch eine starke Verzahnung von Theorie- und Praxisphasen gekennzeichnet sind.

---

7 Die Prüfung wird in manchen Bundesländern Nichtschülerprüfung oder Schulfremdenprüfung genannt.

Dies ermöglicht den Teilnehmenden, die Praxiserfahrungen als ständigen Bezugspunkt für die Bearbeitung der theoretischen Konzepte in den Seminarphasen aufzunehmen. Kritisch zu hinterfragen ist jedoch, dass die Quereinsteigenden bereits ab Beginn der Qualifizierungsmaßnahmen als Fachkräfte auf den Personalschlüssel angerechnet werden. Dies ist vor allem bei den Personen aus fachfremden Berufsgruppen problematisch, da ihnen zum Teil Erfahrungen und Fachkenntnisse im sozialpädagogischen Bereich fehlen.

Die meisten Qualifizierungsmodelle beruhen auf eigenständigen rechtlichen Grundlagen und führen in der Regel nicht zum Abschluss einer staatlich anerkannten Erzieherin. Die Quereinsteigenden erhalten nach Abschluss der Nachqualifizierungsmaßnahmen ein Zertifikat, mit dem sie den Status einer pädagogischen Fachkraft erwerben und nach gleichem Tarif wie Erzieherinnen mit Fachschulabschluss bezahlt werden. Eine Ausnahme bilden die speziellen berufsbegleitenden Ausbildungsmodelle der Fachschulen sowie die Externenprüfung, bei denen der Abschluss der staatlich anerkannten Erzieherin erworben wird.

Teilnehmerinnen- und Absolventinnenzahlen

Die Teilnehmerinnenzahlen der Qualifizierungsmaßnahmen sind nur in einigen Bundesländern und für unterschiedliche Zeiträume dokumentiert. So wurden in Brandenburg zwischen August 2010 und April 2012 nach Angaben des Ministeriums für Bildung, Jugend und Sport 102 Anträge für eine individuelle Bildungsplanung, 129 Anträge von Nicht-Pädagogen zur Profilergänzung und 437 Anträge in Bezug auf die tätigkeitsbegleitende Qualifizierung zur Kita-Fachkraft vom Landesjugendamt bewilligt. In Berlin wurden seit 2010 mehr als 200 Kräfte über die Qualifizierungsmaßnahmen für Personen aus fachaffinen Berufsgruppen und Personen zur Profil-Ergänzung eingestellt. An den Maßnahmen für Grundschullehrkräfte und Heilerziehungspflegerinnen haben in Bayern bisher circa 275 Personen teilgenommen.

Auch die Teilnehmerinnen- und Absolventinnenzahlen der Externenprüfung werden nicht in allen Bundesländern regelmäßig erhoben. Die Zahlen für das Jahr 2010 liegen lediglich in acht Bundesländern vor (vgl. Tabelle 4). Relativ hohe Teilnehmerinnen- und Absolventinnenzahlen sind dabei in den Flächenländern Bayern und Nordrhein-Westfalen zu beobachten. Dort haben 131 beziehungsweise 105 Personen die Prüfung erfolgreich abgeschlossen; im Stadtstaat Hamburg ist dagegen die geringste Anzahl der abgenommenen und bestandenen Prüfungen zu verzeichnen.

Tabelle 4: Anzahl der abgenommenen und bestandenen Externenprüfungen im Jahr 2010 (einzelne Bundesländer)*

	Brandenburg	Berlin	Bayern	Bremen	Hamburg	Niedersachsen	NRW	Sachsen-Anhalt
Anzahl der abgenommenen Externenprüfungen	22	50	150	27	12	20	186	45
Anzahl der bestandenen Externenprüfungen	16	14	131	20	6	19	105	40

* Abgebildet werden nur die Bundesländer, für die Daten zur Externenprüfung für das Jahr 2010 vorliegen. Eine Externenprüfung zur staatlich anerkannten Erzieherin ist in jedem Bundesland möglich.

Quelle: Dudek/Gebrande 2012

Insgesamt zeichnet sich ab, dass die Teilnehmerinnenzahlen der Qualifizierungsmaßnahmen für Quereinsteigende (inklusive Externenprüfung) im deutlich niedrigeren Bereich liegen als die Schülerinnen- und Absolventinnenzahlen der Fach- und Hochschulen. Zu betonen ist allerdings, dass die vorliegenden Daten aus mehreren Gründen noch keine zuverlässigen Aussagen über die quantitative Bedeutung der Qualifizierungsmaßnahmen erlauben[8] und lediglich eine erste Tendenz aufzeigen.

Fazit

In der frühpädagogischen Ausbildungslandschaft gibt es zunehmend neue Qualifizierungsmöglichkeiten, die zu einer qualitativen und quantitativen Öffnung des Personalgefüges in den Kindertageseinrichtungen führen, also einer Akademisierung einerseits und einer Öffnung für Personen andere Berufsgruppen und Personen ohne berufliche Erfahrung andererseits. Aber auch etablierte Ausbildungsformen und Ausbildungsstätten zeigen Veränderungstendenzen.

In der Fachschulausbildung zeigt sich dies durch den Ausbau von Teilzeit- und berufsbegleitenden Ausbildungen, die Erprobung von praxisintegrierten Formen der Ausbildung sowie durch neue Kooperationen zwischen Fachschulen und Fachhochschulen, die zur Einführung integrierter

8 Die für die einzelnen Maßnahmen erhobenen Zahlen beziehen sich auf unterschiedliche Zeiträume. Die Maßnahmen in Brandenburg, Berlin und Bayern beziehen sich größtenteils auf den Zeitraum 2010 bis Mitte/Ende 2012. Die Zahlen der Externenprüfung liegen lediglich für das Jahr 2010 vor.

Studiengänge führen. Die steigende Nachfrage nach Teilzeitausbildungen und berufsbegleitenden Ausbildungsangeboten sowie die Erprobung neuer Modelle fachschulischer Ausbildung zeigen, dass selbst für die klassische Fachschulausbildung, die nach wie vor die »Hauptsäule« der Ausbildung ist, Zugangswege geöffnet werden. Wenngleich die Anzahl der Teilzeitausbildungsgänge noch deutlich unter der Zahl der Vollzeitausbildungsgänge liegt und Modelle wie PIA noch reine Modellversuche sind, zeichnen sich deutlich Bestrebungen nach alternativen Zugangswegen in das Berufsfeld ab.

Neue Wege in das Arbeitsfeld bieten auch die seit 2004 etablierten Bachelor-Studiengänge, die für die Tätigkeit in einer Kindertageseinrichtung qualifizieren. Die Zahl der frühpädagogischen Bachelor-Studiengänge, die dezidiert für die Arbeit in Kindertageseinrichtungen qualifizieren, hat sich in den letzten fünf Jahren mehr als verdoppelt und liegt derzeit bei 62 Studiengängen. Neben dem Ausbau der Studienmöglichkeiten ist auch eine Veränderung der Zugangsmöglichkeiten zu beobachten. Während sich die Studiengänge zu Beginn größtenteils an Erzieherinnen wandten und damit in erster Linie der Höherqualifizierung und Professionalisierung dienten, richtet sich nun etwa die Hälfte der Studienangebote auch an Studierende ohne berufliche Vorerfahrung im Feld der Kindertageseinrichtungen.

Darüber hinaus haben sich durch den erhöhten Fachkräftebedarf neue Chancen für Quereinsteiger ergeben – und das sowohl für Personen aus fachaffinen Berufsgruppen als auch für Personen, die aus fachfremden Bereichen kommen. Die Zugangs- und Qualifizierungsmöglichkeiten für Quereinsteiger sind von Bundesland zu Bundesland sehr unterschiedlich. So gibt es Länder (zum Beispiel Berlin und Brandenburg), die sehr großzügige Regelungen hinsichtlich der Öffnung von Kindertageseinrichtungen für Quereinsteiger haben. Daneben gibt es Bundesländer, die keine speziellen Qualifizierungsmodelle für diese Personengruppe konzipiert haben und die reguläre fachschulische Ausbildung beziehungsweise das Studium bevorzugen.

Dennoch ist die Zahl der Beschäftigten, die dank neuer Qualifizierungsmöglichkeiten im Feld der Kindertageseinrichtungen arbeiten, im Vergleich zu den klassisch ausgebildeten Erzieherinnen sehr gering. Die Schülerinnen- und Absolventinnenzahlen der Erzieherinnenausbildung an der Fachschule für Sozialpädagogik sind deutlich höher als die der frühpädagogischen Studiengänge oder die Teilnehmerinnen- und Absolventinnenzahlen der Maßnahmen zum Quereinstieg, die weder bundesweit noch in größerem Umfang verbreitet sind. Der größte Teil des frühpädagogischen Personals wird somit nach wie vor an den Fachschulen für Sozialpädagogik ausgebildet.

Welche Effekte die Öffnung der Zugangswege quantitativ sowie qualitativ auf das Arbeitsfeld der Kindertageseinrichtungen und auf das Positionsgefüge der beschäftigten Fachkräfte hat, bleibt abzuwarten. Gängige Praxis ist, dass sowohl akademisch Ausgebildete als auch Quereinsteigende in der Regel als Fachkraft auf den Personalschlüssel angerechnet werden und damit zunächst eine Gleichstellung mit den fachschulisch ausgebildeten Erzieherinnen stattfindet. Ob die Ausbildungswege tatsächlich gleich qualifizierend sind oder zu unterschiedlichen Qualifikationsniveaus bei gleicher Beschäftigung führen, ist nicht ohne Weiteres zu klären.

Es bestehen Befürchtungen, dass die neuen Zugangswege zu einer Diffusität der Qualifikationen führen und insbesondere durch die Quereinsteigenden zu einer Dequalifizierung beitragen. Angesichts der unterschiedlichen Modelle und angesichts unterschiedlicher Vorqualifizierung sind Quereinstiege jedoch differenziert zu betrachten. Auch Unterschiede zwischen fachschulisch und hochschulisch ausgebildeten Fachkräften werden diskutiert. Ob diese beiden Qualifikationswege in Konkurrenz zueinander stehen und damit zu unterschiedlichen Aufgabenprofilen in den Kindertageseinrichtungen führen, bleibt abzuwarten.

Literatur

Berufliche Schulen Berta Jourdan (2012): Ausbildungsgang für Bewerber/innen mit im Ausland erworbenen pädagogischen und sozialwissenschaftlichen Qualifikationen. www.3ants.de/bertajourdan/index.php?option=com_content&view=article&id=25:ausbildung-erzieherin-ausland&catid=12:fs-sozialpaedagogik (06.02.2013)

Bundesministerium für Familie, Senioren, Frauen und Jugend (BMFSFJ) (Hrsg.) (2012): Empfehlungen zur Fachkräftegewinnung in der Kindertagesbetreuung. Eine Handreichung der Expertengruppe im Rahmen des 10-Punkte-Programms »Bedarfsgerechte Kindertagesbetreuung 2013« der Bundesregierung. Berlin

Dudek, Joanna/Gebrande, Johanna (2012): Quereinstiege in den Erzieherinnenberuf. Strategien zur Gewinnung zusätzlicher Fachkräfte in Kindertageseinrichtungen. Expertise für das Projekt Weiterbildungsinitiative Frühpädagogische Fachkräfte (WiFF). Studie Nr. 19. München

Janssen, Rolf (2011): Das Profil sozialpädagogischer Fachschulen. Ergebnisse einer qualitativen Befragung von Schulleitungen. Eine Studie der

Weiterbildungsinitiative Frühpädagogische Fachkräfte (WiFF), Studie Nr. 9. München
Jugend- und Familienministerkonferenz (JFMK) (2010): Gemeinsamer Orientierungsrahmen »Bildung und Erziehung in der Kindheit«. www.jfmk2010.de/cms2/-JFMK_prod/JFMK/de/bes/Anlage_zum_JFMK_Beschluss_6_2010_Gemeinsamer_Orientierungsrahmen.pdf (03.07.2012)
Lohr, Christian (2012): Neue Erzieher/innenausbildung in Baden-Württemberg. KiTa BY 9/2012, S. 207–208
Ott, Constanze (2012): Praxisintegrierte Ausbildung (PIA). Welt des Kindes 5/2012, S. 37
Pasternack, Peer/Schildberg, Arne (2005): Die finanziellen Auswirkungen einer Akademisierung der Erzieher/innen-Ausbildung, In: Sachverständigenkommission Zwölfter Kinder- und Jugendbericht (Hrsg.): Materialien zum Zwölften Kinder- und Jugendbericht, Band 2: Entwicklungspotenziale institutioneller Angebote im Elementarbereich. München, S. 9–133
Pasternack, Peer/Schulze, Henning (2010): Die frühpädagogische Ausbildungslandschaft. Strukturen, Qualifikationsrahmen und Curricula. Gutachten für die Robert Bosch Stiftung. Wittenberg
Rauschenbach, Thomas (2012): Pädagogische Aus-, Fort- und Weiterbildung: Fachschulen, Fachhochschulen, Universitäten, In: Krüger, Heinz-Hermann/Rauschenbach, Thomas (Hrsg.): Einführung in die Arbeitsfelder des Bildungs- und Sozialwesens. Opladen/Toronto, S. 381–406
Rauschenbach, Thomas (2013): Ausbildung/Ausbildungen: In: Kreft, Dieter/Mielenz, Ingrid (Hrsg.): Wörterbuch Soziale Arbeit. Aufgaben, Praxisfelder, Begriffe und Methoden der Sozialarbeit und Sozialpädagogik. 7. Aufl. Weinheim/Basel, S. 126–132
Rauschenbach, Thomas/Beher, Karin/Knauer, Detlef (1995): Die Erzieherin. Ausbildung und Arbeitsmarkt. Weinheim/München
Rauschenbach, Thomas/Borrmann, Stefan: In Zukunft nur noch an der Hochschule? Zur Akademisierung der ErzieherInnenausbildung in Deutschland, in: Kinderzeit, ohne Jahrgang (2007) 4, S. 8–10
Rauschenbach, Thomas/Schilling, Matthias (2013): Die Akademisierungsfrage der Frühpädagogik und ihre Nebenwirkungen. Erscheint in: Sektion Sozialpädagogik und Pädagogik der Frühen Kindheit der DGfE (Hrsg.): Konsens und Kontroversen zwischen Sozialer Arbeit und Pädagogik der Frühen Kindheit. Weinheim/München.
Schilling, Matthias (2010): Personalbedarfsberechnung für den Bereich Kindertagesbetreuung für den Zeitraum von März 2011 bis August 2013 Aktualisierung und Erweiterung der Publikation »Der U3-Ausbau und

seine personellen Folgen«. Dortmund: Arbeitsstelle Kinder- und Jugendhilfestatistik.

Statistisches Bundesamt (2012a): Statistiken der Kinder- und Jugendhilfe. Kinder und tätige Personen in Tageseinrichtungen und in öffentlich geförderter Kindertagespflege am 01.03.2012. Wiesbaden

Statistisches Bundesamt (2012b): Fachserie 11, Reihe 2, Bildung Kultur – Berufliche Schulen, Schuljahr 2011/2012. Wiesbaden

Stisser, Anna/Horn, Klaus-Peter/Züchner, Ivo/Ruhberg, Christiane/Wigger, Lothar (2012): Studiengänge und Standorte. In: Thole, Werner/Faulstich-Wieland, Hannelore/Horn, Klaus-Peter/Weishaupt, Horst/Züchner, Ivo (Hrsg.): Datenreport Erziehungswissenschaft 2012. Opladen, S. 17–69

Weiterbildungsinitiative Frühpädagogische Fachkräfte (WiFF). Studium. Früh- und kindheitspädagogische Studiengänge. www.weiterbildungsinitiative.de/studium/studiengaenge.html (29.06.2012)

Züchner, Ivo (2012): Erziehungswissenschaftliche Studiengänge der Frühpädagogik an Fachhochschulen und Universitäten. In: Thole, Werner/Faulstich-Wieland, Hannelore/Horn Klaus-Peter/Weishaupt, Horst/Züchner, Ivo (Hrsg.): Datenreport Erziehungswissenschaft 2012. Opladen/Berlin/Toronto, S. 49–53

Züchner, Ivo/Rauschenbach, Thomas (2012): Studierende im Spiegel der amtlichen Statistik. In: Thole, Werner/Faulstich-Wieland, Hannelore/Horn Klaus-Peter/Weishaupt, Horst/Züchner, Ivo (Hrsg.): Datenreport Erziehungswissenschaft 2012. Opladen/Berlin/Toronto, S. 72–79

Europäische Differenzen

Die Bedeutung nationaler Qualifikationsrahmen für frühpädagogische Fachkräfte in europäischen Nachbarländern

Tina Friederich

Die Auseinandersetzung über den »richtigen« Ausbildungsort für pädagogische Fachkräfte in Kindertageseinrichtungen beschäftigt die deutsche Fachöffentlichkeit seit einigen Jahren. Durch die Ergebnisse von PISA 2002 und den Bologna-Prozess entstanden in Deutschland frühpädagogische Studiengänge, die akademische Fachkräfte für die Arbeit in Kindertageseinrichtungen ausbilden, was zu einer Konkurrenz zwischen Hochschulen und Fachschulen führte. Die Fachschulen haben bislang die überwiegende Mehrheit der pädagogischen Fachkräfte qualifiziert (vgl. Dudek/Hanssen/Reitzner, in diesem Band). Erzieherinnen und Erzieher werden zwar auch in den kommenden Jahren den größten Teil der Fachkräfte in Kindertageseinrichtungen bilden, die akademisch ausgebildeten Fachkräfte werden jedoch zunehmend an Bedeutung gewinnen. Auch wenn die Befunde nicht eindeutig sind (vgl. dazu den Beitrag von Cloos, in diesem Band), spricht doch aus fachlicher Perspektive vieles dafür, dass der Einsatz hochschulisch ausgebildeter Fachkräfte zu Qualitätsverbesserungen führt und somit einen wichtigen Schritt für die Professionalisierung der Frühpädagogik in Deutschland darstellt (vgl. im Überblick Thole 2010; Aktionsrat Bildung 2012, S. 28ff.).

Gleichzeitig mit der Entwicklung frühpädagogischer Studiengänge wurde in Deutschland eine Diskussion um die Einführung eines Deutschen Qualifikationsrahmens (DQR) geführt, der auf der Basis des Europäischen Qualifikationsrahmens (EQR) Berufsabschlüsse und Kompetenzen erfassen und als Übersetzungsinstrument von Qualifikationen zwischen verschiedenen europäischen Staaten dienen soll (vgl. AK DQR 2011; Blings 2012, S.9). 2011 verabschiedete der Arbeitskreis Deutscher Qualifikationsrahmen den DQR (vgl. AK DQR 2011), der im Mai 2013 von Bund und Ländern unterzeichnet wurde (KMK/BMBF/WMK/BMWi 2013). Dieser Rahmen berücksichtigt bisher vor allem die formalen Qualifikationen, während die Validierung non-formaler und informeller Qualifikationen noch aussteht (vgl. auch Funk, in diesem Band). Der DQR weicht damit in seiner gegenwärtigen Form in einem zentralen Punkt von der Logik des EQR ab, der auf Lernergebnisse unabhängig vom Lernort (Outcomes) ausgelegt ist (vgl. Blings 2012, S. 18).

Inzwischen wurde begonnen, Eingruppierungen von Bildungs- und Berufsabschlüssen vorzunehmen, was mit heftigen Debatten verbunden ist. Auch die Eingruppierung von pädagogischen Fachkräften in den DQR hat in diesem Kontext zu scharfen Kontroversen geführt (vgl. Balluseck 2012). Nach der derzeit vorgenommenen Eingruppierung befinden sich Fachschulabschlüsse und damit auch der Abschluss der Erzieherin und des Erziehers, ebenso wie Bachelorabschlüsse und damit auch eine Kindheitspädagogin bzw. ein Kindheitspädagoge (Bachelor), auf Stufe 6 (vgl. auch Funk, in diesem Band). Mit dieser Entscheidung wird nahegelegt, dass die Ausbildungen von Hochschulen und Fachschulen gleichwertig sind. Die sozialpädagogischen Fachschulen begrüßen diese Eingruppierung, da sie die Qualität ihrer Ausbildung anerkannt sehen (vgl. auch Müller-Neuendorf, in diesem Band).

Es stellt sich jedoch die Frage, ob eine akademische Ausbildung, die auf dem gleichen Niveau wie die fachschulische Ausbildung erfolgt, für zukünftige Fachkräfte interessant genug bleibt (vgl. auch Stieve und Rauschenbach, in diesem Band). Dieses Dilemma führt zu der Ausgangsfrage dieses Beitrags: Wie gehen andere europäische Länder mit der Einführung eines nationalen Qualifikationsrahmens um, und welche Auswirkungen ergeben sich daraus für die verschiedenen Berufsgruppen in der frühkindlichen Bildung?

Dieser Beitrag skizziert und vergleicht die Entwicklungen von nationalen Qualifikationsrahmen (NQR) in drei europäischen Ländern vor dem Hintergrund der deutschen Situation. Dänemark, Frankreich und England[1] wurden anhand von zwei Kriterien ausgewählt: Zunächst war die *Unterschiedlichkeit* der Länder in Bezug auf ihre Organisation, ihr Berufsbildungssystem und ihr frühkindliches Bildungs- und Betreuungssystem ausschlaggebend. Es wird vermutet, dass diese Verschiedenheit zu einer unterschiedlichen Übersetzung des Europäischen Qualifikationsrahmens in nationale Qualifikationsrahmen führt. Das zweite Kriterium war, dass in den Ländern *sowohl akademische Fachkräfte als auch formal geringer qualifiziertes Personal* in den Kindertageseinrichtungen arbeiten. Auf der Basis dieser kontrastierenden Auswahl soll herausgearbeitet werden, wie weit die Einführung und Umsetzung eines nationalen Qualifikationsrahmens in den jeweiligen Ländern vorangeschritten ist und welche Abweichungen

1 Großbritannien besteht aus vier Ländern: England, Wales, Schottland und Nordirland. Aufgrund der föderalen Strukturen unterscheiden sich die Bildungssysteme zum Teil erheblich voneinander, darum wird im Folgenden nur auf England Bezug genommen.

sich sowohl zum Europäischen Qualifikationsrahmen als auch zwischen den Ländern ergeben. Die deutsche Situation dient als Referenzpunkt und wird zu Beginn und am Ende des Aufsatzes herangezogen, um Unterschiede zu verdeutlichen.

Der vorliegende Beitrag wirft ein Schlaglicht auf die Situation in den dargestellten Ländern und kann keine detaillierte Analyse bieten. Dies liegt auch an mangelnden Informationen zu den aktuellen europäischen Entwicklungen. Die hier berichteten Daten zur frühkindlichen Bildung in den europäischen Ländern stammen überwiegend aus dem Projekt SEEPRO des Staatsinstituts für Frühpädagogik (vgl. Oberhuemer/Schreyer 2010) sowie aus der Expertise »Fort- und Weiterbildung frühpädagogischer Fachkräfte im europäischen Vergleich« von Pamela Oberhuemer (vgl. Oberhuemer 2012). Darüber hinaus wurden Analysen des Europäischen Zentrums für die Entwicklung der beruflichen Bildung (Cedefop) herangezogen, die wie SEEPRO und die Expertise mithilfe von Länderexperten erarbeitet wurden. Es handelt sich demnach überwiegend um qualitative Daten, deren Aussagekraft begrenzt ist.

Dieser Beitrag beschreibt zunächst den Aufbau und die Zielsetzung des Europäischen Qualifikationsrahmens. Auf dieser Basis wird vergleichend dargelegt, wie weit die Einführung der nationalen Qualifikationsrahmen in den drei europäischen Ländern vorangeschritten ist und welche Spezifik die Rahmen jeweils aufweisen. In einem weiteren Schritt wird eingebettet in den länderspezifischen Kontext gezeigt, welche pädagogischen Fachkräfte in den Systemen der frühkindlichen Bildung tätig sind und welche Ausbildung sie durchlaufen haben. Davon ausgehend werden die Eingruppierungen in den nationalen Qualifikationsrahmen benannt. Der Beitrag endet mit Schlussfolgerungen für die Beantwortung der Ausgangsfrage.

Der Europäische Qualifikationsrahmen als Basis nationaler Entwicklungen

Der Europäische Qualifikationsrahmen EQR wurde 2008 von den europäischen Institutionen verabschiedet (vgl. Europäische Kommission 2013). Er ist Teil der Lissabon-Strategie, die vorsieht, den europäischen Wirtschaftraum zum dynamischsten und wettbewerbsfähigsten weltweit zu machen. Dies soll auch mithilfe eines effizienten und konsistenten Bildungssystems erreicht werden, das auf dem Prinzip des lebenslangen Lernens basiert und sowohl formale Bildung als auch non-formale und informelle Bildung umfasst (vgl. The European Centre for the Development of Vocational Training 2010a, S. 19).

Der EQR besteht aus acht Niveaus und drei Kategorien (vgl. Tabelle 1). Jedes Niveau wird durch Deskriptoren beschrieben, die die Lernergebnisse benennen, die jeweils erreicht werden müssen. Ziele sind, die Vergleichbarkeit von Qualifikationen unter den Mitgliedsstaaten zu erhöhen und die Mobilität der Arbeitnehmer zu fördern (vgl. Europäische Kommission o.J.).

Tabelle 1: Struktur des Europäischen Qualifikationsrahmens (EQR)

	Kenntnisse	Fertigkeiten	Kompetenz
Niveau 1			
Niveau 2			
...			
Niveau 8			

Quelle: eigene Darstellung

Die europäischen Mitgliedsstaaten haben sich verpflichtet, den EQR in nationale Qualifikationsrahmen zu überführen. Die Umsetzung ist den Mitgliedsstaaten überlassen, um ihnen die Möglichkeit zu geben, eigene Traditionen und Politiken fortführen zu können (vgl. The European Centre for the Development of Vocational Training 2010a, S. 21). Entsprechend erarbeiten die verschiedenen Länder Qualifikationsrahmen, die sich trotz des EQR als gemeinsamer Grundlage zum Teil erheblich voneinander unterscheiden (vgl. Blings 2012, S. 12).

Die Entwicklung nationaler Qualifikationsrahmen in Dänemark, Frankreich und England

Die Etablierung eines nationalen Qualifikationsrahmens und die Eingruppierung von Qualifikationen ist im hohen Maße abhängig von den Strukturen, den sozioökonomischen Bedingungen und dem historisch gewachsenen Bildungssystem (vgl. The European Centre for the Development of Vocational Training 2010a, S. 17). Daher werden in diese Analyse der Länder relevante allgemeine Informationen über das Bildungssystem mit einbezogen.

Dänemark ist ein zentralistisch organisiertes Land, das ein durchlässiges und sich ständig wandelndes Bildungssystem besitzt. Die Dänen verfügen unter den Europäern über die höchsten Bildungsabschlüsse und haben zu

80 Prozent einen Abschluss der Sekundarstufe II (vgl. Cort 2002, S. 9). Der dänische Qualifikationsrahmen bildet das gesamte Bildungssystem inklusive Erwachsenenbildung und Weiterbildung ab. Er hat acht Niveaustufen (vgl. Oberhuemer 2012, S. 87) und ähnelt in diesem Punkt dem EQR. Der Rahmen zielt jedoch nicht darauf ab, Reformen im Hinblick auf die Lernergebnisorientierung einzuleiten, sondern vielmehr die verschiedenen, bereits existierenden Rahmen einzubetten (zum Beispiel den Hochschulrahmen).

Der Grund liegt in der großen Zufriedenheit mit dem aktuellen Berufsbildungssystem in Dänemark, das auf Berufstiteln basiert. Entsprechend bildet der dänische Qualifikationsrahmen nur die formalen Qualifikationen ab, nicht jedoch die informellen und non-formalen Kompetenzen. Der Rahmen betont die »Notwendigkeit einer gesteigerten Durchlässigkeit. Der Transfer und die Kombination bzw. der Austausch von Lernergebnissen zwischen einzelnen (Teil-)Bildungssystemen, sowie zwischen Bildung und Arbeit sollen gefördert werden« (Luomi-Messerer/Lengauer/Markowitsch 2007, S. 49).

Frankreich als traditionell zentralistischer Staat hat ein ebenso zentralistisch organisiertes Bildungssystem (vgl. French working project group 2010, S. 9). Der erste französische Qualifikationsrahmen wurde bereits 2002 eingeführt und gehörte damit zur ersten Generation. Mittlerweile gibt es einen überarbeiteten und an den EQR angepassten Rahmen, der seit 2010 implementiert wird (vgl. The European Centre for the Development of Vocational Training 2010 b, S. 69 f.). Frankreich hat Schwierigkeiten, sein gewachsenes Bildungssystem mit der Systematik eines EQR zu vereinbaren; so umfasste der erste Qualifikationsrahmen beispielsweise nur fünf Niveaus. Der überarbeitete Rahmen erstreckt sich nun über acht Niveaus, allerdings sind einige Qualifikationen jetzt zwischen zwei Niveaustufen angesiedelt, und den Levels 1 und 2 wurden keine Qualifikationen zugeordnet.

Der französische Qualifikationsrahmen wird flankiert von einem nationalen Qualifikationsregister (vgl. French working project group 2010, S. 4) und einem Anerkennungsverfahren für informell erworbene Kompetenzen. Seit 2002 kann jede Person, die mindestens drei Jahre lang berufstätig war, dieses Verfahren für die Anerkennung ihrer Kompetenzen in Anspruch nehmen (vgl. Annen 2012, S. 128). Nach der Überprüfung in einem Feststellungsverfahren kann die formale Qualifikation zuerkannt werden. Alle Qualifikationen verweisen auf Standardkompetenzen und haben einen Arbeitsfeldbezug (vgl. French working project group 2010, S. 6). Damit ist es in Frankreich grundsätzlich möglich, auf verschiedenen Wegen zu formalen Qualifikationen zu gelangen (zum Beispiel durch Erstausbildung, durch Weiterbildung oder durch berufliche Bildung) (vgl. The European Centre for the Development of Vocational Training 2010a, S. 47). Allerdings ist die Orientierung an Lernergebnissen (Outcomes) nur in der beruflichen Bildung durchgängig realisiert; im allgemeinen Bildungsbereich und insbesondere in der Hochschulbildung hat sie sich noch nicht vollständig durchgesetzt (vgl. The European Centre for the Development of Vocational Training 2010b, S. 72).

Großbritannien ist ein föderalistischer Staat, der den einzelnen Ländern die Gestaltung des Bildungssystems überlässt. Die angelsächsischen Länder sind traditionell outcomeorientiert. Dies führte dazu, dass England bereits in den 1990er-Jahren einen nationalen Qualifikationsrahmen eingeführt hat, der seither weiterentwickelt wurde. Heute gibt es zwei Qualifikationsrahmen: den Qualifications and Credit Framework (QCF), der allgemeine, arbeitsplatzbezogene und berufliche Qualifikationen bis Niveau 4 in den Blick nimmt. Daneben gibt es den Framework for Higher Education Qualifications (FHEQ), der die Hochschulbildung umfasst und Niveau 4 bis 8 berücksichtigt (vgl. Oberhuemer 2012, S. 32; BMBF 2009, S. 18).

In England gibt es für jede Qualifikation verschiedene Wege, diese zu erlangen. Das Berufsbildungssystem ist stark fragmentiert, entsprechend weist das nationale Register mehr als 5.000 Qualifikationen aus (vgl. The European Centre for the Development of Vocational Training 2010a, S. 79f). Ergänzt werden diese Instrumente durch eine Davgl. tenbank, die einen Vergleich der akkreditierten Abschlüsse ermöglicht (vgl. Hanf/Hippach-Schneider 2005, S. 12). Informationen über die Anerkennung informell oder non-formal erworbener Kompetenzen in England liegen nicht vor.

Aus einer vergleichenden Perspektive auf die drei betrachteten Länder lässt sich die Schlussfolgerung ableiten, dass die Länder mit der Einführung nationaler Qualifikationsrahmen darauf abzielen, ihre gewachsenen Strukturen und Bildungssysteme zu stützen. Sie setzen den Europäischen Qualifikationsrahmen nur eingeschränkt um, um den nationalen Qualifikationsrahmen kompatibel zu ihrem Bildungssystem zu halten. Jedes der dargestellten Länder hat sein Berufsbildungssystem mit der Einführung eines NQR kaum verändert, sondern vielmehr den NQR passend entwickelt.

In der Einzelbetrachtung ergeben sich vereinzelt Gemeinsamkeiten zwischen den Ländern, aber auch deutliche Unterschiede. Dänemark verzichtet ähnlich wie derzeit noch Deutschland auf die Anerkennung von informellen und non-formal erworbenen Kompetenzen. Der Schwerpunkt liegt hier auf der Durchlässigkeit innerhalb des Bildungssystems. Unterstützt wird dieses Ziel in Dänemark durch ein ausgebautes und strukturiertes Erwachsenenbildungssystem, das den Erwerb von formalen und informellen Kompetenzen ermöglicht (vgl. Cort 2009, S. 16f). In Frankreich dagegen ist die Anerkennung informell und non-formal erworbener Kompetenzen möglich.

Frankreich gehört wie England zu den Vorreitern in der Einführung von nationalen Qualifikationsrahmen. Während Frankreich jedoch einen Qualifikationsrahmen geschaffen hat, der sowohl die berufliche als auch die hochschulische Bildung umfasst, gibt es in England zwei getrennte Rahmen. Der französische und der englische berufsbildende Rahmen sind zentral verordnet und weitgehend unabhängig von Institutionen wie etwa Kammern. Allerdings sind die englischen Qualifikationsrahmen klar outcomeorientiert, während das in Frankreich nur auf den Teilbereich berufliche Bildung zutrifft.

Pädagogische Fachkräfte in Kindertageseinrichtungen in Dänemark, Frankreich und England

Jedes Land hat kulturell begründete Traditionen, die sich in allen gesellschaftlichen Bereichen niederschlagen. Dies zeigt sich besonders anhand des Arbeitsfeldes Kindertageseinrichtungen mit seinen gewachsenen Strukturen und Zuständigkeiten. Die Vielfalt an Einrichtungsformen, Ausbildungskonzepten und Berufsprofilen ist unter spezifischen soziokulturellen Kontexten entstanden und entsprechend zu verstehen (vgl. Hebenstreit-Müller 2005, S. 186f.). Eine gemeinsame Entwicklung des letzten Jahrzehnts ist jedoch die Etablierung akademischer Ausbildungsgänge für frühpädagogische Fachkräfte in fast allen Ländern. Allerdings sind diese Fachkräfte unter ganz unterschiedlichen Bedingungen in den verschiedenen Ländern tätig (vgl. Oberhuemer/Schreyer 2010).

In *Dänemark* verantwortet das Innen- und Sozialministerium die Ausgestaltung des traditionell sozialpädagogisch ausgerichteten Elementarbereichs. Erst mit dem Besuch der Vorschulklassen ab sechs Jahren übernimmt das Bildungsministerium die Zuständigkeit; die Schulpflicht beginnt mit sieben Jahren (ebd., S. 54).

Diese Trennung spiegelt sich auch in den Qualifikationen der tätigen Fachkräfte wider. In den vorschulischen Einrichtungen, die Teil des sozialen Wohlfahrtssystems sind, arbeiten Pädagogen (Paedagoger) und Pädagogische Assistenten (Paedagogmedhjaelpere). Während die Pädagogen ein breit angelegtes, dreieinhalbjähriges Bachelorstudium an einer sozialpädagogisch ausgerichteten Hochschule absolvieren, müssen die Assistentinnen und Assistenten keine formale Ausbildung vorweisen. Sie haben jedoch die Möglichkeit, nach fünf Berufsjahren eine Pädagoginnen- und Pädagogen-Ausbildung zu beginnen. Daneben können sie eine pädagogische Grundausbildung abschließen, die 25 Monate dauert und auf eine Ausbildung zur Pädagogin bzw. zum Pädagogen angerechnet wird. 56 Prozent der Fachkräfte in den Einrichtungen sind Pädagoginnen und Pädagogen, 4 Prozent pädagogische Assistentinnen und Assistenten mit Ausbildung und 21 Prozent Assistentinnen und Assistenten ohne Ausbildung. Daneben gibt es noch anders ausgebildetes Personal, zum Beispiel 6 Prozent Lehrkräfte mit einer akademischen Ausbildung; weitere 12 Prozent haben eine zweijährige Kurz-Hochschulbildung durchlaufen (vgl. Oberhuemer 2012, S. 15 und S. 87).

Es wird deutlich, dass es zwar mehrere Berufsgruppen in Dänemark gibt, faktisch jedoch dominieren zwei Gruppen das Arbeitsfeld: die Pädagoginnen und Pädagogen sowie die pädagogischen Assistentinnen und Assistenten. Zwischen diesen beiden Gruppen besteht ein deutliches Qualifikationsgefälle, da es sich auf der einen Seite um hochschulisch ausgebildete Fachkräfte handelt, denen ungelernte Assistentinnen und Assistenten gegenüberstehen. Dies hat Konsequenzen für eine Eingruppierung in den nationalen Qualifikationsrahmen. Die Pädagoginnen und Pädagogen werden im dänischen Qualifikationsrahmen bislang auf Niveaustufe 6 verortet, während die Einstufung der Assistenten auf Niveau 4 vorgesehen ist. Der Prozess der Einstufung ist jedoch noch nicht abgeschlossen (vgl. Oberhuemer 2012, S. 20).

Frankreich hat bereits 1881 den Vorschulbereich der über 3-Jährigen in das Bildungssystem integriert (vgl. Oberhuemer/Schreyer 2010, S. 125). Die unter dreijährigen Kinder werden in Krippen oder von Tagesmüttern betreut, die dem Sozial- und Gesundheitsministerium bzw. lokalen und regionalen Behörden unterstehen. Dieses sogenannte »Split-System« (Oberhuemer/Schreyer 2010, S. 127; Children in Scotland 2010, S. 30) hat Auswirkungen auf die Personalstrukturen: Während im Vorschulbereich akademisch gebildete Vorschullehrer (professeur d'école) die Kernfachkräfte bilden, sind es im Bereich für unter dreijährige Kinder paramedizinische und pädagogische Fachkräfte (puéricultrice, auxiliaire de puéricultrice, éducateur de jeunes enfants), die keine hochschulische Ausbildung absolviert haben (vgl. Oberhuemer/Schreyer 2010, S. 136). Daher wird im Folgenden ausschließlich auf den Bildungsbereich der drei- bis sechsjährigen Kinder Bezug genommen.

Die Lehrkräfte im Vorschulbereich durchlaufen eine dreijährige universitäre Ausbildung, der nach einem Zugangswettbewerb (concours) noch eine zweijährige praktische Ausbildungsphase folgt. Seit 2010 müssen die Bewerberinnen und Bewerber für den Zugangswettbewerb über einen Master verfügen (vgl. Dreyer 2010, S. 93 ff.). Neben diesem Fachpersonal gibt es noch gering qualifizierte Assistentinnen und Assistenten (ATSEM), die die Lehrerinnen und Lehrer in den Klassen unterstützen. Sie haben mit dem CAP Petite Enfance eine Berufsbefähigung im Bereich Kleinkinder erworben, die eine einjährige theoretische Ausbildung und zwölf Wochen Praktikum umfasst (vgl. Dreyer 2010, S. 133 ff.).

Über den Anteil von Lehrkräften sowie Assistentinnen und Assistenten im Vorschulbereich kann keine Aussage gemacht werden, die Arbeitsteilung erfolgt anhand der Aufgaben. Während Vorschullehrerinnen und -lehrer für die Bildung in den Klassen zuständig sind, unterstützen die ATSEM die Lehrkräfte in organisatorischen Belangen (vgl. Oberhuemer/Schreyer 2010, S. 139). Das Bildungsniveau der Assistentinnen und Assistenten einerseits und der Vorschullehrerinnen und -lehrer andererseits unterscheidet sich beträchtlich; durch den Master ist das Gefälle noch größer als in Dänemark. Leider liegen keine Informationen zur Eingruppierung der Lehrkräfte sowie Assistentinnen und Assistenten in den nationalen Qualifikationsrahmen in Frankreich vor. Es kann jedoch vermutet werden, dass die Einstufung des Masters auf Niveau 7 erfolgt, während die Assistentinnen und Assistenten auf Niveau 3 eingeordnet sein könnten.

In *England* sind Tageseinrichtungen im Vorschulbereich auf Kinder bis zu vier Jahren ausgelegt, da mit diesem Alter die Schulpflicht beginnt. Seit 2010 ist das Bildungsministerium für diesen Bereich verantwortlich (vgl. Oberhuemer 2012, S. 23; Oberhuemer/Schreyer 2010, S. 445). Der Elementarbereich ist in England untergliedert in einen Bildungsbereich, der zum staatlichen Schulsystem gehört, sowie in einen privat-gewerblichen und privat-gemeinnützigen Betreuungsbereich. Das Spektrum der Einrichtungstypen ist im Vergleich zu den anderen Ländern weit heterogener.

Die Qualifikationen der in den Einrichtungen tätigen Fachkräfte unterscheiden sich deutlich, abhängig davon, ob sie im Bildungs- oder im Betreuungsbereich tätig sind. In den vergangenen Jahren wurden im Rahmen der Initiative »Every Child Matters« große Anstrengungen unternommen, die Qualität im Elementarbereich zu verbessern und die Qualifikation der Fachkräfte anzuheben. Die traditionelle Trennung in einen Betreuungs- und einen Bildungsbereich existiert jedoch immer noch. Als Teil einer Arbeitsmarktreform wurde ein integrierter Qualifikationsrahmen entwickelt, der anerkannte Arbeitskräfte auflisten und eine Weiterentwicklung zwischen den verschiedenen Professionen ermöglichen soll; der Prozess ist jedoch seit dem Wechsel der Zuständigkeiten ins Stocken geraten (vgl. Miller/Cable/Goodliff 2012, S. 39).

Der private Sektor gehörte in England aufgrund seines Schwerpunkts der Betreuung von Kindern lange zum Ressort des Gesundheits- und Sozialministeriums. Die dort tätigen Fachkräfte haben verschiedene Qualifikationsmodule absolviert, die sich zu individuellen Qualifikationsprofilen zusammensetzen (vgl. Oberhuemer 2012, S. 25; Oberhuemer/Schreyer 2010, S. 444 f.). Aufgrund des modularen Aus- und Weiterbildungssystems gibt es nicht einen oder zwei dominierende Ausbildungsgänge, sondern eine Vielzahl an Qualifikationsbausteinen, die beliebig miteinander kombiniert werden können. Die Qualifikationen des Personals werden nicht nach Abschlüssen kategorisiert, sondern nach Levels (Ausbildungsniveaus).

Die OECD ging 2006 davon aus, dass 50 Prozent der Beschäftigten in englischen Kindertageseinrichtungen des privaten Sektors mindestens eine Level-3-Qualifikation besitzen (selbstständiges Arbeiten), 20 Prozent über eine akademische Ausbildung verfügen und 30 Prozent der Angestellten keinerlei Ausbildung durchlaufen haben (vgl. OECD 2006, S. 416 und 421). Seither hat sich die Qualifikation des Personals im Betreuungsbereich durch die Reformen verbessert (vgl. Nutbrown 2012), allerdings stehen dieser Entwicklung auch einige gegenläufige Tendenzen gegenüber. Das Children's Workforce Developement Council hat den Auftrag, das Ausbildungssystem im sozialen Betreuungssektor zu reformieren (vgl. Oberhuemer/Schreyer 2010, S. 454), bislang noch nicht umgesetzt. Seit Mai 2010 hat darüber hinaus der »private Sektor [. . .] Vorrang vor dem staatlichen Sektor«; das Ziel, eine akademische Fachkraft pro Einrichtung einzusetzen, wurde aufgegeben (vgl. Oberhuemer 2012, S. 33).

Der staatliche Bereich gehört zum Schulsystem. Dort müssen Gruppen- oder Einrichtungsleitungen einen Qualified Teacher Status (QTS) besitzen, der mindestens einem Bachelor-Niveau entspricht. Daneben arbeiten aber auch Assistentinnen und Assistenten in den Gruppen und Klassen, die über eine Ausbildung mindestens auf Level-2-Niveau verfügen. Für die Lehrerinnen- und Lehrerausbildung gibt es sechs verschiedene Qualifizierungswege, die an Universitäten, Schulen oder anderen Bildungseinrichtungen absolviert werden können. Grundsätzlich kann festgestellt werden, dass die Fachkräfte im privaten Bereich über niedrigere Qualifikationen verfügen als im staatlichen Sektor (vgl. Oberhuemer/Schreyer 2010, S. 454 ff.).

Seit 2006 gibt es eine neue Berufsausbildung auf Hochschulniveau. Diese Berufsausbildung mündet in den anerkannten Status des *Early Years Professional*. Es handelt sich hierbei nicht um einen Beruf, sondern vielmehr um einen Status, der von der Regierung anerkannt wird. Daher werden auch, ausgehend von unterschiedlichen Ausgangsniveaus, verschiedene Zugangswege angeboten, die zwischen drei und 15 Monaten in Anspruch nehmen. Die Ausbildung kann sowohl an einer Hochschule als auch bei einem anerkannten Bildungsträger, berufsbegleitend oder in Vollzeit, absolviert werden. Sie steht sowohl erfahrenen Fachkräften ohne akademische Ausbildung als auch fachfremden Bachelor-Absolventinnen und Absolventen offen; außerdem existieren Mischformen dieser beiden Varianten (vgl. Oberhuemer 2012, S. 25). Der *Early Years Professional* ist dem Vorschullehrer gleichgestellt (vgl. Miller/Cable/Goodliff 2012, S. 40), das heißt, beide werden auf Stufe 6 des Rahmens für Hochschulqualifikationen in England, Wales und Nordirland eingruppiert (vgl. Oberhuemer 2012, S. 32).

Für den englischen Betreuungsbereich können keine Schlussfolgerungen über die Eingruppierung der Fachkräfte in den nationalen Qualifikationsrahmen getroffen werden, da die Qualifikationsprofile zu unterschiedlich sind. Im Bildungsbereich dagegen dominiert die akademisch ausgebildete Lehrerin und der akademisch ausgebildete Lehrer mit QTS, der abhängig von der individuellen Qualifikation auf Stufe 6 oder höher eingeordnet wird. Auch in England gibt es ein deutliches Gefälle zu den Assistentinnen und Assistenten, die auf Niveau 2 eingruppiert werden.

Es zeigt sich, dass in den verschiedenen vorgestellten Ländern – unabhängig von den Systemen der frühkindlichen Bildung – akademisch ausgebildete pädagogische Fachkräfte tätig sind. Überwiegend handelt es sich um Fachkräfte auf Bachelor-Niveau, die auf Stufe 6 in den nationalen Qualifikationsrahmen eingeordnet sind. Frankreich beschreitet mit dem Masterabschluss der Lehrkräfte einen Sonderweg. Neben diesen akademischen Fachkräften gibt es verschiedene Berufsgruppen, die als Ergänzungskräfte arbeiten. Dieses Personal wird in der Regel auf Niveau 2 oder 3 ausgebildet und eingruppiert.

Insgesamt lässt sich jedoch festhalten, dass es nur in England neben den Vorschullehrinnen und -lehrern eine zweite Berufsgruppe gibt, die nicht über einen Bachelor-Abschluss verfügt und dennoch auf Stufe 6 eingruppiert wird (Early Years Professional Status/EYPS). Nutbrown konstatiert jedoch, dass sich die Inhaber eines EYPS den Lehrern nicht gleichgestellt fühlen. Darüber hinaus ist der Status nicht gesichert und abhängig von den politischen Rahmenbedingungen. Sie empfiehlt daher, den Inhabern des EYPS Wege zu eröffnen, um den Qualified Teacher Status (QTS) zu erwerben. Darüber hinaus fordert sie für alle pädagogischen Fachkräfte eine Mindestqualifikation auf Level 3 (vgl. Nutbrown 2012, S. 6ff.).

Zwischen Innovation und Beharrung – ein Fazit

Die Ausführungen stellen den Stand der Entwicklungen im Frühsommer 2013 dar. Die Diskussionen um die Eingruppierung (früh-)pädagogischer Fachkräfte ist in allen Ländern einschließlich Deutschland noch nicht endgültig abgeschlossen (vgl. Oberhuemer 2012, S. 87). Daher können nur vorsichtige Schlussfolgerungen gezogen werden.

Ein wichtiger Befund ist, dass die vier europäischen Länder ganz unterschiedliche Wege in der Einführung ihrer nationalen Qualifikationsrahmen beschritten haben. Die Gemeinsamkeit scheint darin zu bestehen, dass alle Länder ein gewisses Beharrungsvermögen zeigen und im Endeffekt ihr bestehendes Bildungssystem beibehalten möchten. Auch in Deutschland lassen sich derartige Tendenzen beobachten, auch wenn mit der Orientierung an den Lernergebnissen neue Wege beschritten würden.

Zur Erreichung der Ziele des EQR, Vergleichbarkeit und Mobilität zwischen den Mitgliedsstaaten zu fördern, haben die nationalen Qualifikationsrahmen abhängig von ihrer Schwerpunktsetzung unterschiedlich beigetragen. Die Orientierung an Lernergebnissen wurde zum Beispiel bislang in Deutschland und Frankreich nur zum Teil übernommen, in Dänemark dagegen abgelehnt und in England bereits umgesetzt. Weitere Unterschiede ergeben sich in der Anerkennung non-formaler und informeller Kompetenzen. Während Dänemark bislang keine Anerkennung vorsieht, bietet Frankreich ein Anerkennungsverfahren an. Auch in Deutschland ist dieser Punkt noch nicht endgültig geklärt.

Eines der Grundziele des EQR ist die Förderung von Mobilität. Betrachtet man jedoch die Möglichkeiten, die die vier dargestellten Umsetzungen des EQR bisher bieten, so scheint Mobilität zwischen den europäischen Ländern nachrangig zu sein. In Dänemark zum Beispiel spielt vielmehr die Mobilität innerhalb des nationalen Systems eine große Rolle. In Deutschland dominiert bislang der Streit um die Binnendifferenzierung von Erzieherinnen und Kindheitspädagoginnen.

Diese Voraussetzungen tragen dazu bei, dass die Eingruppierung der pädagogischen Fachkräfte in die nationalen Qualifikationsrahmen abhängig ist von der Spezifik der Qualifikationen in den jeweiligen Ländern. Eine innereuropäische Vergleichbarkeit ist dadurch kaum gegeben. In diesem Zusammenhang werden auch Befürchtungen laut. So werden etwa in Frankreich Bedenken geäußert, dass die verschiedenen Länder ihre Qualifikationen unterschiedlich in die Qualifikationsrahmen einordnen und dass dies die Eingruppierung in Frankreich beeinflussen könnte. Insbesondere wurden diese Bedenken für den frühkindlichen Bildungsbereich geäußert (vgl. The European Centre for the Development of Vocational Training 2010b, S. 73). Dies zeigt, dass alle europäischen Länder vor ähnlichen Herausforderungen stehen und ähnliche Befürchtungen hegen. Offen bleibt, wie zukünftig mit der Umsetzung des EQR umgegangen wird und welche Bedeutung die Mobilität für die Fachkräfte Europas haben wird.

Literatur

Aktionsrat Bildung (2012): Professionalisierung in der Frühpädagogik. Qualifikationsniveau und bedingungen des Personals in Kindertageseinrichtungen. Münster

Annen, Silvia (2012): Anerkennung informellen Lernens im europäischen Vergleich. In: Blings, Jessica/Ruth, Klaus (Hrsg.): Transparenz und Durchlässigkeit durch den EQR? Perspektiven zur Implementierung. Bielefeld, S. 121–138

Arbeitskreis Deutscher Qualifikationsrahmen (AK DQR) (2011): Deutscher Qualifikationsrahmen für lebenslanges Lernen. www.deutscher-qualifikationsrahmen.de/de/der_dqr/stand_der_umsetzung/ (26. 3. 2013)

Balluseck, Hilde von (2012): Fachschule und Hochschule im Deutschen Qualifikationsrahmen. Sind die beiden frühpädagogischen Ausbildungen gleichwertig? www.erzieherin.de/fachschule-und-hochschule-im-deutschen-qualifikationsrahmen.php. (3. 4. 2013)

Blings, Jessica (2012): EQR-Implementierung und Lernergebnisorientierung – ein Weg in Richtung mehr Durchlässigkeit? In: Blings, Jessica/Ruth, Klaus (Hrsg.): Transparenz und Durchlässigkeit durch den EQR? Perspektiven zur Implementierung. Bielefeld, S. 9–22

Bundesministerium für Bildung und Forschung (BMBF) (2009): Die Einführung eines nationalen Qualifikationsrahmens in Deutschland (DQR) – Untersuchung der Möglichkeiten für den Bereich des formalen Lernens. Band 2 der Reihe Berufsbildungsforschung. www.bmbf.de/pub/band_zwei_berufsbildungsforschung.pdf (4. 4. 2013)

Children in Scotland (2010): Working for inclusion: an overview of European early years services and their workforce. Children in Scotland, Edinburgh

Cort, Pia (2009): Das Berufsbildungssystem in Dänemark. Kurzbeschreibung. Cedefop Panorama series, 42. www.refernet.de/images_content/Daenemark_de.pdf (4.4.2013)

Dreyer, Rahel (2010): Frühkindliche Bildung, Betreuung und Erziehung in Deutschland und Frankreich. Strukturen und Bedingungen, Bildungsverständnis und Ausbildung des pädagogischen Personals im Vergleich. Hamburg

Europäische Kommission (2013): Der Europäische Qualifikationsrahmen (EQR). ec.europa.eu/education/lifelong-learning-policy/eqf_de.htm (26.3.2013)

Europäische Kommission (o.J.): Der europäische Qualifikationsrahmen für lebenslanges Lernen. ec.europa.eu/education/pub/pdf/general/eqf/leaflet_de.pdf. (7.4.2013)

French working project group (2010): Referencing of the national framework of French certification in the light of the European framework of certification for lifelong learning. ec.europa.eu/eqf/uploads/file/Report-FR-NQF-EQF-VF.pdf. (26.3.2013)

Hanf, Georg/Hippach-Schneider, Ute (2005): Wozu dienen Nationale Qualifikationsrahmen? Ein Blick in andere Länder. In: BiBB BWP, 1, S. 9–14

Hebenstreit-Müller, Sabine (2005): Den Weg nach Europa ebnen – Durchlässigkeit und Flexibilisierung in der Erzieher/innenausbildung. In: Hammes-Di Bernardo, Eva/Hebenstreit-Müller, Sabine (Hrsg.): Innovationsprojekt Frühpädagogik. Hohengehren, S. 182–193

Luomi-Messerer, Karin/Lengauer, Sonja/Markowitsch, Jörg (2007): Internationale Beispiele und Erfahrungen und ihre Relevanz für die Entwicklung eines NQR in Österreich. In: Bundesministerium für Wissenschaft und Forschung (Hrsg.): Endbericht: Entwicklung eines Nationalen Qualifikationsrahmens für Österreich – vertiefende Analysen. www.oeibf.at/db/calimero/tools/proxy.php?id=14022. (25.3.2013)

Miller, Linda/Cable, Carrie/Goodliff, Gill (2012): Leading and Managing in an Early Years Setting in England. In: Miller, Linda/Dalli, Carmen/Urban, Mathias (Hrsg.): Early Childhood Grows Up. Towards a Critical Ecology of the Profession. Heidelberg/London/New York, S. 37–54

Nutbrown, Cathy (2012): Foundations for quality. The independent review of early education and childcare qualifications. Final Report. media.education.gov.uk/MediaFiles/A/0/9/%7BA098ADE7-BA9A-4E18-8802-D8D4B060858D%7DNUTBROWN%20FINAL%20REPORT%20-%20final.pdf. (4.4.2013)

Oberhuemer, Pamela (2012): Fort- und Weiterbildung frühpädagogischer Fachkräfte im europäischen Vergleich. WiFF Expertise Nr. 17. München

Oberhuemer, Pamela/Schreyer, Inge (2010): Kita-Fachpersonal in Europa. Ausbildungen und Professionsprofile. Opladen & Farmington Hills

OECD (2006): Annex E: United Kingdom (England). www.oecd.org/edu/school/37423795.pdf. (4.4.2013)

Ständige Konferenz der Kultusminister der Länder/Bundesministerium für Bildung und Forschung/Wirtschaftsministerkonferenz/Bundesministerium für Wirtschaft und Technologie (KMK/BMBF/WMK/BMWi) (2013): Gemeinsamer Beschluss zum Deutschen Qualifikationsrahmen für lebenslanges Lernen. Berlin

The European Centre for the Development of Vocational Training (Cedefop) (2010a): Linking credit systems and qualifications frameworks. An international compararitve analysis. Research paper No 5. www.cedefop.europa.eu/EN/Files/5505_en.pdf. (26.3.2013)

The European Centre for the Development of Vocational Training (Cedefop) (2010b): The development of national qualifications frameworks in Europe. www.cedefop.europa.eu/EN/Files/6108_en.pdf. (4.4.2013)

Thole, Werner (2010): Die pädagogischen MitarbeiterInnen in Kindertageseinrichtungen. Professionalität und Professionalisierung eines pädagogischen Arbeitsfeldes. In: Zeitschrift für Pädagogik, 56. Jg., H. 2, S. 206–222

II. Bildungssysteme und personenbezogene Dienstleistungen

Professionalisierungspfade bei personenbezogenen Dienstleistungen

Anmerkungen zu einer aktuellen Debatte

Martin Baethge

Der europäische Qualifikationsrahmen als Anlass für einen neuen Diskurs über die Gleichwertigkeit unterschiedlicher Ausbildungspfade

Dieser Band rückt die Kontroverse über die Einstufung der Ausbildung von Fachkräften für die frühkindliche Erziehung und Bildung an Fach- und Hochschulen im Deutschen Qualifikationsrahmen (DQR) in den Mittelpunkt. Zwar ist gegenwärtig die Einstufung der Fachschulausbildung von Erzieherinnen und Erziehern und der Bachelor-Ausbildung in frühpädagogischen Studiengängen in der gleichen Stufe des Deutschen Qualifikationsrahmens (DQR), in Stufe 6, eher ein geplantes Projekt als die Regel für die Bewertung beruflicher Ausbildungsgänge unterhalb der Hochschulebene und Hochschulstudiengänge.

Dennoch: Auch wenn weder der Europäische noch der ihm nachgebildete Deutsche Qualifikationsrahmen auf den Vergleich zwischen akademischer und mittlerer Berufsausbildung zielen, könnten wir es in der frühkindlichen Bildung und Erziehung doch mit einer »Vorreiter-Konstellation« in der Frage der Ausbildung auf Hoch- bzw. Fachhochschulniveau zu tun haben, die über kurz oder lang auch für andere Ausbildungsbereiche – vor allem für solche in den personenbezogenen Dienstleistungsberufen – akut werden könnte. Auch deswegen lohnt es, die angedeutete Kontroverse etwas grundlegender in den Zusammenhang unterschiedlicher Professionalisierungspfade und -muster zu stellen[1] und die Herausforderung anzunehmen, die durch den Europäischen Qualifikationsrahmen (EQR) auf die bildungspolitische Tagesordnung gesetzt ist.

Der EQR ist auf den Gesamtprozess lebenslangen Lernens bezogen, für den er einen Orientierungsrahmen für die Bewertung von (Aus-)Bildungs-

1 So umschrieben die Veranstalter meinen Beitrag für das Fachforum, das diesem Band vorausging. Da ich kein Experte für frühkindliche Bildung und Erziehung bin, sollte es darum gehen, aus der umfassenderen Perspektive der Professionalisierungs- und Qualifikationsforschung im Bereich von (vor allem personenbezogenen) Dienstleistungstätigkeiten das Thema zu beleuchten.

outcomes bereitstellt, die – egal, wo sie erworben sind, ob in institutionalisierten oder informellen Lernprozessen – in acht Niveaustufen eingeordnet werden können (vgl. Europäisches Parlament und Rat der Europäischen Union 2005). Die acht Niveaustufen bilden jeweils die Kompetenzen ab, die von der Erledigung einfacher Ausgaben (Stufe 1) bis zu hochkomplexen und innovativen wissenschaftlichen Forschungsarbeiten (Stufe 8) erforderlich sind.

Die Kompetenzen sind in zwei Hauptkomponenten, Fachkompetenz und personale Kompetenz, mit jeweils zwei Kompetenzdimensionen – Wissen und Fertigkeiten bei der Fach- und Sozialkompetenz und Selbstständigkeit bei der personalen Kompetenz – untergliedert (vgl. Arbeitskreis DQR 2011, S. 6f.).[2] Mit Bezug auf die institutionalisierten Bildungs- und Ausbildungsstufen in Deutschland kann man als grobe Zuordnungsformel die Niveaus 1–5 schwerpunktmäßig den gegenwärtigen Bildungs- und Ausbildungsabschlüssen unterhalb der Hochschulebene, die Niveaus 6–8 den Hochschulabschlüssen vom Bachelor- (Stufe 6) bis zum Promotionsabschluss (Stufe 8) zurechnen. Der Bachelor wird dabei mit Fortbildungsabschlüssen (zum Beispiel dem Meister) im DQR gleichgesetzt (vgl. KMK/BMBF/WMK/BMWi 2013).

Nach dem Willen des Europäischen Parlaments und des Rates (vgl. Europäisches Parlament und Rat der Europäischen Union 2008) soll der EQR dazu dienen, die Heterogenität der Ausbildungssysteme in Europa über definierte Qualifikationsniveaus vergleichbar zu machen und die Integration des europäischen Arbeitsmarktes zu fördern, um sozial die Chancengleichheit und ökonomisch die ehrgeizigen Wachstumsziele der europäischen Union (Lissabon-Strategie) zu unterstützen. Im Rahmen internationaler Vergleiche können auch die nationalen Differenzen innerhalb des Ausbildungssystems eine Rolle spielen, nicht aber im Sinne einer verordneten Angleichung der unterschiedlichen nationalen Ausbildungsabschlüsse.

Da der EQR nach dem Prinzip der offenen Koordinierung praktiziert wird, gibt es seitens der EU keine zentralen obligatorischen Vorgaben für die nationale Ausbildungspolitik mit Ausnahme der einen verbindlichen Richtlinie, dass die Länder, die dem EQR beitreten, sich an seine Systematik halten müssen. Ansonsten bleibt die nationale Hoheit in der Gestaltung von Bildung und Ausbildung unangetastet. Europäisches Parlament und Rat betonen ausdrücklich, dass die Vielfalt der nationalen Bildungssysteme

2 Es kann an dieser Stelle nur um eine kurze Wiedergabe des Klassifikationsschemas von EQR und DQR, nicht um eine differenzierte Auseinandersetzung über die Stringenz der beschriebenen Niveaus und die Probleme der Abgrenzung der Kompetenzdimensionen sowie ihrer Operationalisierbarkeit gehen.

zu respektieren ist (vgl. Europäisches Parlament und Rat der Europäischen Union 2008). Insofern schießen auch viele Beiträge in den öffentlichen Debatten zum EQR der letzten Jahre, die vor einer Zerstörung des deutschen Berufsbildungssystems warnten, über das Ziel hinaus.

Umgekehrt könnte die öffentliche Auseinandersetzung mit dem Klassifikationsschema EQR zu einer produktiven Debatte über die Struktur des Bildungswesens und der Organisation und Curricula seiner Teilbereiche führen. Sachlich gesehen verlangt der EQR den nationalen Bildungspolitikern und Trägern von Bildung und Ausbildung eine einfache Übung ab: das Leistungsprofil ihrer Bildungseinrichtungen beziehungsweise der Abschlüsse der von ihnen organisierten Lernprozesse an den als Outcomes beschriebenen Kompetenzen des EQR zu messen und danach zu überlegen, wo sie sich selbst einordnen würden. Der produktive Akzent des Prüfverfahrens besteht weniger in der Einstufung des Status quo eines Ausbildungsgangs als vielmehr darin, die implizite Normativität des EQR aufzugreifen und zu fragen, in welchen Kompetenzdimensionen mit Blick auf Wissensentwicklung und zukünftige Berufsanforderungen die Einstufung noch angemessen ist oder wo sie durch Verbesserung der Ausbildung angehoben werden sollte.

Die tatsächlichen Reaktionen von Teilen der Bildungs- und Ausbildungsakteure auf den EQR-Vorschlag allerdings gingen zunächst in eine andere Richtung. Sie artikulierten vor allem aus institutionellem Selbsterhaltungsinteresse Bedenken gegenüber der Vereinbarkeit der EQR-Systematik mit dem deutschen Berufsbildungssystem[3] und dem ihm zugrunde liegenden Berufsprinzip (vgl. Drexel 2005; Kuda/Strauß 2006) oder zum Transport eigener Gestaltungsvorstellungen (vgl. Dorn/Nackmayr 2007; auch Busemeyer 2009). Aus der Sicht der institutionellen Akteure ist die Reaktion verständlich, trifft doch der EQR mit seinem Anspruch, alle Lern- und Ausbildungsprozesse über die Lebensspanne hinweg in eine einheitliche Systematik zu bringen und niveaumäßig zu bewerten, auf eine jahrzehntelange Diskussion über die Gleichwertigkeit der beiden Hauptausbildungstraditionen, der schulisch organisierten höheren Allgemeinbildung mit der Perspektive Studium und der betrieblichen und arbeitszentrierten (dualen) Berufsausbildung.

Wichtige Steuerungsakteure der dualen Berufsausbildung (und nur sie waren mit dem EQR wirklich gefordert, da die Hochschulen mit dem

3 Die Einschätzung von Powell u. a. (2012, S. 455), »dass die Bologna und Kopenhagen-Prozesse größere Konflikte und Kontroversen auf europäischer Ebene vermieden haben«, mag für die europäische Ebene gelten, nicht jedoch für die nationale Ebene, wie das deutsche Beispiel zeigt. Das Prinzip der offenen Koordinierung verlagert mit einer gewissen Folgerichtigkeit Konflikte von der europäischen auf die nationalen Ebenen. Dies könnte irgendwann auch die Vergleichbarkeit von Einstufungen infrage stellen, da ihre Kompatibilität durch nationale Kompromisse unterlaufen werden könnte.

Bologna-Prozess die für sie entscheidende Europäisierung bereits hinter sich hatten) argumentierten, die Vereinseitigung der Kompetenzdimensionen des EQR auf Wissen und kognitive Kompetenz seien mit der deutschen Berufsausbildungsverfassung nicht zu vereinbaren und gefährdeten auch das für die deutsche Berufsausbildung konstitutive Konzept der beruflichen Handlungsfähigkeit (vgl. Kuda/Strauß 2006; Drexel 2005). Dies fiel in eine generelle Umbruchsituation des deutschen Bildungssystems, da die Studienstrukturreform auch eine Neubewertung der ersten berufsqualifizierenden Hochschulabschlüsse (Bachelor) erforderlich machte.

Im Verlauf der Übertragung des Europäischen in einen Deutschen Qualifikationsrahmen (DQR) konnte die frühe Kritik durch Stärkung beruflicher Handlungsmerkmale auf den mittleren Niveaustufen des DQR zwar entschärft werden. Übrig aber blieb der *Konflikt über die Gleichwertigkeit von höherer Allgemeinbildung und Berufsausbildung*, der in der Kontroverse zwischen Kultusministerkonferenz auf der einen und Sozialpartnern sowie Bundesregierung auf der anderen Seite in der Frage einer gleichen Einordnung eines dualen Ausbildungsabschlusses und des Abiturs abgehandelt wurde: Die KMK vertrat die Auffassung, das Abitur sei nach den Kriterien des EQR höher, nämlich auf Stufe 5, einzuordnen als die zum damaligen Zeitpunkt auf Stufe 4 rangierenden dualen Ausbildungsabschlüsse.

Dem wollten die Berufsbildungsinstitutionen nicht zustimmen, da damit das Prinzip der Gleichwertigkeit von beruflicher und allgemeiner Bildung unterlaufen würde. Der Konflikt wurde nicht gelöst, sondern durch einen Kompromiss stillgestellt und vertagt: Die drei- und dreieinhalbjährigen Ausbildungen werden der Stufe 4 des DQR zugeordnet, auf eine Zuordnung allgemeinbildender Schulabschlüsse zum DQR wurde verzichtet, da ihre Anerkennung im europäischen Rahmen durch völkerrechtliche Staatsverträge geregelt sei (vgl. BMBF 2012).[4]

Für die Frühpädagogik findet der Konflikt seinen Ausdruck in der Kontroverse über die Zuordnung der fachschulischen Erzieherinnen- und Erzieherausbildung zur Stufe 6 des DQR, auf der auch der erste berufsbefähigende Hochschulabschluss, der Bachelor, verortet ist. Für die Stufe 6 wurde im DQR ein Konsens über die Gleichwertigkeit hochschulischer und nicht hochschulischer Abschlüsse erzielt: Die Qualifikationen der Absolventinnen und Absolventen von Fachschulen (Fortbildungsabschlüsse wie Fachwirte, Meister) und der Absolventinnen und Absolventen eines Bachelorstudiums werden hier gleichgestellt. Auf diesen Gleich-

4 Nach fünf Jahren sollen alle Zuordnungen erneut beraten und gemeinsam auf der Grundlage kompetenzorientierter Ausbildungsordnungen und kompetenzorientierter Bildungsstandards für die Berufsausbildung beziehungsweise für die allgemeinbildenden Schulen entschieden werden (ebd.).

stellungskompromiss können sich auch die Fachschulen für Sozialpädagogik berufen. Offen bleibt dabei, ob man von einheitlichen Niveaus der Fachschulbildungsgänge ausgehen kann, wenn es sich bei den Fachschulen für Techniker und andere um Fortbildungsgänge, bei den Fachschulen für Erziehung im Regelfall um eine Erstausbildung handelt.

Institutionelle Segmentierung in der Berufsbildung und die Sonderstellung personenbezogener Dienstleistungsberufe

Das Problem der Gleichwertigkeit unterschiedlicher Ausbildungspfade wird in wenigen Ländern ähnlich intensiv diskutiert wie in der Bundesrepublik. Dies liegt an der institutionellen Gespaltenheit zwischen den beiden Hauptausbildungssystemen, der dualen Berufsausbildung und der Hochschulausbildung, die Übergänge zwischen ihnen schwer macht und auch die berufliche Mobilität zwischen den von ihnen jeweils mit Fachkräften unterschiedlicher Provenienz belieferten Beschäftigungsbereichen weitgehend einschränkt. Insofern markiert das deutsche »Bildungs-Schisma« (Baethge 2007) immer zugleich soziale Klassengrenzen, die sich in Einkommensdifferenzen, gesellschaftlichen Teilhabechancen und Statusunterschieden niederschlagen.

Der sozialen Spaltung entspricht die Differenz in der Ausbildungssystematik, die eine Durchlässigkeit von der Berufsausbildung zur Hochschule verhindert, obwohl sie bildungspolitisch seit über einem halben Jahrhundert immer wieder gefordert worden ist. Aber sie ist auch nicht einfach politisch zu dekretieren, wenn im einen Fall theoretisches und analytisches Denken, das andere Mal praktische Erfahrung die Ausbildungsprozesse fundiert. Selbst wenn im Laufe der letzten Jahrzehnte beide Ausbildungspfade Elemente des jeweils anderen adaptiert haben, sind die differenten Grundprinzipien in beiden Ausbildungssystemen bisher leitend geblieben.

Dass beide Ausbildungssysteme über das 20. Jahrhundert relativ friktionsfrei und, ohne dramatische ökonomische Havarien hervorzurufen, nebeneinander existieren konnten, ist nicht selbstverständlich, sondern hat etwas mit dem spezifischen Industrialisierungspfad Deutschlands zu tun. Dieser basierte bereits früh auf einer Qualitätsproduktion, die gegen das Massenproduktionsparadigma ihre Marktposition über die Qualität der Produkte zu sichern versuchte, sich darin bis heute auf dem Weltmarkt behaupten konnte und zur ökonomischen Grundlage für Wohlfahrtsstaat und Wohlstandsentwicklung in Deutschland wurde. Qualifikatorisch stützte sich dieser Industrialisierungspfad auf Facharbeiterkompetenz und wissenschaftliches Expertentum, also auf die Qualifikationen, die durch die beiden skizzierten Hauptausbildungsinstitutionen geschaffen wurden und werden. Das Nebeneinander beider (institutionell gegeneinander separierten) Ausbildungsformen war deshalb möglich, weil die Industrie bis weit in die zweite Hälfte des 20. Jahrhunderts hinein relativ wenig Wissenschaftlerinnen und Wissenschaftler – vor allem in Forschung und Entwicklung – benötigte und das Rückgrat der Produktion die Facharbeiterinnen und Facharbeiter bildeten, die man nach dem Muster der Handwerkslehre mit schon früh vorgenommenen industriespezifischen Modifikationen ausbildete (vgl. Baethge 2008; Greinert 1998).

Mit dieser Doppelstruktur der Ausbildung verbinden sich auch unterschiedliche Verberuflichungskonzepte: Das eine ist in der handwerklichen Tradition in der alltäglichen Arbeitssituation von Fachkräften und ihrem sozialen Bedeutungskontext, das andere eher als Professionalisierung in einer wissenschaftlichen Ausbildung und den normativen Vorstellungen ihrer Anwendungsfelder verankert. Zwischen den beiden begrifflichen Konstrukten, die man idealtypisch als die beiden Pole beruflicher Handlungsorientierung und Vergesellschaftung in Deutschland begreifen kann (Daheim 2001, S. 23), lassen sich auch aktuelle Entwicklungstendenzen beruflicher Arbeit verorten. Quantitativ expandiert dabei der hochschulgestützte Professionalisierungstyp schneller (Konsortium Bildungsberichterstattung 2006, S. 225). Das Beharrungsvermögen des beruflichen Ausbildungstyps wurzelt darin, dass die Wachstumsdynamik der Industrieproduktion auch einen Ausbau kaufmännischer, technischer und verwaltender Dienstleistungstätigkeiten nach sich zog, auf die die erfolgreiche industrielle Ausbildungsverfassung übertragen wurde, jedenfalls soweit sie direkt oder indirekt auf die Industrieproduktion bezogen waren.

Neben und außerhalb der Industrialisierungsdynamik entwickelte sich ein Berufsausbildungssystem unterhalb der Hochschulebene für die personenbezogenen Dienstleistungstätigkeiten, das fast ein Jahrhundert im Schatten und unter dem Druck der dualen Berufsausbildung stand, was seine schulische Organisation, seine Attraktivität und Wahrnehmung in der öffentlichen Aufmerksamkeit angeht (vgl. Krüger 2004; Feller 2005). Die Ursprünge dieser heute in Fach- oder Berufsfachschulen vermittelten Ausbildungen vor allem für die Sozial- und Gesundheitsdienstberufe (einschließlich der frühkindlichen Erziehung) gehen auf die zweite Hälfte des 19. Jahrhunderts zurück und haben viel damit zu tun, für die Töchter der bürgerlichen Schichten eine berufliche Bildung zu etablieren und – im Bereich frühkindlicher Erziehung – zugleich Betreuungsmöglichkeiten für die sich ansonsten oft selbst überlassenen Kinder von erwerbstätigen Frauen zu schaffen (Roßbach 2008, S. 286 ff.).

Dieses Ausbildungssystem war und ist schulisch institutionalisiert. Der Gegensatz zur betrieblichen Institutionalisierung des dualen Systems bedeutet, dass der Ausbildungsvertrag mit einem schulischen Träger abgeschlossen wird und die Ausbildung zumeist in Vollzeit an einer gesetzlich anerkannten Berufsfachschule, Fachschule oder Schule des Gesundheitswesens erfolgt. Die schulische Vertragskonstruktion heißt nicht, dass es keine Praxisanteile in der Ausbildung gäbe. Ihr Gewicht variiert zwar von Schultyp zu Schultyp, oftmals aber ähneln die Praxisanteile (zum Beispiel bei der Ausbildung zu Krankenpflegerinnen und Krankenpflegern) in ihrem Umfang denen in der dualen Ausbildung, vor der sich das schulische System, um als gleichwertig zu erscheinen, auch immer wieder legitimieren zu müssen scheint.

Da die Schulberufsausbildungen nach Länderrecht geregelt sind, kann es auch zu regionalen Differenzen in den Curricula kommen. Sieht man von diesen ab, so gliedert sich die in der Regel dreijährige Erzieherinnen- und Erzieherausbildung in eine zweijährige schulische Ausbildung sowie ein einjähriges wissenschaftlich begleitetes Berufspraktikum (Roßbach 2008, S. 301 f.). Für die meisten Schulberufsausbildungen gelten – anders als für die duale Ausbildung, in der keine rechtlichen Zugangsbarrieren existieren – entweder altersmäßige (zum Beispiel 18 Jahre) oder schulische Voraussetzungen (mittlerer Bildungsabschluss).

Die Probleme der aktuellen DQR-Debatte resultieren vor allem daraus, dass die drei großen Berufsbildungssysteme unterschiedlichen institutionellen Ordnungen folgen, die sowohl die politische Steuerung und Finanzierung als auch die Kriterien und Standards für Zielsetzungen, Organisation und Verhalten des Personals in den jeweiligen Ausbildungssystemen prägen. Damit konstituieren sie zugleich Interessen, Erwartungen und Verhaltensroutinen des Personals wie auch der Auszubildenden (Baethge 2007, S. 97 ff.). Tabelle 1 zeigt die wesentlichen Unterschiede der drei Ausbildungssysteme.

Mit Blick auf die institutionellen Differenzen wird deutlich, dass innerhalb der drei großen Berufsausbildungssysteme die Ähnlichkeiten zwischen dem dualen und dem Schulberufssystem größer sind als zwischen beiden und der Hochschulausbildung: Beide sind in der Zielperspektive auf berufliche Handlungskompetenz in einem aus den Qualifikationsanforderungen des Beschäftigungssystems definierten Beruf ausgerichtet, während die Hochschulausbildung (idealiter) wissenschaftliche Kompetenzen in aus der Wissenschaft heraus definierten Disziplinen anstrebt (vgl. Tabelle 1).

Mag diese grundlegende Differenz in der Realität vieler Ausbildungsgänge auch relativiert werden, so konstituiert sie im Ansatz doch unterschiedliche Curricula und Ausbildungspraktiken, die für die ganze Professionalisierungsfrage von entscheidender Bedeutung sind. Die Hochschulausbildung entwickelt ihren Wissenskanon im Kontext und entlang des theoretischen Erkenntnisgewinns und der Forschung. Beide Formen der mittleren Berufsausbildung orientieren ihre Curricula und Ausbildungsordnungen an den sich wandelnden Anforderungen der Berufs- und Betriebspraxis. Dass in wissensbasierten Ökonomien in diese auch neues Wissen im Rahmen zunehmender Durchdringung der Praxis mit wissenschaftlichen Resultaten eingeht, hebt die Differenz nicht auf, da das hier eingehende Wissen immer auf je betriebliche Zielsetzungen zugeschnitten ist. Hinzu kommt, dass in einem Großteil der – vor allem dualen – Ausbildungen eine mangelnde Integration (fach-)theoretischer und praktischer Ausbildungssequenzen anzutreffen ist.

Tabelle 1: Segmentation von Hochschulausbildung, dualer Berufsausbildung und Schulberufsausbildung

	Hoch-/ Fachhochschule	**Duale Berufsausbildung**	**Schulberufs-system**
Dominante Zielperspektive	Wissenschaftliche Kompetenzen	Berufliche Handlungskompetenz/domänenspezifisch	Berufliche Handlungskompetenz
Bezugspunkte für Lernzieldefinition und Curricula	Kanon repräsentativen systematisierten wissenschaftlichen Wissens	Arbeitsmarkt und Beschäftigungsstruktur; wirtschaftlicher Bedarf an Qualifikationen	Handlungsrelevantes Wissen aus Bezugsdisziplinen und systematisiertes Alltagswissen aus sozialen Feldern
Politische Steuerung, Aufsicht (Qualitäts-)Kontrolle	Staatliche (demokratische) Kontrolle durch die Bundesländer	Korporatistische Selbstverwaltung der Wirtschaft	Staatlich durch Bundesländer/ Hintergrund: Träger
Finanzierung	Öffentliche (Länder, Kommunen)	Primär privat durch Ausbildungsbetriebe; ergänzend Länder für Berufsschulen	Überwiegend öffentlich oder von Trägern und privaten Beiträgen
Status des Lernenden	Studierende(r)/ Schüler(in)	Auszubildende(r) im Arbeitsverhältnis	Schüler(in)
Instruktionsprinzip/ Organisation der Lernprozesse	Praxisenthoben in eigenen Organisationen	Praxisintegriert (Verbindung von Arbeit und Lernen)	Schulisch (praxisenthoben) mit Praktikumsphasen
Professionalität des Personals	Professionalisiert; öffentl. Dienst mit Ausbildung an Hochschulen	Nicht- bis semiprofessionell; private Arbeitsverträge	Professionell und semiprofessionell; öffentl. Dienst und private Arbeitsverträge

Quelle: eigene Darstellung

Die duale Berufsausbildung und das Schulberufssystem weisen damit ein ähnliches Professionalisierungsdefizit auf, soweit man Professionalisierung entsprechend der klassischen Professionalisierungstheorie an wissenschaftliche Ausbildung bindet. Dass zu Letzterem zunehmend mehr Anlass besteht, wird sich in der weiteren Argumentation zeigen. Bei den schulischen Ausbildungen mag dieses Defizit im Durchschnitt etwas weniger stark zu Buche schlagen, weil ihre funktionale und organisatorische Heterogenität in der Ausbildungsdurchführung etwas geringer ist als bei der dualen Berufsausbildung; alle weiteren Merkmale der institutionellen Ordnungen der Ausbildungssysteme weisen im Durchschnitt in eine solche Richtung:

- Dies gilt für die *Finanzierung*, die beim dualen System von der Wirtschaftskraft der Ausbildungsunternehmen abhängig ist, unter denen viele Mittel- und Kleinunternehmen mit begrenzten Ressourcen vertreten sind;
- für die *Organisation der Lernprozesse*, in denen die schulische Organisation ein Mehr an Systematik verspricht als die arbeitsintegrierte Unterweisung – vor allem in Klein- und Mittelbetrieben;
- schließlich auch für die *Professionalität des Ausbildungspersonals*, das im Falle der dualen Ausbildung oft aus nicht oder allenfalls semiprofessionellen Kräften, bei Schulberufsausbildungen eher mit professionellen (Hochschulstudium) oder semiprofessionellen Kräften (Letztere insbesondere bei Schulen in freier Trägerschaft) besteht.
- Vergleichsweise gering ist die Differenz des Merkmals *politische Steuerung der (Qualitäts-)Kontrolle*, weil hier in der dualen Ausbildung bundeseinheitliche Ausbildungsordnungen als Standards verbindlich sind und die Kammern ein dichtes Netz von Ausbildungsbeauftragten aufgebaut haben, die die einzelnen Betriebe beraten und kontrollieren.

Entwicklungstendenzen von Arbeit und Wissen

Die Einstufung von Ausbildungsabschlüssen in die Systematik des Europäischen Qualifikationsrahmens sollte sich nicht nur am Status quo orientieren. Vielmehr sollte sich der Blick auch auf die strukturellen Entwicklungen von Arbeit und Wissen richten, um nicht immer hinter dem beruflichen Strukturwandel hinterherzuhinken. Es könnte sein, dass das industrialistische Berufsbildungsparadigma, das bis heute in der mittleren Fachkräfteausbildung normativ dominiert, nicht nur wegen des stark rückläufigen Gewichts der Industriearbeit innerhalb der Beschäftigtenstruktur seine dominierende Rolle für die Ausbildung der Fachkräfte auf der mittleren Ebene einzubüßen begonnen hat, sondern auch, weil sich der Typus der Erwerbsarbeit inhaltlich verändert hat. Dem ist in beiden Richtungen, der quantitativen und der qualitativen, nachzugehen.

Nachdem, nach *Wirtschaftszweigen* betrachtet, der sekundäre Sektor (Waren produzierendes Gewerbe) 1970 noch 47 Prozent aller Erwerbstätigen beschäftigte, sank sein Anteil bis Ende der 1990er-Jahre auf etwa 33 Prozent (vgl. Baethge 2001, S. 25) und fiel bis 2005 auf 26 Prozent, während in den gleichen Zeiträumen die Erwerbstätigkeit in den Wirtschaftszweigen des Dienstleistungssektors von 43 Prozent (1970) über 64 Prozent (1999) auf 72 Prozent (2005) anstieg (Helmrich/Zika 2010, S. 89).

Nimmt man statt der Betrachtung nach Wirtschaftszweigen die *Berufstätigkeiten* als Zuordnungsmerkmal, so liegen die produktionsbezogenen Tätigkeiten (einschließlich Landwirtschaft) 2005 bei noch 21 Prozent, die Dienstleistungstätigkeiten bei annähernd 79 Prozent. Ein Großteil der Beschäftigungsdynamik wird von den Berufshauptfeldern »Gesundheits- und Sozialberufe«, »Körperpflege« sowie »Lehrberufe« – also den personenbezogenen Dienstleistungen im engeren Sinne – getragen, die auch in der Projektion bis 2025 hohe Zuwachsraten aufweisen, während die produktionsbezogenen Berufe auf unter ein Fünftel zurückgehen werden (vgl. Abbildung 1).

Die Zahlen veranschaulichen, wie sehr sich in einem Zeitraum von knapp 40 Jahren die Beschäftigtenstruktur gewandelt hat. In unserem Zusammenhang noch interessanter ist die Frage, wie sich das inhaltliche Profil der Tätigkeiten, auf das die Kompetenzdimensionen von EQR und DQR zielen, in den letzten Jahrzehnten verändert hat. Analysen weisen hier auf eine große funktionale Heterogenität hin (vgl. Helmrich/Zika 2010). Angesichts einer solchen Vielfalt ist es einigermaßen vermessen, auch nur die Frage zu stellen, ob sich bei der Fülle der Dienstleistungstätigkeiten etwas Gemeinsames finden lässt, ob sich jenseits der Vielfalt funktional bestimmter Tätigkeitsprofile so etwas wie ein gemeinsamer inhaltlicher Kern finden ließe, der einen Unterschied zur industriellen Herstellungsarbeit markiert und auf andere Qualifikationen und Kompetenzen verweist.

Abbildung 1: Erwerbstätige 2005 bis 2025 nach Berufshauptfeldern

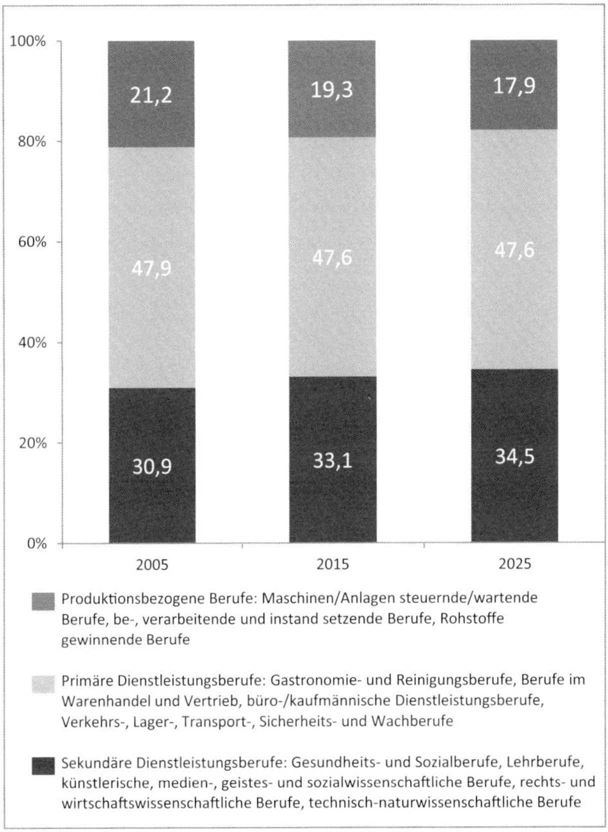

Quelle: Helmrich/Zika 2010, S. 93

Kohn (1977) hatte in einer säkularen Perspektive die Erwerbstätigkeiten in drei große (Ideal-)Typen differenziert: »Umgang mit Sachen«, »Umgang mit Personen« und »Umgang mit Symbolen«. Historisch betrachtet konnte man den Umgang mit Sachen auf die landwirtschaftliche und industrielle Produktion beziehen, in denen durch die Bearbeitung von natürlichen oder von Menschen geschaffenen Materialien nützliche Gegenstände hergestellt wurden.

Demgegenüber lassen sich die Tätigkeitstypen »Umgang mit Personen« und »Umgang mit Symbolen« eher Dienstleistungsarbeiten zuordnen, im ersten Fall eher personenbezogenen Tätigkeiten des Pflegens, Heilens, Beratens und Erziehens/Unterrichtens, im zweiten Fall eher kaufmännischen, verwaltenden und wissenschaftlichen Dienstleistungen. Allerdings erscheint eine solche historische Zuordnung etwas sehr holzschnittartig. Fruchtbar machen für die Analyse gegenwärtiger Arbeitsprozesse lassen sich die drei Typen am ehesten, wenn man sie jeweils als in einer Tätigkeit dominierenden und strategisch zentralen Inhalt begreift, der sich in konkreten Arbeitsvollzügen immer mit den anderen Typen mischt.

So gibt es vermutlich wenig industrielle Herstellungsarbeiten (»Umgang mit Sachen«), bei denen heute nicht ein hohes Maß an Wissens- und Informationsverarbeitung (»Umgang mit Symbolen«) und personale Kooperation (»Umgang mit Personen«) erforderlich wäre. Entsprechendes könnte man für kaufmännische und verwaltende Dienstleistungen (»Umgang mit Symbolen« dominant) und personenbezogene Dienstleistungen (»Umgang mit Personen« dominant) durchspielen.

Wenn es in dem hier anstehenden Kontext um frühkindliche Bildung und Erziehung geht, lässt sich die weitere Argumentation auf die personenbezogenen Dienstleistungen zuspitzen, wie sie besonders in den Tätigkeiten der beiden Berufshauptfelder »Gesundheits- und Sozialberufe, Körperpflege« und »Lehrberufe« wahrgenommen werden. Vor allem für diese Tätigkeiten, aber nicht nur für sie, ist in der neueren Arbeitssoziologie die Kategorie »*interaktive Arbeit*« entwickelt worden (vgl. Böhle/Glaser 2006; Böhle 2011; Böhle/ Voß/Wachtler 2010).

Neuer Arbeitstypus: personenbezogene Dienstleistungstätigkeit als interaktive Arbeit[5]

Wie man als das Gemeinsame von inhaltlich unterschiedlichen Industrietätigkeiten die technisierte Auseinandersetzung mit Gegenständen verstehen kann, so lässt sich *Interaktivität* als Gemeinsames von personenbezogenen Dienstleistungstätigkeiten im Sinne eines neuen, in der Erwerbsstruktur dominanten Arbeitstypus begreifen, der eine ähnliche, einheitsstiftende Bedeutung für diesen Zweig der Dienstleistungsökonomie gewinnen kann, wie es die technische Auseinandersetzung mit Gegenständen für die Industrieökonomie hatte und hat.

Wo immer sie auch ausgeübt werden: Überall sind personenbezogene Dienstleistungstätigkeiten *interaktive Arbeit*. Das heißt eine Arbeit, die

5 Die folgenden Passagen sind eng an den zweiten Teil des Aufsatzes von M. Baethge, »Kompetenzentwicklung und Beruflichkeit – auf dem Weg zur Professionalisierung der Dienstleistungsarbeit« angelehnt (in Reichwald u. a. 2012).

unmittelbar bedürfnisbezogen auf ein konkretes Gegenüber gerichtet ist, dessen Wille die Richtschnur für das Arbeitshandeln abgibt (bzw. abgeben sollte), selbst wenn der Wille oder das Bedürfnis nicht in präzisen Anweisungen artikuliert werden kann. Das Bedürfnis des Gegenübers – das ein Patient im Pflege- und Gesundheitswesen wie auch ein Kind in der Kindertagesstätte sein kann – zu präzisieren und gemeinsam Wege zu seiner Befriedigung zu erarbeiten, macht den Kern der Interaktivität von Dienstleistungsarbeit aus. Das Gegenüber ist nicht nur Adressat, sondern zugleich Mitproduzent der Tätigkeit (vgl. schon früh Badura/Gross 1976 und Gross 1983).

Hierin liegt ein fundamentaler Unterschied zur Industriearbeit, in der Interaktion beziehungsweise Kommunikation Mittel zum Zweck war (und ist), während sie hier wesentlicher Inhalt ist. Man sollte beide Modi der Interaktion bei Arbeitsprozessen analytisch unterscheiden, auch wenn sie in der Realität oft in engem Bezug zueinander stehen: Interaktion als *Kooperation* mit Arbeitskollegen und Vorgesetzten zur Produktherstellung und Interaktion als *Kommunikation* mit Kundinnen und Kunden oder Klientinnen und Klienten als Form der unmittelbaren Bearbeitung von Bedürfnissen.

Man sollte sich davor hüten, die Kategorie der interaktiven Arbeit zu idealisieren und sie stillschweigend zu einem Realtypus der Arbeit hochzustilisieren, der den Alltag aller personenbezogenen Dienstleistungstätigkeiten bestimmt. Die Gefahr der Idealisierung liegt überall dort nahe, wo nur die arbeitsprozessliche Seite von Interaktionsarbeit betrachtet und die Seite ihrer institutionellen Einbettung ausgeklammert wird (zum Beispiel Dunkel/Weihrich 2010), die zur Erfüllung des Tätigkeitsinhalts aber unabdingbar dazugehört, weil sie oft Restriktionen durch hierarchische Anweisungs- und Arbeitsteilungsformen sowie materielle Bedingungen setzen kann und deswegen auch Gegenstand der Ausbildung sein muss.

Die Handlungsstruktur interaktiver Arbeit lässt sich idealtypisch entlang der arbeitssoziologischen Kategorien Zielperspektive, Arbeitsinhalt, Leistungstyp, individuelle Handlungsregulation im Arbeitsprozess und externe Steuerung der Handlungssituation beschreiben:

- Die *Zielperspektive* individueller Bedürfnisbefriedigung von Klientinnen und Klienten oder Patientinnen und Patienten ist in der Regel in organisationell definierten Kontexten zu realisieren, muss gleichwohl oft unter der Bedingung von Unbestimmtheit in Bezug auf das konkrete Bedürfnis des Interaktionspartners erreicht werden.
- Den dominanten *Arbeitsinhalt* als thematisch zentrierte Kommunikation zu definieren, besagt, dass es nicht abstrakt um Kommunikation geht,

sondern diese immer auf ein Thema bezogen ist und von Berufs(themen)feld zu Berufsfeld wechselt. Da die Kommunikation immer auf Inhalte und Interessen von Klientinnen und Klienten oder Patientinnen und Patienten bezogen ist, wurzeln die erforderlichen Skills der Dienstleister auch in berufsfachlichen Kompetenzen und erschöpfen sich nicht in Kommunikationstechniken.

- Der *Leistungstyp* beziehungsweise das *Leistungsprofil* dieses Arbeitstypus besteht größtenteils aus situationenbezogenen Interpretations- und Entscheidungsleistungen, die gegebenenfalls mit praktischen, auch technischen Interventionen verknüpft sein können – zum Beispiel in der Pflege, bei Gesundheitsdiensten, in der Erziehung. Interpretations- und Entscheidungshandeln zeigen unmittelbar in der Situation Wirkung, müssen dem Adressaten/Koproduzenten der Dienstleistung vermittelt und unter Umständen revidiert werden. Die Rekursivität des Arbeitshandelns erfordert große Antizipationsfähigkeit und ausgeprägte kommunikative Sensibilität.
- In Bezug auf die *individuelle Handlungsregulation* verlangt ein solches Leistungsprofil den Tätigen ein hohes Maß an Selbstorganisation, Selbstreflexion und Selbstkontrolle im konkreten Arbeitsprozess ab. Zu Selbstkontrolle und Selbstreflexion gehört nicht zuletzt die Kontrolle der eigenen Gefühle und Stimmungen (vgl. Böhle/Glaser 2006).[6] Diese Art der Selbstregulation ist nicht allein als individuelles Postulat zu begreifen. Ohne institutionelle Hilfestellungen stehen die Dienstleister in der Gefahr permanenter Selbstüberforderung und Verunsicherung, die sich beide fast unausweichlich negativ auf die Dienstleistungsqualität auswirken – sei es in Form von Überinvolvement oder Ungeduld und Bevormundung des Gegenübers, sei es in Form von Resignation.
- Bezogen auf die *Steuerung der Arbeitssituation* bei interaktiver Arbeit durch das betriebliche Management ist immer wieder betont worden, dass ihrer Standardisierbarkeit bei den Angeboten und der Rationalisierbarkeit der Arbeitsabläufe Grenzen gesetzt seien (vgl. Böhle/Glaser 2006; Oberbeck 2001). In Pflege- und Erziehungsprozessen scheint sich das von selbst zu verstehen, wird in der Realität durch Pensumsregeln und Gruppengrößenvorgaben aber oft negiert.

Mit dem Hinweis auf betriebliche Steuerungsformen interaktiver Dienstleistungsarbeit ist die bisher in der arbeitsprozesslichen Argumentation noch ausgesparte Seite, die systemische Einbindung der Arbeit, ange-

6 Mangelnde Selbstkontrolle kann zu beträchtlichen Störungen und Abbrüchen der Kommunikation führen: Ein falsches Wort im Kindergarten, eine Unaufmerksamkeit in der Pflege, eine unangemessene Belehrungsattitude im Beratungsgespräch – die Folgen kann sich jeder schnell ausmalen.

sprochen. Wie alle Erwerbsarbeit aber ist auch der Typus der interaktiven Arbeit in die institutionellen Ordnungen eingebunden, in denen sich Wirtschaft und Gesellschaft bewegen und die auch in staatlichen oder in freier Trägerschaft organisierten Arbeitsprozessen wirken. Auch wenn interaktive Arbeit »durch die betriebliche Herrschaft nur begrenzt organisierbar ist« (Dunkel/Weihrich 2010, S. 177), beeinflussen die institutionellen Steuerungsparameter und -formen dennoch die Gestaltung der Arbeit. Ob man an fiskalische Zwänge bei der Bestimmung von Gruppengrößen in Kindertageseinrichtungen, Betreuungsrelationen in der Pflege oder an einzelbetriebliche Kostenkalküle bei technischer Rationalisierung oder Pensumsvorgaben von personenbezogenen Dienstleistungsprozessen denkt: Die Qualität der Arbeit und mit ihr die der Dienstleistung ist tangiert, ohne dass man vorab immer genau sagen könnte in welcher Richtung.

Für das Spannungsverhältnis zwischen arbeitsprozesslichen Anforderungen und institutionellen Systemvorgaben sowie seinen problematischen Wirkungen bei interaktiver Arbeit existieren genügend empirische Evidenzen, die auch die Problemaspekte des institutionellen Settings sichtbar machen. Neben den bereits erwähnten Spannungszonen, zum Beispiel bei Personalbemessungsvorgaben, gibt es andere, unter denen die vielleicht gewichtigsten die Spannungszonen sind, die sich aus stark bürokratisch-hierarchisierten Organisationsformen und aus rigiden Leistungssteuerungs- und -kontrollformen ergeben.

Als instruktives Beispiel hierfür lässt sich das Klinikwesen mit seiner Zentrierung auf das Chefarzt-Prinzip und engen Verantwortungsdefinitionen für jede Status- und Beschäftigtengruppe heranziehen. So sehr klare Kompetenzabgrenzungen unter dem Gesichtspunkt eindeutig zuschreibbarer Verantwortlichkeiten ihren Sinn haben mögen, in der Prozessdurchführung sind sie vielfach mit Ambivalenz und Dysfunktionalität verbunden: Ob man an Einschüchterung und Demotivation beim untergeordneten medizinischen Personal oder die mangelnde Nutzung des Wissens der Pflegekräfte über das Befinden der Patienten denkt – es sind Einschränkungen der medizinischen Versorgungsqualität, die jeder erfahren hat, der einmal längere Klinikaufenthalte wahrnehmen musste.

Die Beispiele für konstitutive Spannungen beziehungsweise Widersprüche ließen sich beliebig fortsetzen. Hier soll nur noch auf ein zunehmend wichtiger werdendes Problem hingewiesen werden: Da die überwiegende Mehrheit der Beschäftigungsverhältnisse bei den personenbezogenen Dienstleistungen von Frauen wahrgenommen wird, entsteht vor dem Hintergrund der familialen Arbeitsteilungsstereotype oft ein Konflikt zwischen den Arbeitszeitanforderungen der Dienstleistungsorganisationen und privaten Zeiterfordernissen. Die für viele personenbezogene Dienstleistungen konstitutive Entgrenzung von Arbeitszeit in Form von Schicht- und Nachtarbeit wie auch von unvorhersehbarer Verfügbarkeit über vertraglich vereinbarte Zeiten hinaus kollidiert leicht mit familialen Verpflichtungen.

Der Wandel der Wissensformen

Der berufliche Strukturwandel der Erwerbsarbeit verbindet sich auch mit einem folgenreichen Wandel der Wissensgrundlagen, der drei Ausdrucksformen aufweist: zum einen die Expansion von hoch qualifizierten Berufen, die in der Regel ein Studium voraussetzen; zum anderen eine alle Erwerbstätigkeit betreffende Tendenz zur Anhebung des Qualifikationsniveaus, insbesondere der kognitiven Kompetenzen; drittens schließlich eine Verlagerung des dominanten Wissenstypus von implizitem Erfahrungswissen zu theoretischem und explizitem Wissen.

Es gibt keine anderen Qualifikationsgruppen, deren Beschäftigungsvolumen in den letzten Jahrzehnten so stark expandiert ist wie das der Hochqualifizierten. Erwerbstätige mit Hochschulabschluss erreichen zu Beginn der 2000er-Jahre einen Anteil von über einem Viertel an allen Erwerbstätigen. Die Haupteinsatzfelder liegen dabei bei den sekundären Dienstleistungstätigkeiten (vgl. Abbildung 1), zu denen auch die Sozial- und Gesundheitsdienstberufe zählen. In den sozialen Berufen (inklusive Erzieherinnen und Erzieher) wird eine Quote von über 40 Prozent Akademikerinnen und Akademiker erreicht (Baethge 2011, S. 450).

Für die zweite Tendenz – den Anstieg des durchschnittlichen Qualifikationsniveaus – kann man nicht zuletzt auf die kontinuierliche Erhöhung der Eingangsvoraussetzungen für die Berufsausbildung verweisen. Die gesamte Bildungsexpansion lässt sich weitgehend auf diesen epochalen Trend zurückführen. Er bedeutet allerdings nicht, dass gering qualifizierte Arbeit verschwände, sie hat aktuell einen Anteil von etwa einem Sechstel an allen Erwerbstätigen (Baethge 2011, S. 449). Wiederum sind es besonders die personenbezogenen Dienstleistungen, die von dieser Tendenz profitieren (vgl. Abbildungen 1–3).

Möglicherweise am folgenreichsten für die Organisation beruflicher Ausbildung ist die dritte Tendenz, die man im Anschluss an Polanyi (1985) und Nonaka/Takeuchi (1997) als Entwicklung von der Dominanz impliziten zur Vorherrschaft expliziten Wissens beschreiben kann. Implizites beziehungsweise Erfahrungswissen ist dadurch charakterisiert, dass es in unmittelbaren Lebens- und Arbeitszusammenhängen angeeignet wird, an die Person und an den Kontext gebunden und schwer übertragbar und verallgemeinerbar ist; handwerkliches Geschick und Wissen können als Inbegriff dieses Wissenstypus gelten. Demgegenüber umfasst explizites oder systematisches Wissen alle Formen kodifizierten Wissens, das in praxisenthobenen Einrichtungen (zum Beispiel Schulen, Hochschulen, Forschungsstätten) generiert und vermittelt wird; sein systematischer Charakter und seine Kontextungebundenheit machen es relativ leicht übertragbar. Dieser Wissenstypus wird allgemein als zentrales Merkmal nachindustrieller Gesellschaften angesehen.

Wie bei den Arbeitstypen handelt es sich auch bei den beiden Wissensformen um idealtypische Konstruktionen auf hohem Abstraktionsniveau, die in der Realität in vielfältigen Kombinationen auftauchen. In Arbeitszusammenhängen kommt heute Erfahrungswissen selten ohne systematisches Wissen als Grundlage für Erfahrungsverarbeitung aus. Ebenso wenig kann in praktischen Anwendungszusammenhängen systematisches/explizites Wissen auf Erfahrung verzichten. Weil das so ist, müssen auch beide Berufsbildungssysteme auf die Tendenz reagieren: die mittleren Ausbildungsgänge mit Verstärkung theoretischer Wissensanteile, die Hochschulen mit Verstärkung praktischer Erfahrungsanteile (Praktika in dualen Studiengängen und anderes). Bis zu einem gewissen Grad haben wir es mit einer konvergenten Entwicklung von beiden Ausbildungsebenen zu tun, die neue Perspektiven für Durchlässigkeit und Verbindung der Ausbildungsbereiche eröffnet. Möglicherweise ergeben sich auch neue Perspektiven für die Einordnung in den DQR.

Kompetenzprofil und Qualifikationsstruktur

Man kann das Kompetenzprofil interaktiver Arbeit am klarsten an dem Tätigkeitsbereich der personenbezogenen Dienste im Gesundheits-, Sozial- und Pflegebereich erörtern, der die Merkmale interaktiver Arbeit am umfassendsten repräsentiert. Für sie liegt eine international vergleichende Studie mit 85 Experten aus acht europäischen Ländern vor. Mithilfe einer vierstufigen Skala wurde anhand von siebzehn authentischen Prüfungsaufgaben aus der praktischen Alltagsarbeit das Kompetenzprofil der Fachkräfte auf der mittleren Ebene (das heißt unterhalb des Hochschulniveaus) in »Social and Health Care« ermittelt.

Abbildung 2: Kompetenzprofil bei Social and Health Care-Berufen (internationale Untersuchung)*

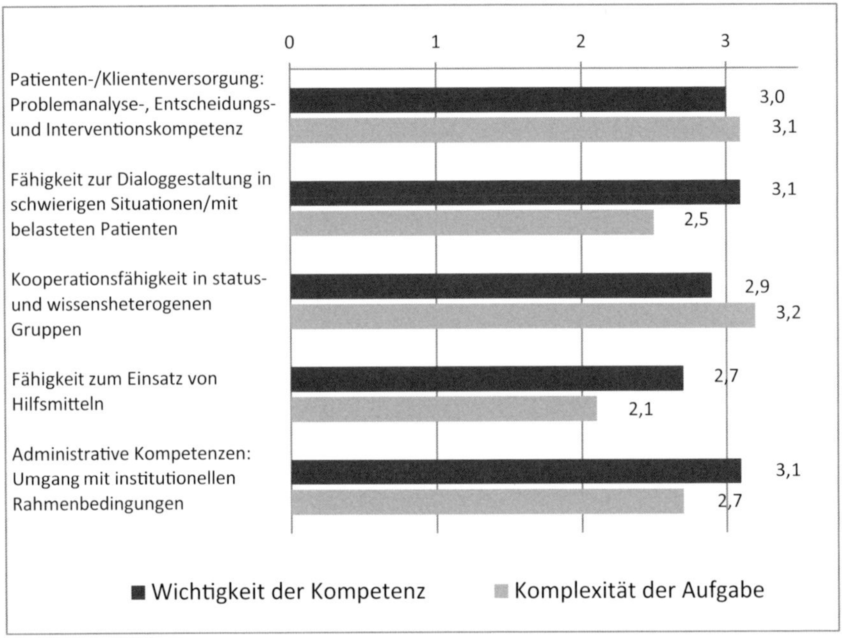

* Mittelwerte Länder

Quelle: Baethge/Arends (2009, S. 85 ff.), eigene Berechnung

Das Kompetenzprofil bei den Social and Health Care-Berufen[7] veranschaulicht in seinen Beschreibungskategorien eindrucksvoll den engen Zusammenhang zwischen Wissens- und Kommunikationskompetenzen, der bei den Beschäftigten der entsprechenden Berufsbereiche zur Erfüllung ihrer Aufgaben gegeben sein muss. Im Zentrum der Kompetenzen stehen zum einen – auf der Wissensebene – Problemanalyse und Entscheidungsfindungsfähigkeit sowie hohes fachliches Wissen (für inter- und intradisziplinäre Kooperation) und institutionelles Regelwissen. Bei den komple-

7 Die Berufsfeldbezeichnung ist nicht einfach ins Deutsche zu übersetzen. Der englische Begriff reflektiert eine neue Berufsausbildungssystematik in den skandinavischen Ländern (vor allem in Dänemark), die für Gesundheitsdienst, Pflege und weitere Sozialberufe eine einheitliche Grundbildung vorsieht und in Deutschland die Ausbildungsbereiche der Kranken- und Altenpflege sowie stationäre Pflege im Kinder und Jugendbereich umfassen würde.

xen und mehrdimensionalen Wissenskompetenzen ist entscheidend, dass die Fachkräfte situationsspezifisch mit ihnen umgehen können und wissen, wie sie in Zweifelsfällen ihr eigenes Wissen ergänzen können.

Die Wissenskompetenzen mischen sich – zum anderen – auf der Kommunikationsebene mit einer hohen kommunikativen Sensibilität und Reflexivität für wechselnde schwierige Situationen, die in wenigstens drei Kommunikationsarenen zur Anwendung kommen: in der Kommunikation mit Patienten, mit Kollegen und mit Vorgesetzten und Ämtern bzw. anderen Dienstleistern.[8] Aufschlussreich erscheint nicht zuletzt, dass technischen Kompetenzen (»Fähigkeit zum Einsatz von Hilfsmitteln«) von den internationalen Experten die relativ geringste Wichtigkeit und eine sogar unterdurchschnittliche Komplexität zugewiesen wird (vgl. Abbildung 2).

Die in der Regel weit überdurchschnittlichen Werte der Ratings bei den Kompetenzdimensionen zeigen an, dass es sich mehrheitlich um länderübergreifende Kompetenzentwicklungen handelt, die mehr mit den Tätigkeitsbereichen als mit ländertypischen Regulationen der Tätigkeiten zu tun haben (vgl. Baethge/Arends 2009).

Weitet man den Betrachtungshorizont auf weitere Dienstleistungsfelder aus, so werden die Ergebnisse für die Gesundheits- und Pflegeberufe in der Tendenz, das heißt bei den zentralen Kompetenzdimensionen des analytischen Wissens und der Kommunikationskompetenz, bestätigt. Für Deutschland zeigt die Studie von Hall (2007) die Bedeutung beider Wissensdimensionen sowohl für die primären als auch – und noch entschieden stärker – für die sekundären Dienstleistungen.

Analytisches *Wissen* wird hier als komplexe Verbindung unterschiedlicher Qualifikationen gesehen, die sich aus der Aufgabenvielfalt, der Lösung unvorhergesehener Probleme, schwierigen Entscheidungssituationen, in der Vermittlung schwieriger Sachverhalte an Dritte sowie der Reflexion auf eigene Wissenslücken und deren Schließung ergibt. Derartige Qualifikationsanforderungsinhalte prägen bei einem sehr breiten Spektrum von Dienstleistungstätigkeiten das Alltagshandeln, wobei sich je nach Tätigkeitsniveau Unterschiede in ihrer Gewichtung zeigen, die durchaus signifikant sind (Hall 2007, S. 180).

8 Zu diesen Kompetenzen kann man auch die Ressourcen zählen, die in neuen organisationspsychologischen Ansätzen mit »psychological capital« bezeichnet werden und zu denen Selbstwirksamkeitsüberzeugungen, Optimismus, Zähigkeit bei Verfolgung von Zielen und Hoffnung gezählt werden (vgl. Avey u. a. 2010).

Abbildung 3: Anforderungen an Methodenkompetenzen

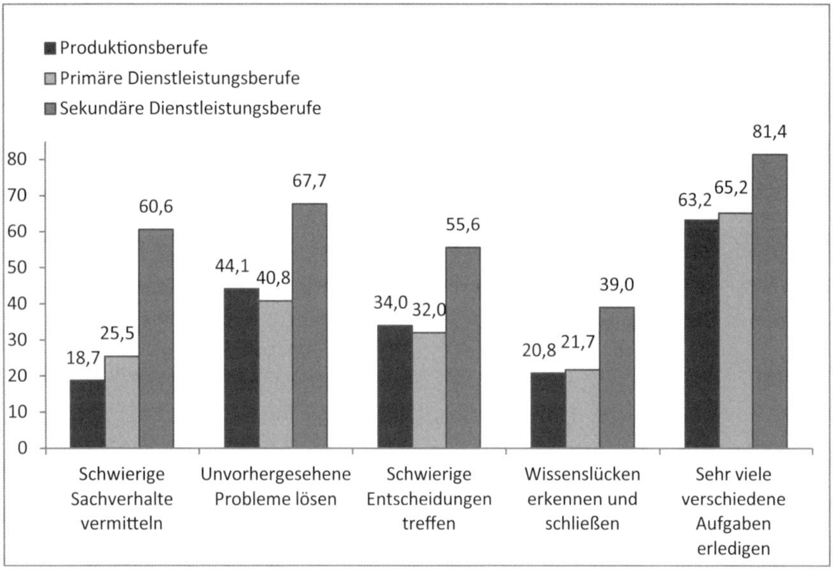

Quelle: Hall (2007, S. 180), eigene Präsentation

Kommunikation stellt in den meisten personenbezogenen Dienstleistungsberufen den funktionalen Kern der Arbeit dar. Dementsprechend wird die Fähigkeit zur sozialen Kommunikation gleichsam zur fächerübergreifenden Basiskompetenz. Fächerübergreifend heißt allerdings nicht, dass sich die Kommunikation mit Patientinnen und Patienten und Klientinnen und Klienten nicht auf je spezifische Inhalte richtete und fachliche Kompetenzen für die Bewältigung von Interaktionssituationen keine Rolle spielten. Dies hat man im Auge zu behalten, wenn man die sehr hohen Bewertungen (in der Regel zwischen 50 Prozent und 70 Prozent der Nennungen) betrachtet, die die Anforderungen »Kontakt zu Kunden, Klienten oder Patienten«, »Andere überzeugen und Kompromisse aushandeln« oder »Besondere Verantwortung für andere Menschen« bei den Beschäftigten in den primären und sekundären Dienstleistungsberufen erhalten (Hall 2007, S. 180).[9]

9 Lediglich das Item »Besondere Verantwortung für andere Menschen« wird von Beschäftigten der primären Dienstleistungsfelder nur mit 33 Prozent genannt.

Abbildung 4: Anforderungen an Sozialkompetenzen nach Berufssektoren

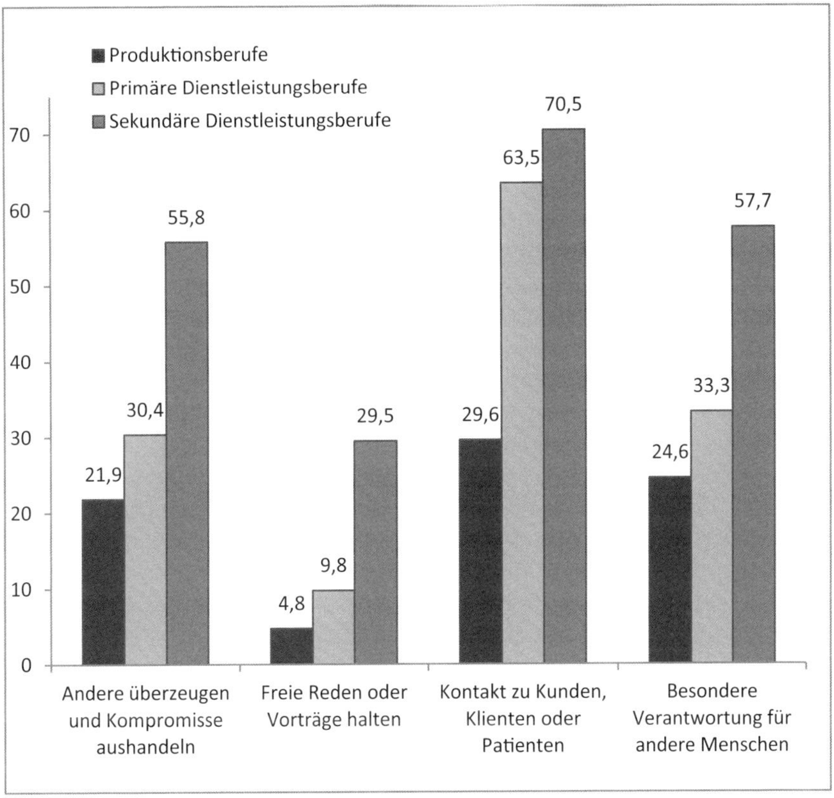

Quelle: BIBB/BAuA Erwerbstätigenbefragung 2006 (Hall 2007, S. 180), eigene Präsentation

Beide Abbildungen (3 und 4) zeigen die Differenzen sowohl zwischen den im Durchschnitt auf unterschiedlichem Qualifikationsniveau liegenden primären und sekundären Dienstleistungen als auch zwischen Produktions- und Dienstleistungsberufen. Durchgängig sind die höchsten Ausprägungen bei beiden Kompetenzclustern – analytische Methoden und kommunikative Kompetenz – bei den sekundären Dienstleistungsberufen zu finden.

Professionalität und Professionalisierung

Die Betrachtung des Typus *interaktive Arbeit* und der mit ihm verbundenen Qualifikationsanforderungen und Kompetenzen lässt sich – wiederum idealtypisch – zu einem professionellen/beruflichen Profil verdichten: Auf der Ebene des Arbeitsprozesses ist dieses vor allem durch eigenständiges Interpretations- und Problemlösungsverhalten, durch Selbstverantwortlichkeit für situative Entscheidungen und Selbstreflexion auf die Konsequenzen des eigenen Tuns für Patientinnen und Patienten/Klientinnen und Klienten charakterisiert (vgl. dazu auch Dewe/Otto 2011, S. 1150). Auf der Ebene der Kompetenzen und Verhaltensdispositionen, die für solches Tun erforderlich sind, stehen hohe bis mittlere Fachkompetenzen, Bereitschaft und Fähigkeit zu Verantwortungsübernahme und Selbstkontrolle, kommunikative Sensibilität und Orientierung an allgemeinen, organisationsübergreifenden Werten beruflichen Handelns (Berufsethos), die gegebenenfalls auch die Bereitschaft zum Widerstand gegenüber organisationellen Parametern und Zielvorgaben einschließen.

Ein solches berufliches Profil, dessen Kern eine hohe Selbstständigkeit im Arbeitshandeln ist, lässt sich ohne eine berufliche Identität der Dienstleister kaum vorstellen. Berufliche Identität meint dabei eine relativ dauerhafte, situationsübergreifende Motivation zur und innere Verbundenheit mit der spezifischen Tätigkeit und Arbeitsrolle, die aufgrund von Außenwahrnehmung und -anerkennung auch Teil der sozialen Identität ist. Aus der beruflichen Sozialisationsforschung ist bekannt, dass ein solches Berufs- oder Professionsverständnis nur begrenzt vom Katheder in Ausbildung oder Studium nachhaltig vermittelt werden kann, sondern vor allem in der Praxis im Sinne einer »Sozialisation durch den Beruf« (Heinz 1995, S. 42) angeeignet wird.

Somit kommt der Praxis in den Arbeitsorganisationen selbst entscheidende Bedeutung für Herausbildung und Aufrechterhaltung von Beruflichkeit und beruflicher Identität zu. Fehlt dem beruflichen Handeln der Dienstleister in den Arbeitskontexten die soziale Anerkennung, die für die Ausfüllung ihrer Arbeitsrolle notwendig ist, drohen berufliches Fehlverhalten und Einbußen an Dienstleistungsqualität. Soziale Anerkennung in Arbeitsorganisationen bezieht sich nicht nur und vorrangig auf das materielle Entgelt. Sie muss sich manifestieren in der alltäglichen organisationellen Wertschätzung der Kompetenz der Mitarbeiterinnen und Mitarbeiter in Form von klaren Verantwortungszuweisungen, die Dienstleistungstätigen Handlungs- und Entscheidungsspielräume eröffnen, von Selbstorganisation in Gruppen und einer eigenen Position gegenüber Vorgesetzten, von Weiterbildungs- und beruflichen Entfaltungsmöglichkeiten.

Zur Beantwortung der Frage, wie Beruflichkeit in ihrer doppelten Perspektive als individuelle Verhaltens- und soziale Anerkennungsform sichergestellt werden kann, lassen sich aus der Berufssoziologie vor allem zwei Konzepte anführen, die im letzten Jahrhundert als Professionalisierungspfade weitreichende praktische Wirkungen gezeitigt haben: das im deutschsprachigen Raum bevorzugte *Berufskonzept*, das für die mittlere Fachkräfteebene am *Berufs- und Sozialtyp des Facharbeiters* modelliert worden ist (vgl. Kurtz 2001) und das im angloamerikanischen Raum entwickelte *Professionskonzept*, das schwerpunktmäßig an Hochqualifizierten und Akademikertätigkeiten orientiert ist (Kurtz 2001 S. 12f.).

Der Verberuflichungspfad »Facharbeit« ist unter der Hand in Deutschland zum normativen Modell für Berufsarbeit auf der mittleren Ebene überhaupt geworden (Baethge 2001, S. 23f.). Er zeichnet sich aus durch eine stark arbeitsintegrierte Ausbildung, klare Funktionszuweisungen und Statusattribute in der betrieblichen Arbeit, Produzentenstolz als Kern beruflicher Identität, relativ hohe soziale Wertschätzung und eigene gewerkschaftliche Interessenvertretung (Baethge 2001, S. 31f.).

Eine Übertragung dieses Verberuflichungsmodells auf personenbezogene Dienstleistungen, die in den letzten Jahrzehnten immer wieder gefordert worden ist, könnte jedoch mehr Probleme schaffen als lösen. Denn sie blendet die spezifischen Konstitutionsbedingungen für die berufliche Identität des Typus Facharbeiter in kollektiven Herstellungsprozessen und allgemeiner Wahrnehmbarkeit der Produkte aus. Zwar ist Berufsstolz auch für interaktive Dienstleistungsarbeit ein zentrales Moment der individuellen und sozialen Identität und wichtige Grundlage für die Qualität der Arbeit, muss aber in dieser anders definiert werden, und zwar in einer Weise, die dem individualisierten Charakter der Tätigkeit und ihren nach außen oft nicht deutlich wahrnehmbaren Ergebnissen Rechnung trägt. Berufliche Identität bei Dienstleistungstätigkeiten wurzelt mehr in den individuellen Kompetenzen und inneren Verhaltensdispositionen als in äußerlich sichtbaren Effekten und Attributen. Die Schwierigkeiten der Sichtbarmachung von Arbeit und Arbeitsresultaten können leicht zu verzerrter oder gar ausbleibender öffentlicher Wertschätzung und Anerkennung führen (Fischer 2010, S. 242ff.), was wiederum die beruflichen Perspektiven einschränken kann.

Das Verberuflichungsmodell des industriellen Facharbeiters scheint von seinen Konstitutionsbedingungen her für eine Übertragung auf den Typus *interaktive Dienstleistungsarbeit* wenig geeignet. Sowohl die arbeitsprozesslichen Anforderungen – hohe Selbstständigkeit bei der Wahrnehmung von Interaktionssituationen und Entscheidungsfindung sowie Selbstkontrolle und Orientierung des Arbeitshandelns an organisationsübergreifenden Werten von Dienstleistungsqualität – als auch ihr Kompetenzprofil – hohe Wissens-, Kommunikations- und Arbeitsgestaltungskompetenz – verleihen interaktiver Dienstleistungsarbeit eher eine Affinität zum klassischen Professionskonzept.

In Anlehnung an Parsons (1939) basiert das klassische strukturell-funktionalistische Professionskonzept auf hohem, exklusivem Fachwissen, Selbstständigkeit in der Arbeitsdurchführung, Orientierung des beruflichen Handels an einem verbindlichen, dem Gemeinwohl verpflichteten Berufsethos und Selbstkontrolle der Berufsausübung durch Gruppenorganisation (Kammern). Modell für dieses Konzept standen die freien akademischen Professionen der Ärzte, Rechtsanwälte und anderer Professionen. So sehr die zentralen Merkmale dieses Professionskonzepts eine Nähe zu dem Typus interaktive Arbeit signalisieren, so wenig scheint es geeignet, die »Professionalisierungsbedürftigkeit« (Dewe/Otto 2011, S. 1135) interaktiver Dienstleistungsarbeit lösen zu können.

Ein Teil der Gründe dafür ist in der wissenschaftlichen Debatte über das Konzept formuliert worden. Gegen die Intention Parsons, der – wie Knöbl (2001, S. 121) ausführt – in den modernen Professionen durchaus einen in Kompetenz und Orientierung an universalistischen Werten begründeten Gegenpol zum kapitalistischen Profitdenken sah, verengten sich die Professionen zu Standesmonopolen für Selbstständige, und es entstanden Erstarrungs-, Beherrschungs- und Abschottungstendenzen gegenüber neuen Berufsgruppen (zum Beispiel im Fall der Ärzte gegenüber den paramedizinischen Berufen); das Prinzip Selbstkontrolle ist immer weniger tragfähig, und beruflich exklusive Organisationen sind immer weniger demokratie- und markttheoretisch zu legitimieren (Dewe/Otto 2011, S. 1138f.).

Selbst wenn sich die aufgeführten Kritikpunkte durch neue Regulationsformen entkräften ließen, bliebe das Argument stichhaltig, dass wir es bei den klassischen Professionen mit einer Organisationsform für Selbstständige zu tun haben, während die überwiegende Mehrheit der in personenbezogenen Dienstleistungstätigkeiten Beschäftigten in abhängiger, organisationsgebundener Arbeit tätig ist. Als abhängig Beschäftigte brauchen sie unabdingbar neben einer hoch qualifizierten Ausbildung berufliche Organisationsformen, die professionelle Standards in Betrieben über Instrumente von Tarif- und Rahmentarifverträgen durchsetzen und ihre Einhaltung verbindlich kontrollieren können.

Berufsverbände können das wegen ihrer fehlenden Tariffähigkeit bisher nicht leisten. Es bleiben in der deutschen Situation also vor allem die Dienstleistungsgewerkschaften. Aber auch sie können die Entwicklung und Sicherung professioneller Standards in der Arbeit nur leisten, wenn sie ihre Politik nicht allein in der Arbeitskraftperspektive, die alle abhängig Beschäftigten verbindet, auf Arbeitsbedingungen richten, sondern die spezifischen Bedürfnisse der unterschiedlichen Berufsgruppen ernst nehmen und einem umfassenden Professionalisierungskonzept folgen, das auch die Verbindung von professionellem Zuschnitt der Dienstleistungsarbeit und Dienstleistungsqualität für Patientinnen und Patienten, Klientinnen und Klienten vor der Öffentlichkeit sichtbar machen kann und die Adressaten der Dienstleistung auch als Koalitionspartner der Interessenwahrnehmung begreift.

Fazit

Die Kontroverse, die den Anlass für dieses Buch gab, ist nicht einfach zu entscheiden, schon gar nicht von einem Fachfremden. Es lassen sich nur einige Koordinaten angeben, innerhalb derer die Kontroverse zu erörtern ist. Nimmt man die Arbeit von Erzieherinnen und Erziehern als personenbezogene Dienstleistungstätigkeiten par excellence, dann handelt es sich vom Tätigkeits- und Kompetenzprofil her tendenziell um eine hoch qualifizierte Arbeit, die die Mehrheit der Kompetenzdeskriptoren des DQR-Niveau 6 erfüllen: »breites und integriertes Wissen einschließlich der wissenschaftlichen Grundlagen ... sowie eines kritischen Verständnisses der wichtigsten Theorien«; »breites Spektrum an Methoden zur Bearbeitung komplexer Probleme«; »in Expertenteams verantwortlich arbeiten«, »Ziele für Lern- und Arbeitsprozesse definieren, reflektieren und bewerten und Lern- und Arbeitsprozesse eigenständig und nachhaltig gestalten« (Arbeitskreis Deutscher Qualifikationsrahmen 2011, S. 7).

Sicherlich können solche Kompetenzen in unterschiedlichen Ausbildungseinrichtungen – sowohl an Hoch- als auch an Fachschulen – vermittelt werden. Die Fachschulen müssen sich, wenn sie mit der Niveaueinstufung 6 nicht nur einen Statuseffekt anstreben wollen, fragen, wie weit sie die angedeuteten Kompetenzstandards erfüllen. Analoges würde für die Hochschulen bezogen auf die praktischen Aspekte gelten (die Beantwortung stößt allerdings auf die Schwierigkeit, dass es bisher kaum konsensfähige Operationalisierungen für Kompetenzen des DQR gibt).

Es ist aber fraglich, ob die Kontroverse allein auf Basis der Tätigkeitsanforderungen des Arbeitsalltags und des Berufsprofils befriedigend beantwortet werden kann oder ob man nicht die Situation der Disziplin »Frühpädagogik« und des Berufsfelds »frühkindliche Erziehung und Bildung« insgesamt mit in den Blick nehmen sollte. Hier tritt eine Diskrepanz zwischen starker Expansion des Berufsfelds mit hohem Fachkräftebedarf (vgl. Rauschenbach in diesem Band) und einer – verglichen mit anderen Wissenschaftsdisziplinen – noch sehr jungen Disziplin auf.

Da auf lange Sicht hohe Professionalität an wissenschaftliche Ausbildung in der Einheit von Lehre und Forschung (und zwar nicht nur angewandte, sondern auch Grundlagenforschung) gebunden ist, ist ein Ausbau der Hochschuldisziplin für den Nachwuchs auf allen Qualifikationsstufen wichtig und dürfte die Attraktivität des ganzen Berufsfelds heben. Ob der notwendig erscheinende Professionalisierungsschub durch die gleichwertige Einstufung von Fachschul- und Hochschulausbildung befördert würde, ist zu diskutieren in einem Fach, das in der öffentlichen Wahrnehmung lange Zeit als noch weniger wissenschaftsaffin angesehen wurde als große Teile der Lehrerausbildung in der Vergangenheit.

Literatur

Arbeitskreis Deutscher Qualifikationsrahmen (AK DQR) (2011): Der Deutsche Qualifikationsrahmen für lebenslanges Lernen. Berlin

Avey, James B./Luthans, Fred/Smith, Ronda M./Palmer, Noel F. (2010): Impact of Positive Psychological Capital on Employee Well-Being Over Time. In: Journal of Occupational Health Psychology 2010, Vol. 15, No. 1, S. 17–28

Badura, Bernhard/Gross, Peter (1976): Sozialpolitische Perspektiven. München

Baethge, Martin (2001): Abschied vom Industrialismus. In: Baethge, Martin/Wilkens, Ingrid (Hrsg.): Die große Hoffnung für das 21. Jahrhundert? Perspektiven für die Entwicklung der Dienstleistungsbeschäftigung. Opladen. S. 23–44

Baethge, Martin (2007): Das deutsche Bildungs-Schisma, in: Lemmermöhle, Doris/Hasselhorn, Marcus (Hrsg.): Bildung-Lernen. Göttingen, S. 93–116

Baethge, Martin (2008): Das berufliche Bildungswesen in Deutschland am Beginn des 21. Jahrhunderts. In: Cortina, Kai S./Baumert, Jürgen/Leschinsky, Achim/Mayer, Karl Ulrich/Trommer, Luitgard (Hrsg.): Das Bildungswesen in der Bundesrepublik Deutschland. Reinbek, S. 541–598

Baethge, Martin (2011): Qualifikation, Kompetenz und Professionalisierung im Dienstleistungssektor. In: WSI-Mitteilungen 9/2011, S. 447–455

Baethge, Martin/Arends, Lena (2009): Feasibility Study VET-LSA. A comparative analysis of occupational profiles and VET programmes in 8 European countries – international report. Bielefeld

Böhle, Fritz (2011): Interaktionsarbeit als wichtige Arbeitstätigkeit im Dienstleistungssektor. In: WSI-Mitteilungen 9/2011, S. 456–461

Böhle, Fritz/Glaser, Jürgen (2006): Arbeit in der Interaktion – Interaktion als Arbeit. Arbeitsorganisation und Interaktionsarbeit in der Dienstleistung. Wiesbaden

Böhle, Fritz/Voß, Günter/Wachtler, Günther (2010): Handbuch Arbeitssoziologie. Wiesbaden

Bundesministerium für Bildung und Forschung (BMBF) (2012): Vereinbarung vom 31.10.12 zum Deutschen Qualifikationsrahmen. Berlin

Busemeyer, Marius R. (2009): Europäisierung der deutschen Berufsbildungspolitik. In: Aus Politik und Zeitgeschichte Nr. 45/02.11.2009

Daheim, Hansjürgen (2001): Berufliche Arbeit im Übergang von der Industrie- zur Dienstleistungsgesellschaft. In: Kurtz, Thomas (Hrsg.): Aspekte des Berufs in der Moderne. Opladen. S. 21–38

Dewe, Bernd/Otto, H.-U. (2011): Professionalität. In: Otto, Hans-Uwe/ Thiersch, Hans (Hrsg.): Handbuch für Soziale Arbeit. München, S. 1143–1153

Dorn, Barbara/Nackmayr, Tanja (2007): Neue Strukturen in der dualen Ausbildung: Die Vorschläge der BDA bieten zusätzliche Gestaltungschancen. In: BWP, 4, S. 51

Drexel, Ingrid (2005): Das duale System und Europa: Ein Gutachten im Auftrag von ver.di und IG Metall. Vereinte Dienstleistungsgewerkschaft. Berlin

Dunkel, Wolfgang/Weihrich, Margit (2010): Arbeit als Interaktion. In: Böhle, Fritz/Voß, Günter/Wachtler, Günther. (Hrsg.): Handbuch Arbeitssoziologie, Wiesbaden, S. 177–200

Europäisches Parlament und Rat der Europäischen Union (2005): Richtlinie 2005/36/EG des europäischen Parlamentes und des Rates vom 7. September 2005 über die Anerkennung von Berufsqualifikationen (2005/L 255/22)

Europäisches Parlament und Rat der Europäischen Union (2008): Empfehlung des Europäischen Parlaments und des Rates vom 23. April 2008 zur Einrichtung des Europäischen Qualifikationsrahmens für Lebenslanges Lernen (2008/C 111/01)

Feller, Gisela (2005): Stellenwert der Berufsfachschulen im neuen Gesetz. In: Berufsbildung in Wissenschaft und Praxis (BWP), S. 17–22

Fischer, Ute Luise (2010): »Der Bäcker backt, der Maler malt, der Pfleger ...« – Soziologische Überlegungen zum Zusammenhang von Professionalität und Wertschätzung in der Kranken- und Altenpflege. In: Arbeit. Zeitschrift für Arbeitsforschung, Arbeitsgestaltung und Arbeitspolitik. H. 4/2010, S. 239–252

Greinert, Wolf-Dietrich (1998): Das »deutsche System« der Berufsausbildung: Tradition, Organisation, Funktion (3. überarb. Aufl.). Baden-Baden

Gross, Peter (1983): Die Verheißung der Dienstleistungsgesellschaft. Soziale Befreiung oder Sozialherrschaft? Opladen

Hall, Anja (2007): Tätigkeiten, berufliche Anforderungen und Qualifikationsniveau in Dienstleistungsberufen. In: Walden, Günther (Hrsg.): Qualifizierungsentwicklung im Dienstleistungsbereich. Bonn, S. 153–208

Heinz, Walter R. (1995): Arbeit, Beruf und Lebenslauf, Weinheim und München

Helmrich, Robert/Zika, Gerd (Hrsg.) (2010): Beruf und Qualifikation in der Zukunft. Bonn (Bielefeld)

Knöbl, Wolfgang (2001): Spielräume der Modernisierung. Weilerswist

Kohn, Melvin (1977): Reassessment 2nd edition of »Class and Conformity«. Chicago

Konsortium Bildungsberichterstattung (2006): Bildung in Deutschland. Ein indikatorengestützter Bericht mit einer Analyse zu Bildung und Migration. Bielefeld

Krüger, Helga (2004): Zur Datenlage vollzeitschulischer Berufsausbildung. In: Baethge, Martin/Buss, Klaus-Peter/Lanfer, Carmen (Hrsg.): Expertisen zu den konzeptionellen Grundlagen für einen nationalen Bildungsbericht: Berufliche Bildung und Weiterbildung/Lebenslanges Lernen. Berlin. S. 141–164

Kuda, Eva/Strauß, Jürgen (2006): Der Europäische Qualifikationsrahmen. Chancen oder Risiken für Arbeitnehmer und ihre berufliche Bildung in Deutschland?. In: WSI-Mitteilungen 2006/11, S. 630–637

Kurtz, Thomas (2001): Das Thema Beruf in der Soziologie. Eine Einleitung. In: ders. (Hrsg.), Aspekte des Berufs in der Moderne. Opladen 2001, S. 7–20

Nonaka, Ikujiro/Takeuchi, Hirotaka (1997): Die Organisation des Wissens. Frankfurt

Oberbeck, Herbert (2001): Zum Verhältnis von Dienstleistungsqualität und Dienstleistungsbeschäftigung. In: Baethge, Martin/Wilkens, Ingrid (Hrsg.): Die große Hoffnung für das 21. Jahrhundert? Opladen, S. 71–84.

Parsons, Talcott (1939): The Professions and Social Structure. In: Social Forces 17, S. 457–467

Polanyi, Michael (1985): Implizites Wissen. Suhrkamp

Powell, Justin/Bernhard, Nadine/Graf, Lukas (2012): Amerikanisierung oder Europäisierung der (Aus-)Bildung? Die Bologna- und Kopenhagenprozesse und das neue europäische Modell der Hochschul- und Berufsbildung. In: KfSS, Sonderheft 52/2012, S. 437–458

Reichwald, Ralf/Frenz, Martin/Hermann, Sybille/Schipanski, Agnes (Hrsg.) (2012): Zukunftsfeld Dienstleistungssarbeit: Professionalisierung – Wertschätzung – Interaktion. Wiesbaden

Roßbach, Hans-Günther (2008): Vorschulische Erziehung, in: Cortina, Kai S./Baumert, Jürgen/Leschinsky, Achim/Mayer, Karl Ulrich/Trommer, Luitgard (Hrsg.): Das Bildungswesen in der Bundesrepublik Deutschland. Reinbek, S. 283–323

Ständige Konferenz der Kultusminister der Länder/Bundesministerium für Bildung und Forschung/Wirtschaftsministerkonferenz/Bundesministerium für Wirtschaft und Technologie (KMK/BMBF/WMK/BMWi) (2013): Gemeinsamer Beschluss zum Deutschen Qualifikationsrahmen für lebenslanges Lernen. Berlin

Von der privaten Sorge zum professionalisierten Dienst am Menschen

Eine genderspezifische und berufspädagogische Analyse

Marianne Friese

Blickt man aus einer Gender-Perspektive auf die Professionalisierung von Care Work[1], so zeigt sich in der »longue-dureé« (Braudel 1977) der Moderne[2] ein höchst ambivalentes Verhältnis von Öffnung und Schließung weiblicher Berufsfelder. Historisch betrachtet wurden im Zuge der Transformation zur Industriegesellschaft in Deutschland auf Basis einer naturalistisch begründeten Konstruktion von Mütterlichkeit, geschlechtlich codierte Berufsstrukturen konstituiert, die mit der Zuweisung von Frauen für private und berufliche Sorgearbeit im Feld haushälterischer, pflegerischer und sozialer Arbeit zwar *Öffnungen für weibliche Bildungsräume* geschaffen haben. Jedoch wurden mit der historisch gewachsenen Institutionalisierung von geschlechtlich segmentierten Ausbildungs- und Berufsstrukturen *auf der Basis der »Professionalisierung von Mütterlichkeit« zugleich Schließungs- und Marginalisierungsprozesse* vorbereitet, die sich bis heute als wirksame Stolpersteine einer Professionalisierung von Care Work erweisen. Für die Entwicklung hierzulande lässt sich festhalten, dass Ausbildungs- und Berufsstrukturen deutliche Gendermarkierungen aufweisen, verbunden mit der Geringschätzung sozialer, erzieherischer, pflegerischer und haushaltsnaher Tätigkeiten.

Gegenüber diesem Modernisierungsrückstand deuten sich gegenwärtig gleichwohl Reformoptionen an. Empirisch zu beobachten sind im Zuge von Globalisierung und Dienstleistungsentwicklung zwei parallel verlaufende Trends, die eine professionswirksame Neujustierung personenbezogener Berufsbildung erfordern. Der erste Trend betrifft die wachsenden Bedarfe an qualifizierten Fachkräften und dienstleistungsförmigen Ange-

---

1 Der Begriff Care wird im Sinne von (für-)sorgender Arbeit auf personenbezogene Dienstleistungsberufe (»Frauenberufe«) in den Berufsfeldern Erziehung und Soziales, Hauswirtschaft und Ernährung sowie Pflege und Gesundheit und somit auf Care Work bezogen.

2 Der Modernisierungsbegriff bezieht sich auf bildungssoziologische Modernisierungstheorien mit Blick auf epochale Transformationsprozesse von der »einfachen« zur »reflexiven« Moderne, die sich im Zuge des Wandels von der Industriegesellschaft zur Dienstleistungs- und Wissensgesellschaft in einem widersprüchlichen Prozess von Rückentwicklungen und Fortschritt vollziehen (vgl. Beck 1993). Genau in diesem Spannungsfeld werden personenbezogene Dienstleistungsberufe analysiert.

boten im Feld der personenbezogenen, sozialen und familienunterstützenden Dienstleistungen, bedingt durch eine älter werdende Gesellschaft und steigende Frauenerwerbstätigkeit. Diese Entwicklung trifft auf den Wandel des (Berufs-)Bildungsbegriffs: Vor dem Hintergrund europäischer Leitbilder gewinnen die Themen frühkindliche Bildung und lebenslanges Lernen ebenso wie Alltags- und Lebensweltkompetenzen in der beruflichen Bildung an Bedeutung. Aus diesen Entwicklungen ergeben sich neue Professionsanforderungen auf allen Ebenen der beruflichen und akademischen Bildung.

Der folgende Beitrag greift dieses Spannungsverhältnis von Modernisierungsrisiken und professionswirksamen Gestaltungsoptionen aus genderspezifischer und berufspädagogischer Perspektive auf. Er betrachtet Professionsdefizite wie auch aktuelle Professionalisierungsprozesse im Gesamtfeld der personenbezogenen Dienstleistungsberufe, bestehend aus den Segmenten Erziehung und Soziales, Hauswirtschaft und Ernährung sowie Pflege und Gesundheit. Frühpädagogische Bezüge werden besonders berücksichtigt und zugleich »Schnittstellen« zu den Berufsbereichen Gesundheit und Pflege sowie Ernährung und Hauswirtschaft identifiziert.

Nachdem zunächst eine *historische Einordnung personenbezogener Dienstleistungen* im Rahmen der Berufsstruktur in Deutschland erfolgt, werden im zweiten Schritt *Fachkräftebedarfe und Reformen* der Ausbildungslandschaft beschrieben. Es folgen konzeptionelle Ausführungen zu *Profession und Kompetenz*. Die Befunde werden anschließend mit Fragen zur *Akademisierung personenbezogener Fachrichtungen* verbunden. Hierzu werden eine Standortbestimmung personenbezogener Studiengänge in der deutschen Hochschullandschaft vorgenommen und Ziele für Kompetenz- und Curriculums-Entwicklung formuliert.

Historische Entwicklung der Ausbildungs- und Berufsstrukturen

Ohne die Bezüge zu historisch gewachsenen Ausbildungs- und Berufsstrukturen sowie zu aktuellen empirischen Entwicklungen des Arbeitsmarktes und der Berufsbildung können professionswirksame Konzepte für personenbezogene Fachrichtungen nicht systematisch entwickelt werden. Denn personenbezogene Berufsbildung steht in einem spezifischen Spannungsverhältnis zwischen historisch gewachsenen Strukturen von »Semi-Professionalität« in der Industriegesellschaft und wachsenden Professionsbedarfen im Zuge der Transformation zur Dienstleistungsgesellschaft. Aus der Perspektive personenbezogener Arbeit vollzieht sich der Beginn der Dienstleistungsgesellschaft in Deutschland bereits mit der Herausbildung der Sozial- und Erziehungsberufe, der Gesundheits- und Pflegeberufe sowie der hauswirtschaftlichen Berufe im 19. Jahrhundert.

Aus bildungstheoretischer Perspektive ist bedeutsam, dass die normative Grundlage dieser Entwicklung an das mit der Aufklärungspädagogik naturalistisch begründete Konzept der *Geschlechterdifferenz* und den Ausschluss des weiblichen Subjekts aus dem Rationalitätsdiskurs der Moderne anschließt und zugleich erziehungswissenschaftliche Konzepte der »Allgemeinbildung« und »besonderen Frauenbildung« begründet. So formuliert Rousseau bereits im Jahre 1762 ein Geschlechtskonstrukt, das die (berufs-)pädagogische Theoriebildung nachhaltig prägt. Im Unterschied zu *Emile*, dem die Fähigkeit zur Individuation auf der Basis des Naturdenkens zugeordnet wird, beruht die Sozialisation der *Sophie* auf einer Basis des Gefühls, der Emotionalität und sozialer Bezüge. In der Geschichte der europäischen Pädagogik und Philosophie ist das differenztheoretische Paradigma der polaren Geschlechtscharaktere und der »Kulturaufgabe der Frau« konstituiert.

Dieses Konstrukt fließt in die im 18. Jahrhundert vollzogene Begründung des modernen Berufsbegriffs, der den Wandel vom ständischen Geburtsprivileg zum bürgerlichen Leistungsdenken und zur Individualisierung der Berufswahl markiert. Im Spannungsfeld von »allgemeiner« und »spezieller« Bildung, das für die bis in die Gegenwart wirksame Ungleichheit zwischen höherer und beruflicher Bildung weichenstellend wirkt, werden mit der Industriepädagogik und Arbeitserziehung im »Geiste des Kapitalismus« (Weber 1920) durch Campe im Jahre 1789 analog zu den Gemeinschaftstugenden und staatsbürgerlichen Pflichten der Männer die *häuslichen Berufsaufgaben und Mutterpflichten* der Frau explizit zum berufsförmig ausgestalteten Faktor konzipiert. Dieses Konstrukt des pädagogischen Jahrhunderts wird in der Folgezeit an jene Bildungsaufgabe gebunden, die im soziologischen Dialog des 19. Jahrhunderts von Georg Simmel und Marianne Weber schon mit dem Begriff der *»subjektiven Kultur des Hauses«* gewürdigt wird (vgl. Wobbe 1995).

Eine Folge ist die ebenfalls differenztheoretisch begründete Konstitution der »Frauenberufe« im 19. Jahrhundert. Es ist die Frauenbewegung selbst, die den Diskurs der Aufklärung im Zuge der Institutionalisierung der sozialen, pflegerischen und haushälterischen Berufe sowie der höheren nicht akademischen Mädchen- und Frauenbildung aufgreift. Mit Ausnahme von einigen Radikalen wie beispielsweise Hedwig Dohm, die eine Aufhebung der Geschlechterdifferenz, Koedukation und wissenschaftliche Emanzipation fordert, knüpfen die Gemäßigten im Bund Deutscher Frauenvereine (BDF) an das Differenzkonstrukt an. Verknüpft mit einer

Moraldebatte wird das Leitbild der »Kulturaufgabe der Frau« mit dem Prinzip der »organisierten Mütterlichkeit« zum berufspädagogischen Programm erhoben.

Mit der Institutionalisierung des Berufsbildungssystems schließen sich Anfang des 20. Jahrhunderts berufspädagogische Konzepte auf der Basis des Leitbildes Differenz und Mütterlichkeit an. Mit Kerschensteiners (1902, S. 12) normativem Leitbild der »Erziehung zum Weibe« wird ein »Sonder«-Berufsschulsystem für Mädchen begründet und die Trennung der Geschlechter und Einordnung in zwei Berufsbildungssysteme mit unterschiedlichen Wertesystemen vollzogen. Während die männliche Facharbeiterausbildung mit der Orientierung am Berufsprinzip und der Entwicklung spezifischer Qualitätsstandards in der dualen Ausbildung verankert wird, mündet die Ausbildung für haushaltsnahe, pflegerische, versorgende und soziale Frauenberufe, basierend auf der normativen Basis der Kulturaufgabe der Frau, vornehmlich in vollzeitschulische Formen.

Die Etablierung der nicht-akademischen Lehrerinnenbildung, der hauswirtschaftlichen sowie sozialberuflichen und pflegerischen Ausbildung markiert den Ausgangspunkt eines spezifischen weiblichen Verberuflichungsprozesses. Ein geringes Maß an Professionalisierung, Standardisierung, Tarifierung und gesellschaftlicher Statuszuweisung bleiben bis in die Gegenwart erhalten. Historisch sind mit dieser Entwicklung Ausbildungs- und Berufskonzepte gewachsen, die aus den spezifischen Arbeitsanforderungen und ihrem Charakter als Sorgearbeit abgeleitet werden. Somit wird die Vergeschlechtlichung von Berufsarbeit institutionalisiert, die berufspolitische Integration auf der Ebene eines Fachberufs jedoch bleibt aus (vgl. Friese 2005).

Galbraith charakterisiert als »größten Erfolg der gemeinschaftsbezogenen Tugend die Bekehrung der Frau zu niederen Diensten als ökonomische Leistung ersten Ranges« (Galbraith 1974, S. 49), Hedwig Dohm umschreibt diesen Gelingensprozess bereits im Jahre 1894 mit dem Begriff der »weiblichen Magdseligkeit« (vgl. Dohm 1977). Wesentliche Analysen personenbezogener Arbeit als Beitrag zur Transformation des ökonomischen Kapitals in der Moderne sind damit vorweggenommen. Denn mit der Herausbildung von Frauenberufen konstituieren sich neue ökonomische Praxisformen, die zwar »objektiv ökonomischen Charakter tragen, aber als solche im gesellschaftlichen Leben nicht anerkannt werden« (Bourdieu 1983, S. 52).

Die Frauen- und Geschlechterforschung hat diese Ambivalenz an der Kritik der Hausarbeit unter der Formel »Arbeit aus Liebe – Liebe als Arbeit« (Bock/Duden 1977) thematisiert. Dabei wurde sowohl der Stellenwert von Reproduktionsarbeit in der politischen Ökonomie und kulturellen Verfasstheit des Kapitalismus sichtbar gemacht als auch die strukturelle Minderbewertung der weiblichen Hausarbeit, die sich ökonomisch dadurch begründet, dass »nur zählt, was Geld einbringt« (Kontos/Walser 1979). Eng verbunden mit diesem Entwurf der Arbeit im Privaten sind erwerbs- und berufsförmige Konstitutionsprozesse, die aus den spezifischen Arbeitsanforderungen im Haushalt und ihrem Charakter als Sorgearbeit abgeleitet und mit der Vergeschlechtlichung von Berufsarbeit und beruflicher Bildung verknüpft werden.

Mit diesen ökonomisch bedingten Implikationen sind zugleich Bezüge zur Transformation des kulturellen und sozialen Kapitals hergestellt. Denn für die Übertragung des pädagogischen Konzepts von Mütterlichkeit in das Erwerbsleben hat sich die von Frauen geleistete Kulturvermittlung bestens bewährt. Wenn Elias die Verallgemeinerung der Weiblichkeitsnorm als »eine der wichtigsten Eigentümlichkeiten im Prozess der Zivilisation« (Elias 1976, S. 344) kennzeichnet, so ist diese Eigentümlichkeit konstitutiv und in doppelter Hinsicht an das Verhältnis von Mütterlichkeit und Profession gebunden (vgl. Rabe-Kleberg 2008). Hat genau dieser Geschlechtshabitus im Zuge der Verberuflichung und Professionalisierung von sozialer, haushaltsnaher und personenbezogener Arbeit zu Modernisierungsfallen geführt (vgl. Friese 1995), entsteht gleichwohl gegenwärtig im Zuge von Globalisierung und demografischem Wandel ein neuer Reformdruck, der Modernisierungsoptionen für Professionalisierung von Sorgearbeit und personenbezogener Dienstleistung eröffnet.

Ausbildung und Beschäftigung: Fachkräftebedarfe und Ausbildungsreformen

Die in den letzten Jahrzehnten vollzogene deutliche Ausdehnung des Dienstleistungssektors (vgl. Autorengruppe Bildungsberichterstattung 2012, S. 22) hat zu Wachstum und steigenden Fachkräftebedarfen in den von Frauen dominierten personenbezogenen Dienstleistungsberufen geführt (vgl. BMBF 2012, S. 20; Autorengruppe Bildungsberichterstattung 2012, S. 22). Ebenso wie die älter werdende Gesellschaft und steigende Erwerbsarbeit von Frauen mit Kindern neue Bedarfe nach Unterstützung bei der alltäglichen Versorgung sowie marktförmig erbrachter familienunterstützender Dienstleistungen im Feld von Pflege, Gesundheit und sozialer Arbeit erzeugen, entstehen vor dem Hintergrund des Bedeutungswachstums frühkindlicher Bildung wachsende Personalbedarfe (vgl. Aktionsrat Bildung 2012, S. 39ff.).

Weitere Gründe liegen in der zunehmenden Ökonomisierung und Entstaatlichung personenbezogener Tätigkeitsfelder. Nach beschäftigungspolitischen Prognosen findet im Zeitraum von 2010 bis 2025 im Vergleich von produktionsbezogenen Berufen, primären sowie sekundären Dienstleistungsberufen das größte Beschäftigungswachstum mit steigenden Fachkräftebedarfen in den Gesundheits- und Sozialberufen statt (vgl. Autorengruppe Bildungsberichterstattung 2010, S. 163; Baethge, in diesem Band).

Das Beschäftigungswachstum personenbezogener Dienstleistungen spiegelt sich in der Ausbildungslandschaft wider. So erfahren die für einen Großteil personenbezogener Ausbildungen zuständigen Berufsfachschulen bereits seit Ende der 1990er-Jahre ein kontinuierliches Wachstum von insgesamt 22 Prozent. Diese Ausweitung beruht vorrangig auf der Zunahme personenbezogener Ausbildungsbereiche seit dem Jahr 2000 um 40 Prozent. Gegenüber dem Rückgang hauswirtschaftlicher Ausbildungen verzeichnen die Bereiche Gesundheits- und Krankenpflege sowie die erzieherischen und sozialpflegerischen Berufe große Zuwächse (vgl. Autorengruppe Bildungsberichterstattung 2012, S. 290; zu Zuwächsen im frühpädagogischen Feld vgl. Dudek/Hanssen/Reitzner, in diesem Band).

Aus genderpolitischer Perspektive ist der Befund signifikant, dass der Frauenanteil in personenbezogenen Dienstleistungen mit rund 80 Prozent deutlich überwiegt (vgl. BMBF 2012, S. 20), wobei es Differenzierungen in den Fachrichtungen, auf Niveaustufen und Funktionsebenen gibt. Setzen sich mit dieser Dominanz von Frauen historische Weichenstellungen beharrlich fort, sind gleichwohl leichte qualitative Veränderungen der Geschlechterrelation festzustellen. Die gegenwärtig prominente Debatte um »Männer in Kitas« hat zwar nicht zu einem grundlegenden Wandel der Männer- und Frauenanteile in diesem Beruf geführt, möglicherweise jedoch zu tendenziellen Veränderungen.

Wenn zu beobachten ist, dass der Männeranteil im Bereich der Leitungsfunktionen und im Bereich der Lehrenden vergleichsweise hoch ist (vgl. Keil/Pasternack/Thielemann 2012, S. 44) und die Forderung nach männlichen Fachkräften in der Frühpädagogik mit Professionsaspekten oder gar mit der besonderen Bedeutung für Söhne von alleinerziehenden Müttern begründet wird, bestehen hier Risiken der Abwertung weiblicher Arbeit (vgl. Keller/Rohrmann 2011). Insbesondere besteht die Gefahr, dass unter dem Deckmantel der Professionalisierung eine erneute geschlechtliche Hierarchisierung und Arbeitsteilung sowie Verhinderung von Aufstieg und Leitungspositionen für Frauen vollzogen wird. Vor dem Hintergrund veränderter Lebens- und Berufswahlmuster von Jugendlichen, die auch Fragen privater Lebensplanung und subjekt- wie lebensweltbezogener

Kompetenzen einbeziehen, eröffnet sich jedoch auch die Chance, dass sich junge Männer zunehmend für personenbezogene Berufe entscheiden und geschlechtsspezifische Berufswahlmuster tendenziell abgeschwächt werden.

Auf das Wachstum und die damit verbundenen Qualitäts- und Professionsbedarfe ist die personenbezogene Ausbildungslandschaft keineswegs vorbereitet. Die im System der Rahmenrichtlinien der Kultusministerkonferenz für die berufliche Lehramtsausbildung ausgewiesenen vier beruflichen Fachrichtungen »Gesundheit und Pflege«, »Ernährung und Hauswirtschaft«, »Erziehung und Soziales« sowie »Körperpflege« umfassen etwa 87 personenbezogene Berufe mit sehr heterogenen Ordnungsstrukturen (vgl. Tabelle 1). 30 dieser Berufe fußen auf dem Berufsbildungsgesetz (BBiG) sowie der Handwerksordnung (HwO), während 57 Berufe im Schulberufssystem in sehr unterschiedlichen Schulformen wie Berufsfachschulen, Fachschulen, Fachoberschulen, Schulen des Gesundheitswesens und Verwaltungsschulen angeboten werden.

Tabelle 1: Berufliche Fachrichtungen und Berufe in personenbezogenen Dienstleistungssegmenten

Fachrichtung	Anzahl der Berufe
Gesundheit und Pflege	35
Ernährung und Hauswirtschaft	29
Erziehung und Soziales	19
Körperpflege	4
Gesamt	87

Quelle: eigene Darstellung

So unterscheiden sich die Bildungsgänge etwa nach der Möglichkeit des beruflichen Abschlusses: Bildungsgänge im Rahmen der Berufsvorbereitung und beruflichen Grundbildung bieten diese Möglichkeit, Bildungsgänge im Bereich der Berufsorientierung und Berufseinführung bleiben ohne Abschluss. Außerdem sind die unterschiedlichen Schultypen und Zielgruppen durch soziale und geschlechtliche Segmentierungen geprägt: Sie erstrecken sich von Jugendlichen ohne Hauptschulabschluss über Abiturientinnen und Abiturienten bis hin zu Erwachsenen mit und ohne Ausbildung; in der Berufsfachschule dominieren junge Frauen mit über 70 Prozent (vgl. Friese 2011, S. 2ff; Friese 2010, S. 318ff).

Diese durch eine große strukturelle Vielfalt geprägte Landkarte der vollzeitschulischen Ausbildungen birgt eine Fülle von Problemlagen, jedoch auch einige Gestaltungsoptionen. Potenziale liegen in den flexiblen curricularen Zuschnitten. Sie ermöglichen Fach- und Niveaudifferenzierungen und eröffnen Optionen für Durchlässigkeit zwischen den unterschiedlichen Stufen der Ausbildung. Damit könnte der aktuellen bildungspolitischen Forderung nach Flexibilisierung, Differenzierung und Durchlässigkeit der beruflichen Bildung entsprochen werden. Bislang jedoch bleiben diese Potenziale aufgrund von Strukturschwächen ungenutzt. Uneinheitliche Aus- und Weiterbildungsstandards auf struktureller sowie curricular-didaktischer Ebene sowie Unterdifferenzierung der Qualifikationsprofile, bedingt durch Länderzuständigkeiten sowie nicht voneinander abgrenzbare Tätigkeitsprofile für die verschiedenen Berufe innerhalb der Berufsgruppen und gegenüber affinen Berufsfeldern, sind hierfür verantwortlich. Problematisch sind die Verwendung gleicher Bezeichnungen für unterschiedliche Qualifikationsabschlüsse und die fehlende Abgrenzung der Berufe hinsichtlich ihrer Tätigkeitsprofile auf horizontaler und vertikaler Ebene, wodurch der spätere Aufgabenbereich nicht ersichtlich und eine Abgrenzung hinsichtlich der Zuständigkeiten erschwert wird. Insgesamt und mit Blick auf die Professionalisierung sind die Ausbildungsordnungen und Berufsbezeichnungen zu vereinheitlichen und zu präzisieren.

Personenbezogene Dienstleistungen im Spannungsfeld von Ökonomie und Fürsorge

Ein zentrales Problem in der deutschen Professionsdebatte ist die Ausblendung der Genderstrukturen im Berufs- und Ausbildungssystem und die nach wie vor bestehende Konstruktion von Sorge als unentgeltlich erbrachter Familienarbeit oder semiprofessioneller beruflicher Tätigkeit. Bisher hat dieser gender-gap der Professionsdebatte erheblich zur geschlechtsexklusiven Schließung von Kompetenz- und Professionszugängen beigetragen; nun sind Zukunftskonzepte zu entwickeln. Diese Zukunftskonzepte sollten

- personenbezogene Dienstleistungen begrifflich, konzeptionell und curricular präzisieren,
- Qualifikations- und Tätigkeitsbeschreibungen für die jeweiligen beruflichen Handlungsfelder liefern,
- merkmals- und sachbezogene Zuschreibungen vornehmen und
- interaktionistische und strukturlogische Dimensionen einflechten.

Eine derartige Präzisierung der Profession eröffnet Chancen, die Etikettierung personenbezogener Arbeit als »Jede-Frau-Tätigkeit« und die damit verbundene fehlende Wertschätzung weiblicher Sorgearbeit zu überwinden. Auch kann das historisch beharrliche Leitbild der naturalistisch begründeten Verbindung von Sorgearbeit und Mütterlichkeit zugunsten eines durch Rationalität und Emotionalität fundierten Curriculums von Care Work abgelöst werden.

Des Weiteren sind systematische und curriculare Neubestimmungen personenbezogener Sorgearbeit mit Blick auf ihre spezifische Lagerung im Spannungsfeld von ökonomischen und sozialen Bedingungsfaktoren vorzunehmen. Dazu sind erstens Faktoren der Wertschöpfung im Kontext entlohnter und marktförmig erbrachter Arbeit im Systemzusammenhang von Berufsbildung und Arbeitsmarkt zu bestimmen. Es werden zweitens neue Parameter benötigt, die dem Prozesscharakter personenbezogener Arbeit entsprechen und soziale und kommunikative Leistungen berücksichtigen. Die Komponente marktförmig erbrachter Tätigkeiten ist drittens mit Fragen des moralischen Handelns im Beruf zu verbinden. Zwar hat diese Komponente für alle Berufe Gültigkeit, doch ist sie genuin an personenbezogene »Arbeit am Menschen« (vgl. Friese 2002) und die dafür erforderlichen Sozialkompetenzen gebunden.

Sind Sozialkompetenzen bisher aus historischer Perspektive stets als »heimliche Ressource« in Verberuflichung und ökonomische Kapitalbildung eingeflossen, sind nun explizite curriculare und professionspolitische Konzepte zur besonderen Verortung von Sozialkompetenz als Fachkompetenz in Sorgeberufen weiterzuentwickeln. Mit Bezug auf die seit den 1990er-Jahren entstandenen Care-Konzepte (vgl. Conradi 2001) kann ein Ansatz zugrunde gelegt werden, der ein doppeltes Anliegen verfolgt: fürsorgende Tätigkeiten einerseits hinsichtlich ihrer ethischen und handlungstheoretischen Dimension zu beschreiben und andererseits als berufsförmige Tätigkeit zu erfassen. Mit dieser Perspektive von Care Work kann die für personenbezogene Berufe charakteristische Konfliktlinie zwischen Fürsorge und Vermarktung verringert werden.

Aus professionstheoretischer Perspektive setzen personenbezogene Dienstleistungen analog zu pädagogischen Handlungsfeldern ein »Arbeitsbündnis« (vgl. Oevermann 1996) zwischen Leistungserbringern und Nutzern voraus. Die für Professionen allgemein geltenden Störpotenziale und Paradoxien (vgl. Schütze 1996) zeigen sich in personenbezogenen Bereichen in doppelter Weise: zum einen durch ein höchst ambivalentes Gefüge von Liebe, Fürsorge und Macht (vgl. Brückner 2001), zum anderen durch ein gravierendes Spannungsverhältnis zwischen den Bedürfnissen der Nutzerinnen und Nutzer sowie den ökonomischen Anforderungen des Sozial- und Gesundheitssystems (vgl. Evans/Hilbert 2006). Wenngleich dieses Spannungsverhältnis nicht gänzlich aufzuheben ist, können doch professionstheoretische Ansätze, die Expertise und Autonomie für die Bestimmung von Professionen zugrunde legen, zur Minderung der spezifischen Antinomien in personenbezogenen Handlungsfeldern beitragen. Hierzu sind professionelle Normierungen einer »Fürsorgerationalität« (Warness 2000) zu entwickeln, die ausreichende Spielräume in der Gestaltung von Arbeitssituationen sowie für autonomes Expertenhandeln schafft.

Professionalisierung ist nicht lediglich im Sinne einer berufspolitischen Strategie zu verstehen, sondern als ein Prozess, der an das beruflich handelnde Individuum und seine berufsbiografisch erworbenen Kompetenzen gebunden ist (vgl. Degenkolb 2007). Mit den KMK-Handreichungen von 1996 wurde in der berufspädagogischen Debatte ein Paradigmenwechsel vollzogen, der Kompetenz im Unterschied zur Qualifikation, die an Verwertbarkeit und Bildungsnachfrage orientiert ist, auf den individuellen Lernerfolg und die Befähigung zu eigenverantwortlichem Handeln in beruflichen, gesellschaftlichen und privaten Situationen bezieht. Mit dieser Lesart von Kompetenz mag das für die Pädagogik originäre Spannungsverhältnis zwischen Brauchbarkeit und Individuation gemindert sein.

Für die Professionalisierung personenbezogener Arbeit ist zugleich eine Brücke zwischen Ökonomie und Bildung hergestellt, werden doch zum einen individuationstheoretische Implikationen berücksichtigt und zum anderen Kompetenzen des Alltags im »Privaten« thematisiert. Ordnungspolitisch wird damit das Verhältnis von Lebenswelt und Beruf prominent in den Blick gerückt. Aus der Genderperspektive sind die bislang im berufspädagogischen Diskurs vernachlässigten Alltags- und Lebensführungskompetenzen in Konzepten der Berufsbildung für personenbezogene Bereiche neu auszugestalten.

Begünstigend für die Ausgestaltung dieser Perspektive ist die Debatte um Standardisierung und Zertifizierung der beruflichen Bildung. Die neu zu verzeichnende Sensibilität für die Anerkennung und Zertifizierung von fachübergreifenden und sozialen Fähigkeiten eröffnet die Möglichkeit, bislang verdeckte Potenziale personenbezogener Arbeit in Qualitäts- und Professionsstrategien der beruflichen Bildung aufzunehmen. Im Rahmen dieser Debatte kommt neben der Bedeutung von Sozialkompetenz auch der Frage der Anerkennung von informellen und familienbezogenen Kompetenzen erhöhte Bedeutung zu (zu den Möglichkeiten, die der DQR dazu bieten könnte, siehe den Beitrag von Funk, in diesem Band).

Aus gender- und berufspädagogischer Perspektive liegen hier Chancen und Risiken für personenbezogene Dienstleistungsberufe: Risiken hinsichtlich der erneuten Tradierung naturalistischer Konzepte, die unreflektiert für kurzfristige Qualifizierungen in Assistenten- und Helferinnenberufen verwendet werden; Chancen hinsichtlich der Anerkennung und fachlichen Fundierung lebensweltlich erworbener Kompetenzen sowie ihrer Anerkennung und Zertifizierung für berufliche Abschlüsse. Gelingt es, adäquate fachdidaktische Reflexionsräume und Erfassungsinstrumente im Rahmen der Curricula zur Verfügung zu stellen, können informelle und lebensweltlich erworbene Kompetenzen eine wichtige Basis für fachliche Anerkennung und Standardisierung sowie Durchlässigkeit in der beruflichen Aus- und Weiterbildung bilden.

Akademisierung personenbezogener Fachrichtungen: Studiengangsentwicklung an deutschen Hochschulen

Die seit den 1970er-Jahren geführte Debatte um die Akademisierung personenbezogener Domänen erhält durch den Professionalisierungsdruck in personenbezogenen Segmenten und die Neustrukturierung der Hochschullandschaft durch den Bologna-Prozess neuen Schwung. Insbesondere im Bereich der Pflege und der Frühpädagogik entsteht eine dynamische Gründungswelle neuer Studiengänge, die im Bereich der außerschulischen Bildung und in der beruflichen Lehramtsausbildung angesiedelt sind.

Wenngleich das statistische Monitoring noch lückenhaft ist (vgl. Rauschenbach/Schilling 2013, S. 9), geben die vorhandenen Daten doch Aufschlüsse zu Größenordnungen und Professionsbedarfen. So werden für das Jahr 2010 62 kindheitspädagogische Bachelor-Studiengänge mit etwa 2.800 Studienplätzen erfasst (vgl. den Beitrag von Dudek/Hanssen/Reitzner, in diesem Band), wobei allein zwischen den Jahren 2004 und 2011 mehr als 50 neue Bachelor- und Master-Studiengänge im Bereich der frühkindlichen Bildung eingerichtet wurden (vgl. Rauschenbach/Schilling 2013, S. 7).

Auch der seit den 1980er-Jahren sich dramatisch entwickelnde »Pflegenotstand« hat seit Mitte der 1990er-Jahre zu einer beachtlichen Studiengangsentwicklung im Bereich Pflege und Gesundheit geführt: Um die Jahrhundertwende werden bereits 50 Pflegestudiengänge verzeichnet (vgl. Schaeffer 2011, S. 30); im Jahr 2003 werden 260 bis 280 gesundheitsbezogene Studiengänge angegeben, davon 49 grundständige Pflegestudiengänge und zwölf weiterführende Qualifikationsangebote (Remmers 2003, S. 55).

Die Gründungsdynamik der außerschulisch angesiedelten Studiengänge vollzieht sich insbesondere an Fachhochschulen, während der universitäre Ausbau von Studiengängen für personenbezogene Berufsfelder äußerst zögerlich verläuft (vgl. den Beitrag von Hoffmann, in diesem Band). Diese

Zurückhaltung von Universitäten beim Ausbau von Studiengängen für personenbezogene Berufsbereiche spiegelt sich auch in der beruflichen Lehramtsausbildung wider. Historisch ist diese durch die Vernachlässigung von Fachrichtungen für personenbezogene Berufe gekennzeichnet. Im Unterschied zu den historisch etablierten Strukturen der akademischen Ausbildung von Diplom-Handelslehrerinnen und -Handelslehrern seit den 1930er-Jahren und der mehr als 50-jährigen Tradition der akademischen Gewerbelehrerinnen- und Gewerbelehrerausbildung mit der vorwiegenden Orientierung am dualen System der beruflichen Bildung haben sich Studiengänge der Lehrerinnen- und Lehrerbildung für personenbezogene Dienstleistungsberufe historisch relativ spät konstituiert.

Mit dieser Entwicklung wiederholt sich die Vernachlässigung personenbezogener Ausbildungs- und Berufsbereiche im Professionsdiskurs der Berufs- und Wirtschaftspädagogik auf der Ebene der Lehramtsausbildung. Es ist bemerkenswert, dass die Lehramtsausbildung für Fachrichtungen männlich dominierter Berufsbereiche sowohl historisch verankert als auch in gegenwärtigen Reformdiskursen einen prominenten Platz einnimmt, während die Lehramtsausbildung für Fachrichtungen weiblich dominierter Berufsbereiche bislang weitgehend nach dem Prinzip »Schwamm drüber« vom Tisch gewischt wurde (vgl. Friese 2010) und erst in der Gegenwart äußerst zögerlich in Professionsdebatten gerät.

Im Bereich Sozialpädagogik wurden universitäre Lehramtsstudiengänge parallel zur Einrichtung erziehungswissenschaftlicher und sozialpädagogischer Studiengänge seit den 1970er-Jahren und im Bereich Gesundheit und Pflege erst seit den 1990er-Jahren eingerichtet. Auch die lehramtsbezogenen Studiengänge der Ernährungs- und Haushaltswissenschaften, die sich sowohl auf duale als auch auf vollzeitschulische Ausbildungsstrukturen beziehen, weisen aufgrund der fehlenden berufspädagogischen Berücksichtigung personenbezogener Berufsfelder gravierende Defizite hinsichtlich der Professionalisierung und Qualitätsentwicklung auf.

Die Systematisierung der Rahmenvereinbarung der Kultusministerkonferenz von 2007 (vgl. KMK 2007) sieht 16 Fachrichtungen in der beruflichen Lehrerinnen- und Lehrerausbildung vor, wovon vier Fachrichtungen auf der Basis inhaltlich-curricularer Zuschreibungen personenbezogenen Berufsbereichen zugeordnet werden können. Es handelt sich um die Bereiche Gesundheit und Körperpflege, Ernährung und Hauswirtschaft, Sozialpädagogik sowie Pflege. Nach einer aktuellen Analyse der beruflichen Lehramtsausbildung an deutschen Universitäten, die aufgrund methodischer Probleme der Statistik und der unterschiedlichen Studiengangsbezeichnungen Einschränkungen aufweist (vgl. Friese 2010,

S. 311 ff.)[3], existieren gegenwärtig 14 universitäre Standorte für personenbezogene Fachrichtungen mit ungefähr 25 Angeboten, die sich unterschiedlich auf die beruflichen Fachrichtungen verteilen. Während im Bereich Sozialpädagogik nur vier Standorte (Tübingen, Bamberg, Lüneburg, Hamburg) und im Bereich Ernährung und Hauswirtschaft sechs Standorte (München, Hamburg, Gießen, Hannover, Dresden, Münster) zu identifizieren sind, existieren im Bereich Gesundheit, Pflege und Körperpflege insgesamt acht Standorte (Heidelberg, München, Bremen, Hamburg, Darmstadt, Kassel/Fulda, Osnabrück, Dresden); an drei Standorten (Münster, Kassel, Gießen) existieren Modelle kooperativer Lehramtsausbildung. Darüber hinaus sind an Hochschulstandorten unterschiedliche Modelle für Quereinstiege und Weiterqualifizierung vorhanden beziehungsweise in Planung.

Mit Blick auf die Lehramtsstudiengänge für gewerblich-technische Fachrichtungen sowie der beruflichen Fachrichtung Wirtschaft und Verwaltung mit bundesweit rund 45 universitären Standorten sind die etwa 14 Standorte und 22 Angebote mit personenbezogenen Fachrichtungen zwar noch weit unterrepräsentiert. Jedoch ist in den letzten Jahren ein bemerkenswerter Ausbau der Lehramtsausbildung für personenbezogene Fachrichtungen zu konstatieren, der analog zur Akademisierung der außerschulischen Studienangebote einen beachtlichen Modernisierungsrückstand aufholt. Gleichwohl bestehen noch erhebliche Professionsbedarfe hinsichtlich des quantitativen Ausbaus und der Qualitätsentwicklung der außerschulischen wie auch der lehramtsbezogenen Studiengänge.

Entwicklungsbedarf besteht auch hinsichtlich der Schaffung eines einheitlichen Rahmens für Studienprofile, Benennungen und Abschlüsse. Mit der Bologna-Reform, die in der gesamten Hochschullandschaft zu erheblichen Unterschieden zwischen einzelnen Studienmodellen geführt hat, ist insbesondere im Bereich der Frühpädagogik eine Vielzahl von Hochschulstudiengängen ohne staatliche Regulierungen und ohne eine strukturierende Rahmenordnung entstanden und nach jeweiligen Standortbedingungen mit sehr verschiedenen Namen und Abschlüssen, in unterschiedlichen Studiengangsformen und -profilen mit sehr differenten Curricula und unterschiedlichen Anrechnungsverfahren eingerichtet worden (vgl. Rauschenbach/Schilling 2013, S. 10 ff.; Cloos/Oehlmann/Hundertmark 2013,

3 Die Analyse der Standorte beruht auf einer aktuellen Auswertung von Studienangeboten an bundesdeutschen Universitäten auf der Basis von Informationssystemen der Hochschulen. Aufgrund der sehr heterogenen Studiengangsbezeichnungen und der von den einzelnen Hochschulstandorten unterschiedlich vorgenommenen curricularen Zuschnitte und Einordnungen sowie aufgrund fehlender Datenlagen ist nur ein annähernder Überblick möglich.

S. 27ff.). Diese formale Unübersichtlichkeit der Studiengänge, die auf der Hochschulebene die ordnungsrechtliche Heterogenität in personenbezogenen Ausbildungsstrukturen wiederholt, stellt ein Professionshindernis hinsichtlich der personellen und wissenschaftsstrategischen Verortung personenbezogener Fachrichtungen im Gefüge des akademischen Fächerkanons dar.

Noch zu erarbeiten sind ein klares Selbstverständnis und eine verbindliche Legimitationsbasis für die unterschiedlichen Ausbildungsniveaus, Studiengangsformen und ihre institutionelle Verankerung. Mit Blick auf den hohen Personalbedarf in personenbezogenen Dienstleistungsberufen auf allen Qualifikationsebenen der beruflichen und akademischen Bildung einerseits und den perspektivischen, demografisch bedingten Rückgang von Ausbildungskapazitäten andererseits hat das Nebeneinander und Miteinander der unterschiedlichen Ausbildungen auf der Ebene der Berufsfachschulen, Fachschulen, Fachhochschulen und Universitäten hohe Priorität.

Diese Perspektive einer Teilakademisierung personenbezogener Ausbildungsbereiche schmälert die in der Fachdebatte geäußerte Sorge um den Legitimationsverlust aufseiten der Fachschulen, die insbesondere für den Bereich der Frühpädagogik zu beobachten ist (vgl. Rauschenbach/Schilling 2013, S. 13ff.). In den Blick zu nehmen ist demgegenüber eine wirksame Gesamtprofessionalisierungsstrategie in Kooperation der verschiedenen Ausbildungsorte (vgl. Cloos/Oehlmann/Hundertmark 2013, S. 27ff.). Die großen Ausbildungsbedarfe auf fachberuflicher Ebene erhöhen zugleich die Notwendigkeit zum Ausbau personenbezogener Fachrichtungen in der universitären beruflichen Lehramtsausbildung mit ihrer Zuständigkeit für Qualitäts- und Kompetenzentwicklung des pädagogischen Personals in der beruflichen Bildung.

Entscheidend für die Weiterentwicklung von Professionskonzepten ist es, neue pädagogisch-didaktische Konzepte und Hochschulcurricula empirisch gestützt und wissensbasiert zu entwickeln. Vor dem Hintergrund der gesellschaftlichen Qualifikationsanforderungen, die einerseits hohe fachliche Spezialisierungen und andererseits Kompetenzen an Nahtstellen zwischen personenbezogenen Segmenten erfordern, können analog zur Schaffung von »Berufsfamilien« in der beruflichen Bildung neue Studiengangsprofile entwickelt werden, die beispielsweise auf der Bachelorebene primärqualifizierende generalistische Curricula vorsehen und in Master-Studiengängen oder berufsbegleitenden Studiengängen fachwissenschaftliche Spezialisierungen mit Blick auf spezifische Aufgaben der späteren Tätigkeitsfelder vornehmen. Zur Sicherung des akademischen Nachwuchses und der Besetzung von Professuren ist schließlich die verstärkte Einrichtung von strukturierten Promotionsprogrammen in personenbezogenen Disziplinen und ihren Bezugswissenschaften unerlässlich (vgl. Friese 2010, S. 326; Schaeffer 2011, S. 32).

Diese Strategie der gleichzeitigen Generalisierung und Spezialisierung ermöglicht zugleich eine bessere Verschränkung von beruflicher und akademischer Ausbildung sowie horizontale und vertikale Durchlässigkeit der Berufsfelder. Bislang ist in der Fachdebatte noch strittig, ob die im Kontext der europäischen Bildungsreformen entstandene »Outcome-Orientierung« und die im Europäischen und im Deutschen Qualifikationsrahmen (EQR, DQR) entwickelten Niveaustufen geeignete Instrumente für Anerkennungsverfahren darstellen.

So besteht weitgehend Einigkeit in den vom DQR verfolgten Zielen, mehr Transparenz und Durchlässigkeit sowie Gleichwertigkeit und Chancengleichheit im deutschen Bildungssystem zu erreichen (vgl. Gebrande 2011, S. 19). Strittig ist vor allem die beabsichtigte Gleichwertigkeit von fachschulischen Abschlüssen zu Bachelorabschlüssen deutscher Hochschulen wie beispielsweise die Zuordnung der Erzieherinnenausbildung an einer deutschen Fachschule für Sozialpädagogik zu Stufe 6 (vgl. Rauschenbach/Schilling 2013, S. 14 ff.; vgl. dazu mehrere Beiträge in diesem Band). Wird demgegenüber von der Arbeitsgruppe »Taskforce Hauswirtschaftliche Berufsbildung« der Deutschen Gesellschaft für Hauswirtschaft die Qualifikationsstufe »Meister/-in der Hauswirtschaft/Hauswirtschaftliche Betriebsleiter/-in« für Niveaustufe 6 vorgeschlagen (vgl. dgh 2012), so eröffnen sich doch große noch zu bearbeitende Unstimmigkeiten. Kritisch wird darüber hinaus die Gefahr der Vernachlässigung subjektbezogener Input- und Prozesskomponenten diskutiert.

Professionalisierung des pädagogischen Personals

Vor dem Hintergrund des Bedarfswachstums und der Entstehung neuer Qualifikations- und Berufsprofile an den Schnittstellen personenbezogener Segmente (vgl. Abbildung 1) sind neue curriculare Konzepte für personenbezogene Berufe notwendig, die einerseits fachrichtungsübergreifende Kompetenzen fördern und andererseits spezifische Kompetenzen hinsichtlich der Alleinstellungsmerkmale personenbezogener Tätigkeitsfelder beschreiben.

Abbildung 1: Nahtstellen zwischen personenbezogenen Berufsfeldern

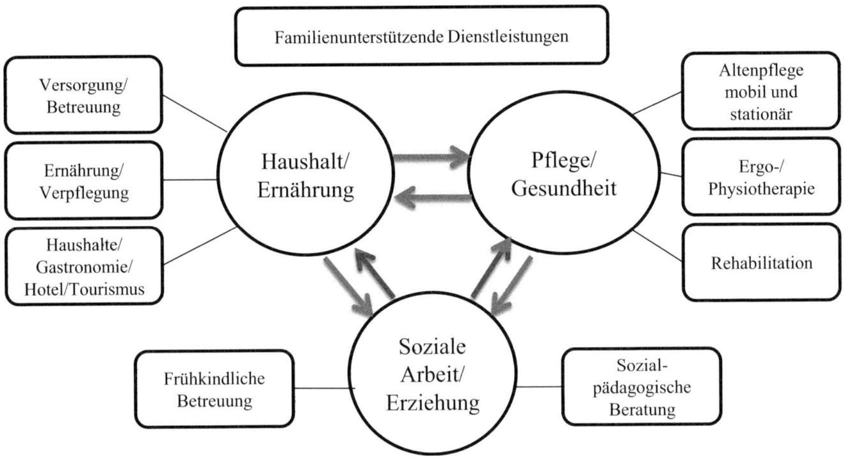

Quelle: eigene Darstellung

Diese sollten horizontale Durchlässigkeit zwischen den Berufsfeldern und zugleich notwendige fachliche Spezialisierungen ermöglichen sowie Anschlussstellen für die berufliche Fort- und Weiterbildung herstellen. Mit Blick auf die seit Mitte der 1990er-Jahre geführte Debatte um europäische Kernberufe und Anschlussfähigkeit des deutschen Berufsprinzips könnten an den Schnittstellen personenbezogener Berufe die curriculare Gleichzeitigkeit von Basis- und Teilkompetenzen sowie die Strukturierung von »Berufsfamilien« in gemeinsame Kernqualifikationen und Spezialisierungsmöglichkeiten professionswirksam sein.

Kompetenz- und Curriculumsentwicklung in den personenbezogenen Berufsbereichen zielen auf ein Bündel von beruflichen Handlungskompetenzen. Dazu zählen

- die Befähigung, gesellschaftliche Transformationsprozesse und individuelle Entwicklungsstände zu erfassen,
- ein explizit bildungswissenschaftliches Reflexionsvermögen,
- die Fähigkeit, psychosozial motivierte Sozialisationserfahrungen zu beschreiben und dann angemessene pädagogische Interventionen zu realisieren,
- übergreifende soziale Qualifikationen wie Kommunikation, Teamfähigkeit, Empathie und Interaktion,

- ein hoher Grad an ganzheitlichem Allgemeinwissen, differenziertem Fachwissen sowie Inter- und Transdisziplinarität,
- die Befähigung, Arbeit in »Ungewissheitsstrukturen« zu bewältigen,
- das Vermögen, Lern- und Arbeitsprozesse zu gestalten,
- Kenntnisse zur Diversität der personenbezogenen Berufsbereiche sowie zum Wandel von Lebensentwürfen und Bildungs- sowie Berufswahlverhalten der Geschlechter,
- umfassende fachdidaktische und diagnostische Kompetenzen zum pädagogischen Umgang mit den äußerst heterogenen Zielgruppen in personenbezogenen Berufsfeldern.

Die *Akademisierung der personenbezogenen Ausbildung* basiert auf systematischem und reflexivem Wissenserwerb im Rahmen von fach- und bildungswissenschaftlicher, diagnostischer, curricular-gestaltender und methodisch-didaktischer Kompetenzausstattung. Relevant für personenbezogene Bereiche sind methodisch-didaktische Ansätze zur Gestaltung einer ganzheitlichen Förderung, die biografisch erworbenes Erfahrungswissen sowie selbstreflexive, moralisch-ethische und kommunikative Kompetenzen in professionelles Handeln einbezieht. Studierende in personenbezogenen Fachrichtungen benötigen in besonderem Maße methodische Kenntnisse der Fallarbeit im Umgang mit risikobehafteten biografischen Statuspassagen und benachteiligten Zielgruppen.

Auch die inzwischen begonnene Umsetzung des Leitbildes Nachhaltigkeit in personenbezogenen Studiengängen bietet gute Möglichkeiten, die für personenbezogene Curricula charakteristischen interdisziplinären Bezüge zwischen natur- und geisteswissenschaftlichen Fächern sowie feministische Ansätze vorsorgenden Wirtschaftens (vgl. Forschungsverbund 2007) als auch Genderkompetenzen an der Schnittstelle von öffentlichen und lebensweltlichen Bezügen curricular auszugestalten.

Unverzichtbar sind darüber hinaus fachliche Kenntnisse zu gesellschaftlichen Transformationsprozessen, zur Diversität der personenbezogenen Berufsbereiche sowie zum Wandel von Lebensentwürfen und Bildungs- und Berufswahlverhalten der Geschlechter. Setzen sich in der beruflichen Bildung zaghaft genderorientierte Ansätze durch, die das Leitbild Work-Life-Balance auch in der Ausbildung berücksichtigen wie beispielsweise die inzwischen im Berufsbildungsgesetz rechtlich verankerte Teilzeitberufsausbildung (vgl. Friese 2008), so sind diese Perspektiven auch als Genderkompetenz in den Curricula der Hochschulausbildung zu verankern. Hier können sowohl die für personenbezogene Dienstleistungsberufe charakteristischen interdisziplinären Bezüge von natur- und sozialwissenschaftlichen Kompetenzen als auch Genderkompetenzen an der Schnittstelle von Beruf und Lebenswelt zusammengeführt und für Kompetenzen in der beruflichen und hochschulischen Ausbildung nutzbar gemacht werden.

Zu erwerben sind des Weiteren umfassende fachdidaktische und diagnostische Kompetenzen zum pädagogischen Umgang mit den äußerst heterogenen Zielgruppen in personenbezogenen Berufsfeldern. Curricular zu verankern sind nicht zuletzt Kooperationskompetenzen, die den in personenbezogenen Berufsbereichen bislang weitgehend vernachlässigten Aufbau von Netzwerken mit Blick auf Verbände und berufsständische Vertretungen professionswirksam voranbringen. Zugleich kann die Transformation der Erfahrungen aus personenbezogenen Feldern impulsgebend für bereichsübergreifende Vernetzungen zwischen Institutionen und Sozialisationsinstanzen vom Kindergarten bis zur Altenbildung über Schule, Jugendbildung, betriebliche Bildung und Hochschule sein.

Fazit

Der Beitrag hat Hemmnisse und Gestaltungsoptionen der Professionalisierung personenbezogener Dienstleistungsberufe aufgezeigt. Deutlich wurde zum einen, dass Professionsdefizite im Bereich von Care Work an geschlechtlich konnotierte Ausbildungs- und Berufsstrukturen gebunden sind, die auf dem bildungstheoretisch begründeten Konstrukt von »Mütterlichkeit« und »weiblicher Kulturaufgabe« beruhen. Fokussiert wurden zum anderen neue historische Dispositionen für Professionalisierung mit Blick auf Beschäftigungswachstum und Fachkräftebedarfe. Diese Befunde wurden für die Entwicklung struktureller und didaktisch-curricularer Zukunftsentwürfe nutzbar gemacht. Dabei wurde offenbar, dass professionswirksame Konzepte als Gesamtstrategie auf allen Ebenen der beruflichen und akademischen Bildung umzusetzen sind.

Nicht die Konkurrenz, sondern das Miteinander der verschiedenen Ebenen, Institutionen und Personen der beruflichen und akademischen Bildung trägt dazu bei, historische Lasten der »privaten« Sorgearbeit zugunsten einer professionalisierten Dienstleistung am Menschen zu überwinden. Mit dieser Perspektive sind zugleich Modernisierungspfade für gendergerechte Konzepte der Professionalisierung aufgezeigt.

Literatur

Aktionsrat Bildung (2012): Professionalisierung in der Frühpädagogik. Qualifikationsniveau und -bedingungen des Personals in Kindertagesstätten-Gutachten. Münster

Autorengruppe Bildungsberichterstattung (2010): Bildung in Deutschland 2010. Ein indikatorengestützter Bericht mit einer Analyse zu Perspektiven des Bildungswesens im demografischen Wandel. Bielefeld

Autorengruppe Bildungsberichterstattung (2012): Bildung in Deutschland 2012. Ein indikatorengestützter Bericht mit einer Analyse zur kulturellen Bildung im Lebenslauf. Bielefeld

Beck, Ulrich (1993): Die Erfindung des Politischen. Zu einer Theorie reflexiver Modernisierung. Frankfurt am Main

Bock, Gisela/Duden, Barbara (1977): Arbeit aus Liebe – Liebe als Arbeit: zur Entstehung der Hausarbeit im Kapitalismus, In: Tröger, Annemarie (Hrsg.): Frauen und Wissenschaft. Beiträge zur Berliner Sommeruniversität für Frauen, Juli 1976. Berlin, S. 118–199

Bourdieu, Pierre (1983): Zur Soziologie der symbolischen Formen. Frankfurt am Main

Braudel, Fernand (1977): Geschichte und Sozialwissenschaften. Die longue durée. In: Bloch, Marc/Braudel, Fernand/Febvre, Lucien: Schrift und Materie der Geschichte. Vorschläge zu einer systematischen Aneignung historischer Prozesse. Hrsg. von Claudia Honegger. Frankfurt am Main

Brückner, Margit (2001): Geschlechterverhältnisse – gesellschaftliche Konstruktionen und Perspektiven ihrer Veränderung. Weinheim/München

Bundesministerium für Bildung und Forschung (BMBF) (Hrsg.) (2012): Berufsbildungsbericht 2012. Bonn/Berlin

Campe, Joachim Heinrich (1789): Väterlicher Rath für meine Tochter. Braunschweig

Cloos, Peter/Oehlmann, Sylvia/Hundertmark, Maren (2013): Von der Fachschule in die Hochschule. Modularisierung und Vertikale Durchlässigkeit in der kindheitspädagogischen Ausbildung. Wiesbaden

Conradi, Elisabeth (2001): Take Care. Grundlagen einer Ethik der Achtsamkeit. Frankfurt am Main/New York

Degenkolb, Alexandra (2007): Professionsverständnis und berufliches Handeln von Lehrkräften im sozialpädagogischen Ausbildungsbereich. Eine empirische Untersuchung zur Kompetenzentwicklung in beruflichen Vollzeitschulen. Berlin

Deutsche Gesellschaft für Hauswirtschaft (dgh) (2012): Die hauswirtschaftlichen Berufe im Deutschen Qualifikationsrahmen. Langfassung.

Osnabrück. www.dghev.de/files/dgh_DQR_Berufe_der_Hauswirtschaft_Langfassung.pdf (04.04.13)

Dohm, Hedwig (1977): Die wissenschaftliche Emancipation der Frau. Berlin (Erstauflage 1894 Zürich)

Elias, Norbert (1976): Über den Prozess der Zivilisation. Frankfurt am Main

Evans, Michaela/Hilbert, Josef (2006): Die Gestaltung von Arbeit und Qualifizierung: Schlüsselherausforderung und Achillesferse für die Zukunft der Gesundheitswirtschaft. In: Pundt, Johanne (Hrsg.): Professionalisierung im Gesundheitswesen. Positionen – Potenziale – Perspektiven. Bern, S. 193–212

Forschungsverbund »Blockierter Wandel« (Hrsg.) (2007): Blockierter Wandel. Denk- und Handlungsräume für eine nachhaltige Regionalentwicklung. München

Friese, Marianne (1995): Frauen erobern Europa!?. Bremen

Friese, Marianne (2002): Identifizierung, Förderung und Bewertung von Sozial- und Methodenkompetenzen in personenorientierten Dienstleistungsberufen. In: Pätzold, Günter/Walzig, Tobias (Hrsg.): Methoden- und Sozialkompetenzen – ein Schlüssel zur Wissensgesellschaft? Theorien, Konzepte, Erfahrungen. Dokumentation der Beiträge zu den 12. Hochschultagen Berufliche Bildung in Köln mit dem Rahmenthema »Berufsbildung in der Wissensgesellschaft: Globale Trends – Notwendige Fragen – Regionale Impulse«. Bd. 20. Bielefeld, S. 69–81

Friese, Marianne (2005): Genderkompetenz in der Berufsbildung – Historische Konstruktionen und berufspädagogische Reformbedarfe. In: Büchter, Karin/Seubert, Rolf/Weise-Barkowsky, Gabriele (Hrsg.): Berufspädagogische Erkundungen. Eine Festschrift für Martin Kipp, Frankfurt am Main, S. 135–153

Friese, Marianne (2008): Kompetenzentwicklung für junge Mütter. Förderansätze der beruflichen Bildung. Bielefeld

Friese, Marianne (2010): Didaktisch-curriculare Aspekte für Fachrichtungen und Fachrichtungsbereiche personenbezogener Dienstleistungsberufe. In: Pahl, Jörg-Peter/Herkner, Volkmar (Hrsg.): Handbuch Berufliche Fachrichtungen, Bielefeld, S. 311–327

Friese, Marianne (2011): Das Schulberufssystem: Restkategorie oder Innovationsfaktor der beruflichen Bildung. In: Berufsbildung, Zeitschrift für Praxis und Theorie der Berufsbildung in Betrieb und Schule, H. 131, Paderborn, S. 2–6

Galbraith, John Kenneth (1974): Wirtschaft für Staat und Gesellschaft, München/Zürich

Gebrande, Johanna (2011): Der Deutsche Qualifikationsrahmen (DQR) im Lichte fach- und bildungspolitischer Stellungnahmen. Eine Expertise der Weiterbildungsinitiative Frühpädagogische Fachkräfte (WiFF). München

Keil, Johannes/Pasternack, Peer/Thielemann, Nurdin (2012): Frauen und Männer in der Frühpädagogik. Genderbezogene Bestandsaufnahme (HoF-Arbeitsbericht 2'2012). Halle-Wittenberg: Institut für Hochschulforschung an der Martin-Luther-Universität. Online verfügbar unter: www.hof.uni-halle.de/dateien/ab_2_2012.pdf (19.10.2012)

Keller, Heidi/Rohrmann, Tim (2011): Männer in Kitas: Fortschritt oder Idealisierung? 02.01.2011 – Ein Streitgespräch. www.erzieherin.de/maenner-in-kitas-fortschritt-oder Idealisierung.php?searched=Editorial&advsearch=oneword&highlight=ajaxSearch_highlight+ajaxSearch_highlight1 (26.02.2013)

Kerschensteiner, Georg (1902): Eine Grundfrage der Mädchenerziehung. Leipzig und Berlin

Kontos, Silvia/Walser, Karin (1979): Weil nur das zählt, was Geld einbringt. Probleme der Hausfrauenarbeit. Gelnhausen

Oevermann, Ulrich (1996): Theoretische Skizze einer revidierten Theorie professionellen Handelns. In: Combe, Arno/Helsper, Werner (Hrsg.): Pädagogische Professionalität. Untersuchungen zum Typus pädagogischen Handelns. Frankfurt am Main, S. 70–182

Rabe-Kleberg, Ursula (2008): Mütterlichkeit und Profession – oder: Mütterlichkeit, eine Achillesferse der Fachlichkeit? In: Diller, Angelika/Rauschenbach, Thomas (Hrsg.): Reform oder Ende der Erzieherinnenausbildung? Beiträge zu einer kontroversen Fachdebatte. München, S. 95–109

Rauschenbach, Thomas/Schilling, Matthias (2013): Die Akademisierungsfrage der Frühpädagogik und ihre Nebenwirkungen. Erscheint In: Sektion Sozialpädagogik und Pädagogik der Frühen Kindheit der DGfE (Hrsg.): Konsens und Kontroversen zwischen Sozialer Arbeit und Pädagogik der Frühen Kindheit. Weinheim und München

Remmers, Hartmut (2003): Lehrerausbildung für Pflegeberufe im Spannungsfeld von Wissenschaft und Politik (Impulsreferat). In: Manstetten, Rudolf/Weyland, Ulrike/Kuhlmann, Christian (Hrsg.) (2004): 20 Jahre Lehrerausbildung im Humandienstleistungsbereich an der Universität Osnabrück. Dokumentation der Festveranstaltung am 07. Februar 2003. Göttingen

Rousseau, Jean-Jacques (1762): Émile, ou de l'éducation. Amsterdam

Schaeffer, Doris (2011): Professionalisierung der Pflege. Verheißungen und Realität. In: Gesundheits- und Sozialpolitik, 65 (5/6), S. 30–37

Schütze, Fritz (1996): Organisationszwänge und hoheitsstaatliche Rahmenbedingungen im Sozialwesen: Ihre Auswirkung auf die Paradoxien des professionellen Handelns. In: Combe, Arno/Helsper, Werner (Hrsg.): Pädagogische Professionalität. Untersuchungen zum Typus pädagogischen Handelns. Frankfurt am Main, S. 183–275

Sekretariat der Ständigen Konferenz der Kultusminister der Länder in der Bundesrepublik Deutschland (KMK) (2007): Rahmenvereinbarung über die Ausbildung und Prüfung für ein Lehramt an der Sekundarstufe II (berufliche Fächer) oder für die beruflichen Schulen (Lehramtstyp 5). Beschluss vom 12.05.1995 i.d.F. vom 20.09.2007

Warness, Kari (2000): Fürsorgerationalität. In: Feministische Studien, Bd. 18, Sonderheft. Fürsorge, Anerkennung, Arbeit, S. 54–66

Weber, Max (1920): Die protestantische Ethik und der »Geist« des Kapitalismus. In: Gesammelte Aufsätze zur Religionssoziologie, Bd. 1, Tübingen

Wobbe, Theresa (1995): Wahlverwandtschaften. Die Soziologie und die Frauen auf dem Weg zur Wissenschaft. Frankfurt am Main/New York

Die Integration eines europäischen Konzepts

Idee, Umsetzung und Potenziale des Deutschen Qualifikationsrahmens für lebenslanges Lernen

Eberhard Funk

Weltweit arbeiten circa 100 Staaten an Qualifikationsrahmen der (beruflichen) Bildung oder haben sie schon erarbeitet, um ihre Bildungssysteme transparenter und leistungsfähiger sowie potentiell kompatibel zu machen. Die Europäische Union ist prominent an diesem Prozess beteiligt.

Für den »Kopenhagen-Prozess« in der beruflichen Bildung, dem Pendant zum Bologna-Prozess in der Hochschulbildung, geben die EU-Bildungsminister alle zwei Jahre auf Ministerkonferenzen die Leitlinien vor. Teilnehmer am Kopenhagen-Prozess sind die für die Berufsbildung zuständigen Ministerinnen und Minister in den EU-Mitgliedstaaten einschließlich der EU-Beitrittskandidaten sowie Liechtenstein, Island, Norwegen und Vertreter der europäischen Sozialpartner, die Europäische Kommission und das Europäische Parlament.

Am 14. Dezember 2004 setzten sich die Europäischen Bildungsminister in Maastricht nach Vorarbeiten insbesondere durch das Europäische Zentrum für die Förderung der Berufsbildung (CEDEFOP) das Ziel, die Berufsbildungssysteme der europäischen Staaten vergleichbar zu machen und eine Verbindung mit dem Hochschulsystem herzustellen (Kommission der Europäischen Gemeinschaft 2005 und 2006). Den Kern dieses Modells bildete eine »kompetenzorientierte Matrix, in die komplette Bildungsgänge, aber auch einzelne Kompetenzmodelle eingeordnet werden können« (Schopf 2005, S. 4). Nach einigen Jahren Vorlauf verabredeten im Jahr 2008 32 europäische Bildungsministerinnen und -minister in Maastricht einen »Europäischen Qualifikationsrahmen für lebenslanges Lernen« (EQR), der im April 2008 vom Europäischen Parlament und vom Europäischen Rat verabschiedet wurde. Der EQR setzt sich die folgenden Ziele:

- die Mobilität in der Aus- und Weiterbildung in Europa erhöhen,
- das lebenslange Lernen fördern,
- die Transparenz und Qualität der Bildungssysteme und -angebote europaweit gewährleisten.

Der EQR orientiert sich an Kompetenzen und beruflich orientierter Handlungsfähigkeit. Die acht Referenzniveaus sollen die gesamte Bandbreite von Qualifikationen aller Bildungsbereiche, aber auch non-formal und informell erworbener Kompetenzen widerspiegeln, die in Form von Lernergebnissen beschrieben werden. Dies markiert eine Abkehr vom Lern-Input (von der Art der Einrichtung, von der Form und Dauer von Lernprozessen) hin zum Lern-Output/Outcome (einer Fokussierung auf Lernergebnisse). Jedes Qualifikationsniveau soll grundsätzlich auf verschiedenen Bildungs- und Karrierewegen erreichbar sein.

Der EQR beruht auf drei Säulen: Kenntnissen, Fähigkeiten und Kompetenzen. Er versteht sich als Brücke zwischen formalem, non-formalem und informellem Lernen und bezieht damit auch durch Erfahrungen gewonnene Lernergebnisse ein.

Vom EQR zum DQR: deutsche Entwicklungen

Die nationale Umsetzung in einen Deutschen Qualifikationsrahmen für lebenslanges Lernen (DQR) berät seit Juni 2007 der Arbeitskreis Deutscher Qualifikationsrahmen (AK DQR), dem rund 30 Mitglieder aus den Bereichen Wirtschaft, Wissenschaft, Gewerkschaften, Freie Wohlfahrtspflege, aus dem Bundesinstitut für Berufsbildung, der Hochschulrektorenkonferenz, dem Bundesministerium für Bildung und Forschung, dem Bundesministerium für Wirtschaft und Technologie sowie der Ständigen Konferenzen der Kultusminister und der Wirtschaftminister angehören. Im Februar 2009 legte der AK DQR einen »Diskussionsvorschlag eines Deutschen Qualifikationsrahmens für lebenslanges Lernen«[1] vor, der bis Februar 2010 in einer Validierungsphase in den vier ausgewählten Feldern Handel, Informationstechnologie, Metall/Elektro und Gesundheit erprobt wurde.

Hierbei wurden zunächst anerkannte Berufe (formale Qualifikationsprofile) den Stufen des DQR auf der Basis eines definierten Kompetenzbegriffs zugeordnet; Leitidee war hierbei »employability« (Beschäftigungs-/Berufsfähigkeit). In die Validierungsphase haben somit – entgegen der angestrebten Lernweg- und Lernortunabhängigkeit der Kompetenzbestimmungen – auch prozessorientierte Kompetenzen und Input-Kriterien Eingang gefunden. Erst im Falle einer Neuordnung von Berufen

1 Entgegen den Regelungen in anderen europäischen Staaten heißt er in Deutschland nicht »Nationaler Qualifikationsrahmen«, sondern »Deutscher Qualifikationsrahmen«, weil die Bundesländer in dem Prozess auf ihre Zuständigkeit hingewiesen haben.

könnte eine vollständige Kompetenzbasierung damit wirklich zum Tragen kommen.

Ende 2010 wurde der »Vorschlag für einen Deutschen Qualifikationsrahmen für lebenslanges Lernen« der Kultusministerkonferenz und dem Bundesministerium für Bildung und Forschung vorgelegt und im März 2011 verabschiedet; er besteht aus Einführungstext, Matrix und Glossar.

Wie der EQR will auch der DQR eine höhere Durchlässigkeit des Bildungssystems bewirken und unterstellt die Gleichwertigkeit von Ergebnissen beruflicher, allgemeiner und hochschulischer Bildung unter dem Aspekt ihrer Verwendbarkeit auf dem Arbeitsmarkt. Alle Niveaus des DQR sollen grundsätzlich auf schulischen, betrieblichen und hochschulischen Bildungs- und Karrierewegen erreichbar sein; prinzipiell soll kein Niveau ausschließlich bestimmten Qualifikationen vorbehalten werden.

Der DQR stellt, analog zum EQR, ein Referenzsystem dar, das sich an bestehenden Bildungsergebnissen orientiert. Die acht Niveaus decken sämtliche Qualifikationen und Bildungsbereiche ab, von Basisqualifikationen bis zur akademischen und beruflichen Aus- und Weiterbildung. Der DQR soll helfen, Inhalte der Ausbildungen lernergebnis(outcome)orientiert zu erfassen und (Aus-)Bildungen inhaltlich und zeitlich flexibler zu gestalten. Überall soll die Anschlussfähigkeit an Abschlüsse und zwischen Bildungsbereichen sichergestellt werden, wofür (zertifizierbare) Instrumente zur Erfassung und Bewertung von Kompetenzen entwickelt und Kompetenzstandards den DQR-Stufen zugeordnet werden müssen.

Struktur und Dimensionen des DQR

Der DQR ordnet Qualifikationen auf acht Niveaustufen ein. Eine Qualifikation ist im DQR definiert als »das formale Ergebnis eines Beurteilungs- und Validierungsprozesses, bei dem eine dafür zuständige Institution festgestellt hat, dass die individuellen Lernergebnisse vorgegebenen Standards entsprechen« (Arbeitskreis DQR 2011, S. 9).

Die acht Stufen des DQR werden mithilfe eines Systems von *»Fachkompetenz«*, die aus den Dimensionen Wissen und Fertigkeiten besteht, und *»Personaler Kompetenz«*, die sich aus den Dimensionen Sozialkompetenz und Selbstständigkeit zusammensetzt (vgl. Tabelle 1), im Hinblick auf beruflich orientierte Handlungsfähigkeit beschrieben. Fachliche und personale Kompetenz werden grundsätzlich als gleichwertig betrachtet.

Tabelle 1: Struktur des Deutschen Qualifikationsrahmens

Fachkompetenz		Personale Kompetenz	
Wissen	Fertigkeiten	Sozialkompetenz	Selbstständigkeit
Tiefe und Breite	Instrumentale und systemische Fertigkeiten, Beurteilungsfähigkeit	Team-/Führungsfähigkeit, Mitgestaltung und Kommunikation	Eigenständigkeit/ Verantwortung, Reflexivität und Lernkompetenz

Quelle: AK DQR 2011

Dieser Struktur folgend wurden die acht Niveaus des DQR präzisiert. Zunehmende Selbstständigkeit, verbunden mit einer wachsenden Abstraktionsebene beruflicher Handlungen, bestimmt den Anstieg der DQR-Niveaus. An die Stelle bildungsbiografisch geprägter formaler Abschlüsse treten damit Kompetenzen, an denen sich die Einordnung der Qualifikationen orientiert.

Exemplarisch seien hier die Kompetenzen von Niveau 6 zitiert. Auf dieser Stufe werden laut DQR »Kompetenzen zur Planung, Bearbeitung und Auswertung von umfassenden fachlichen Aufgaben- und Problemstellungen sowie zur eigenverantwortlichen Steuerung von Prozessen in Teilbereichen eines wissenschaftlichen Faches oder in einem beruflichen Tätigkeitsfeld« verortet (AK DQR 2011, S. 7). Die Anforderungsstruktur ist demnach »durch Komplexität und häufige Veränderungen« gekennzeichnet. In den vier Kompetenzdimensionen bedeutet Niveau 6:

Fachkompetenz – Wissen: »Über breites und integriertes Wissen einschließlich der wissenschaftlichen Grundlagen, der praktischen Anwendung eines wissenschaftlichen Faches sowie eines kritischen Verständnisses der wichtigsten Theorien und Methoden oder über breites und integriertes berufliches Wissen einschließlich der aktuellen fachlichen Entwicklungen verfügen. Kenntnisse zur Weiterentwicklung eines wissenschaftlichen Faches oder eines beruflichen Tätigkeitsfeldes besitzen. Über einschlägiges Wissen an Schnittstellen zu anderen Bereichen verfügen.«

Fachkompetenz – Fertigkeiten: »Über ein sehr breites Spektrum an Methoden zur Bearbeitung komplexer Probleme in einem wissenschaftlichen Fach […], weiteren Lernbereichen oder einem beruflichen Tätigkeitsfeld verfügen. Neue Lösungen erarbeiten und unter Berücksichtigung unterschiedlicher Maßstäbe beurteilen, auch bei sich häufig ändernden Anforderungen.«

Personale Kompetenz – Sozialkompetenz: »In Expertenteams verantwortlich arbeiten oder Gruppen oder Organisationen verantwortlich leiten. Die fachliche Entwicklung anderer anleiten und vorausschauend mit Problemen im Team umgehen. Komplexe fachbezogene Probleme und Lösungen gegenüber Fachleuten argumentativ vertreten und mit ihnen weiterentwickeln.«

Personale Kompetenz – Selbstständigkeit: »Ziele für Lern- und Arbeitsprozesse definieren, reflektieren und bewerten und Lern- und Arbeitsprozesse eigenständig und nachhaltig gestalten.« (AK DQR 2011, S. 7)

Basierend auf den acht Kompetenzniveaus des DQR wurden bisher folgende Einordnungen vorgenommen (Tabelle 2).[2]

Tabelle 2: DQR-Einstufungen

1. Berufsausbildungsvorbereitung
– Maßnahmen der Agentur für Arbeit (BVB)
– Berufsvorbereitungsjahr (BVJ)
2. Berufsausbildungsvorbereitung
– Maßnahmen der Agentur für Arbeit (BVB)
– Berufsvorbereitungsjahr (BVJ)
– Einstiegsqualifizierung (EQ)
– Berufsfachschule (berufliche Grundbildung)
3. Duale Berufsausbildungen (2-jährige Ausbildungen)
– Berufsfachschule (mittlerer Schulabschluss)
4. Duale Berufsausbildungen (3- und 3½-jährige Ausbildungen)
– Berufsfachschule (Assistenzberufe)
– Berufsfachschule (voll qualifizierende Berufsausbildung)
5. Zertifizierter IT-Spezialist
– Geprüfter Servicetechniker
6. Bachelor
– Geprüfter Fachkaufmann
– Fachschule (z. B. staatlich geprüfter Techniker)
– Geprüfter Fachwirt
– Geprüfter Meister
– Geprüfter operativer IT-Professional
7. Master
– Geprüfter strategischer IT-Professional
8. Promotion

Quelle: Vorlage des DQR-Büros auf der 24. Sitzung des AK DQR am 13.09.2012

2 Mit Unterzeichnung des DQR-Beschlusses durch Bund und Länder im Mai 2013 – kurz vor Redaktionsschluss dieses Buches – wurden inzwischen zahlreiche weitere Qualifikationen zugeordnet.

Nicht in die DQR-Matrix aufgenommen wurden Handlungskompetenzen, die vorhanden sind, aber im konkreten Arbeitsablauf nicht nachgefragt werden (Ausdauer, Verlässlichkeit, Aufmerksamkeit, Genauigkeit, intellektuelle Kompetenz) sowie ethische Dispositionen (normative, ethische und religiöse Reflexivität, interkulturelle Kompetenz, gelebte Toleranz, demokratische Verhaltensweisen), die lediglich Eingang in den Einführungstext gefunden haben, jedoch durchlaufende Dimensionen aller acht Niveaus sind.

Politische Differenzen und Festlegungen

Obwohl die wissenschaftliche Perspektive im DQR-Prozess berücksichtigt wurde und Wissenschaftlerinnen und Wissenschaftler beteiligt waren, handelt es sich bei der DQR-Entstehung letztlich um einen politischen Prozess, in dem Setzungen auch Verhandlungssache sind.

Strittige Fragen wurden in einem Gespräch auf Spitzenebene am 31. Januar 2012 entschieden, an dem außer dem Bundesinstitut für Berufsbildung das Bundesministerium für Wirtschaft und Technologie, das Bundesministerium für Bildung und Forschung, die Wirtschaftsministerkonferenz der Länder, die Kultusministerkonferenz, die Zentralverbände der Wirtschaft (BDI, BDA, DIHK, ZDH) sowie der Deutsche Gewerkschaftsbund teilnahmen.

Sie einigten sich darauf, die *berufliche Erstausbildung* pauschal zunächst dem Niveau 3 (bei zweijährigen Ausbildungen) und dem Niveau 4 (bei drei- und dreieinhalbjährigen Ausbildungen) zuzuordnen. Die Sozialpartner beharrten auf einer einheitlichen Zuordnung nach Dauer der Ausbildungen, auch wenn sie mit Blick auf Kompetenzstandards und Outcome-Orientierung des DQR inhaltlich wenig plausibel ist. Die Feststellung von Kompetenzen diente hierbei also lediglich als Hilfsgröße bei der Zuordnung.

Ein analoges Verfahren einer pauschalen Zuordnung *beruflich erworbener Qualifikationen* strebten die Sozialpartner mindestens bis Niveau 7 an, wobei sie auf Vorbehalte der Hochschulrektorenkonferenz und der Kultusministerkonferenz stießen.

Wegen anhaltender Differenzen, die sich vor allem an der Einordnung der deutschen allgemeinen und fachgebundenen Hochschulzugangsberechtigung entzündeten, die die Kultusministerkonferenz im Gegensatz zu den Sozialpartnern höher als die dreijährigen dualen Ausbildungen bewerten wollte, wurden *allgemeinbildende Schulabschlüsse* vorerst nicht dem DQR zugeordnet.[3]

3 Da die gegenseitige Anerkennung von Schulabschlüssen im europäischen und internationalen Rahmen durch völkerrechtlich bindende Staatsverträge geregelt ist, entstehen damit für Schülerinnen und Schüler keine Benachteiligungen.

Im Jahr 2017 sollen alle Zuordnungen erneut beraten werden, wobei die weitere europäische Entwicklung berücksichtigt werden soll. Zudem wird eine Nationale Koordinierungsstelle geschaffen, die die Gesamtstimmigkeit des DQR und die ihm entsprechenden Zuordnungen in den nächsten Jahren in Kooperation mit dem Arbeitskreis DQR überprüfen soll. Der Nationalen Koordinierungsstelle werden das Bundesministerium für Bildung und Forschung, das Bundesministerium für Wirtschaft und Technologie, die Kultusministerkonferenz und die Wirtschaftsministerkonferenz angehören.

Der Referenzierungsbericht, der Erfahrungen und Probleme bei der Entwicklung des DQR sowie im Verhältnis zum EQR reflektiert, wurde vom AK DQR am 13. September 2012 beschlossen. Ebenfalls haben ihn die Amtschefkonferenz der Kultusministerkonferenz und das Bundesministerium für Bildung und Technologie angenommen. Anfang Dezember 2012 wurde er der EQF Advisory Group in Brüssel, die die Koordinierung der nationalen Qualifikationsrahmen in der EU übernommen hat, vorgelegt, wo er positiv aufgenommen wurde. Damit haben bereits 16 beteiligte Staaten ihre Referenzierungsberichte bei der EQF Advisory Group eingereicht. In den Jahren 2013 und 2014 werden die übrigen 16 Staaten ihre Berichte vorlegen.

Der deutsche gemeinsame Beschluss zum DQR wurde im Mai 2013 von Bund und Ländern unterzeichnet (KMK/BMBF/WMK/BMWi 2013 a, 2013 b). Die Zuordnungen im DQR sollen (relativ niedrigschwellig und ohne rechtliche Bindungskraft) auf der DQR-Website veröffentlicht werden; einige Beteiligte sprachen sich, um größere Rechtssicherheit zu erhalten, für eine Veröffentlichung im Bundesanzeiger aus. Das DQR-Büro will nun vier Regionalkonferenzen (Nord, Süd, Ost und West) veranstalten, um die Fachöffentlichkeit (Multiplikatoren) zu informieren.

Die wachsende Bedeutung lebenslangen Lernens

Die Förderung des lebenslangen Lernens wird auch in Deutschland, beispielsweise vom Nationalen Bildungsbericht (vgl. Autorengruppe Bildungsberichterstattung 2012), als eine zentrale Herausforderung aller Menschen und des Bildungswesens gesehen. Es soll eigenverantwortliche Lebensgestaltung und gesellschaftliche Teilhabe ebenso ermöglichen wie die Stärkung des Wirtschaftsraums und die Verbesserung der Chancengleichheit. Zudem sollen neue Zugänge zu Bildung und Lernen geöffnet, Barrieren zwischen Bildungsbereichen abgebaut und verborgene Potenziale nutzbar gemacht werden. Durch Anknüpfung an bisheriges Lernen sollen

»Doppellernen« vermieden und Lernzeiten verkürzt werden, sodass die Durchlässigkeit zwischen Bildungsgängen erhöht und Abschlüsse anschlussfähig werden.

Die Berücksichtigung des lebenslangen Lernens kann formal Geringqualifizierte besser in den Arbeitsmarkt einmünden lassen, indem Benachteiligte ihre zumeist informell erworbenen Kompetenzen anerkennen lassen können. Zudem kann dies zur Nutzung der Potenziale von Migrantinnen und Migranten mittels erleichterter Anerkennung von im Ausland erworbenen beruflichen Qualifikationen für (adäquate) Beschäftigung und zu ihrer dauerhaften Integration in den Arbeitsmarkt beitragen. Schließlich kann es Lernzeiten verkürzen und die berufliche Mobilität erhöhen. Es unterstützt Quer- und Seiteneinstiege in Berufslaufbahnen und trägt damit zur Stärkung individueller beruflicher Entwicklungswege und einer anforderungsgerechten Stellenbesetzung sowie zur Zunahme der Bildungs- und Erwerbsbeteiligung bei.

Anerkennung non-formal und informell erworbener Qualifikationen im DQR

Nachdem die in Deutschland zu erwerbenden formalen Qualifikationen größtenteils dem Deutschen Qualifikationsrahmen (DQR) zugeordnet worden sind, wird nun angestrebt, dass Kompetenzen, die durch non-formales oder informelles Lernen erworben wurden, gleichberechtigt Eingang in den DQR finden, zumal es sich dabei um quantitativ und qualitativ außerordentlich bedeutende Bereiche handelt. Denn arbeitsplatznahes und informelles Lernen wird zunehmend als »zweite Chance« in Ergänzung zu Abschlüssen des formalen Bildungswesens begriffen, um bildungsferneren Menschen die Integration in das Beschäftigungssystem und den Erhalt der Beschäftigungsfähigkeit zu erleichtern. Die Europäische Unionhat Ende 2012 eine Empfehlung und eine Richtlinie für die Einbeziehung der Ergebnisse non-formalen und informellen Lernens und ihre Einbeziehung in die jeweiligen nationalen Qualifikationsrahmen vorgelegt; diese sollen von den Mitgliedstaaten bis 2015 realisiert werden und insbesondere Jugendlichen aus dem sogenannten Übergangssystem neue Berufs- und Bildungschancen einräumen. Auch die berufliche Aufstiegs- und Anpassungsfortbildung vollzieht sich normalerweise in Form informellen Lernens; ähnlich findet Kompetenzgewinn in der Familientätigkeit und im Ehrenamt statt. Im AK DQR bestand Konsens, in den Einleitungstext des DQR auch non-formales und informelles Lernen aufzunehmen. Die Diskussion im AK DQR fokussierte sich auf ein fünfstufiges Verfahren, das aus (1.) Information und Beratung, (2.) Ermittlung, (3.) Bewertung, (4.) Validierung sowie (5.) Zertifizierung bestehen könnte.

Eine Arbeitsgruppe soll die Validierung non-formal und informell erworbener Kompetenzen voranbringen. Sie soll Mindestanforderungen und ausgewählte potenziell zuordnungsfähige Ankerqualifikationen definieren und exemplarisch (bezogen auf Qualifikationen, Lernbereiche, Fächer und Berufe) dem DQR zuordnen, um auf diese Weise formale, non-formale und informell erworbene Kompetenzen zu verklammern.

Non-formale und informelle Möglichkeiten für die Zulassung zu Bildungsgängen oder Prüfungen, an die man anknüpfen könnte, bestehen in Form von Nichtschülerprüfungen, Studiermöglichkeiten ohne Abitur, Einstufungsprüfungen, Probestudien im Hochschulbereich und anderen Verfahren. Alle diese Verfahren werden bislang nur punktuell eingesetzt und sind kaum zu überblicken. Hier könnte die DQR-Matrix zu größerer Transparenz beitragen, indem sie Verknüpfungen herstellt zu bestehenden, in formalen Verfahren erworbenen Zertifikaten (wie beispielsweise dem Europäischen Computerführerschein, Sprachenzertifikaten, Expert-Zertifikaten der Volkshochschulen, Schweißer-, Gabelstapler- oder Gefahrgutfahrer-Zertifikaten oder den Hersteller-Zertifikaten im IT-Bereich).

Ungeklärt ist die Einbeziehung anerkannter Verfahren zur Messung und Zertifizierung von Kompetenzen, die auf informellen und non-formalen Wegen erworben werden, beispielsweise Teilabschlüssen und Qualifikationen aus nicht-schulischen und nicht-beruflichen Maßnahmen, sowie von Kompetenzen im freiwilligen oder ehrenamtlichen Engagement. Gleiches gilt für die Weiterbildung, die bisher dem informellen und non-formalen Lernen zugeordnet ist, obgleich viele dort ausgestellte Zertifikate formalisiert sind. Neben der Erarbeitung entsprechender Verfahren zur Kompetenzfeststellung ist es vor allem notwendig festzulegen, welche Institution für diese Verfahren als »fachkundige Stelle« verantwortlich ist.[4] Schließlich besteht ein weitgehender Konsens, dass eine formale Validierung der Ergebnisse non-formaler und informeller Bildungsprozesse freiwillig bleiben muss und die Vielfalt non-formaler und informeller Bildungsprozesse nicht beeinträchtigen darf.

Auf der Basis der von zwei Arbeitsgruppen erarbeiteten Empfehlungen zur Einbeziehung von non-formal und informell erworbenen Kompetenzen in den DQR hat der Arbeitskreis Deutscher Qualifikationsrahmen (AK DQR) in seiner Stellungnahme vom 13. September 2012 vorgeschla-

4 Üblicherweise fungiert die Institution, die für die Prüfungsverfahren, Methoden und Qualität als verantwortlich auftritt, als »fachkundige Stelle«.

gen, exemplarische Zuordnungen von Ergebnissen non-formalen Lernens zu entwickeln.[5]

Die Heterogenität dieser Bildungsangebote macht es unwahrscheinlich, dass Prototypen identifiziert und Ankerqualifikationen zugeordnet werden können. Ziel ist es daher zunächst, über die exemplarische Betrachtung einzelner Qualifikationen eine Einschätzung des Charakters der in diesem Bereich erzielten Lernergebnisse zu treffen und Kriterien für Zuordnungen zum DQR zu entwickeln. Dabei muss auch geklärt werden, ob alle in diesem Sinne validierten Lernergebnisse dem DQR zugeordnet werden sollten oder ob Einschränkungen sinnvoll oder erforderlich sind. Unklar ist auch, ob dabei Input-Kriterien wie eine »minimale Lerndauer« eine Rolle spielen können. Offen ist ferner, ob die erzielten Lernergebnisse jeweils alle Kompetenzkategorien in allen vier Säulen abdecken müssen oder ob hier eine Fokussierung auf einzelne DQR-Säulen oder Kompetenzkategorien zugelassen wird. Bisher unbestimmt ist auch, in welchem Verhältnis die erzielten Lernergebnisse zu denjenigen stehen, die mit den vergleichbaren Qualifikationen im formalen Bereich verbunden sind. Zu klären ist schließlich, welche Anschlussmöglichkeiten für Weiterqualifizierungen die erzielten Lernergebnisse eröffnen.

Der verhaltene Widerstand der Hochschulen

Auch die Abschlüsse des Hochschulsektors wurden pauschal dem DQR zugeordnet: der Bachelor auf Niveau 6, der Master auf Niveau 7, die Promotion auf Niveau 8. Zweifel, ob alle Bachelor-Studiengänge dem Niveau 6 entsprechende Kompetenzen vermitteln, werden seitens der Hochschulen unter Hinweis darauf, dass die nötige Qualitätssicherung durch Akkreditierungsverfahren garantiert werde, zurückgewiesen. Trotzdem gibt es Vorbehalte gegen den DQR aufseiten der Hochschulrektorenkonferenz, die – obwohl seit Beginn am DQR-Prozess beteiligt – die derzeitige Fassung des DQR nicht für ein bildungsgangübergreifendes Transparenzinstrument hält. Ihr ist die spezifische wissenschaftliche Problemlösungskompetenz auf den Niveaus 6 bis 8 nicht klar genug formuliert und gegenüber den beruflichen Bildungsgängen nicht ausreichend hervorgehoben. Befürchtet wird, dass sich die Bedeutung von Kompetenzen, die in

5 So ist daran gedacht, unter anderem die Ausbildungen zum/zur Qualitätsmanagementbeauftragten, zum/zur Qualitätsmanager/In, zum/zur Mediator/In, zum/zur Dozent/In in der Erwachsenenbildung, zur Fachkraft Kleinstkindpädagogik, zum/zur Betreuungsassistent/In Palliative Care und die Übungsleiter-/Trainerausbildungen sowie die Jugendleiterausbildung zuzuordnen.

einem Studium erworben werden, im Vergleich zu den in der Berufsbildung erworbenen Kompetenzen relativiere.

Zudem könnte eine kompetenzorientierte Lehrplanung mit der jeweiligen Fachdidaktik in Widerspruch geraten. Befürchtet wird ebenfalls, dass der Druck auf Öffnung des Zugangs zur Hochschule so groß wird, dass Hochschulen Bewerberinnen und Bewerber, die für ein Studium ungeeignet sind, zulassen müssten, wodurch Studierende überfordert würden. Zugleich würde das Niveau von Lehre und Studium möglicherweise sinken. Zudem könnten durch den EQR/DQR-Prozess künftig Studiengänge auf dem Kompetenzniveau 5 (Short Cycle-Studiengänge) seitens der Hochschulen oder der Weiterbildung geschaffen werden, die bisher im deutschen Hochschulwesen unbekannt waren.

Gefahren für akademische Standards könnten auch in einer Verberuflichung der Hochschulbildung liegen, die möglicherweise zu einem anderen Bachelor führen würde – mit einem niedrigeren Kompetenzniveau. In diese Richtung deuten auch verschiedene »Franchising«-Aktivitäten deutscher Hochschulen, die es möglich machen, dass die Hochschulen einen Teil ihrer Bildung auf Fachschulen und -akademien übertragen und im Wesentlichen die Verantwortung für die Anerkennung und Qualitätssicherung übernehmen. Als Beispiele aus dem amerikanischen Hochschulraum mögen hier dienen: der Florida-»Bachelor Housing und Gardening« als Ausbildung für Hausmeister, aber auch Bachelors für Hochzeitsvorbereitungen oder für Digitalfotografie, die in Deutschland tradierten akademischen Ansprüchen kaum genügen dürften.[6]

Der DQR im Widerstreit mit dem deutschen »Berufsprinzip«

Eine Outcome-Orientierung, die den Kompetenzerwerb auf verschiedenen Qualifikationswegen sichtbar macht, widerspricht dem deutschen Berufsprinzip, das auf eine Ganzheitlichkeit von Berufen gerichtet ist, welche aber ihrerseits nur bedingt zur Philosophie des lebenslangen Lernens passt. In der DQR-Debatte haben insbesondere die Sozialpartner, aber auch die Bundesregierung – diese sogar in ihrem Koalitionsvertrag von 2009 – am Berufsprinzip festgehalten.[7] Eine (Teil-)Anerkennung beruflich erworbener

6 Ein Nebenaspekt der DQR-Diskussion ist, dass der DQR auch einen Ausweg aus der in der Bundesrepublik gescholtenen Bildungsberichterstattung der Organisation für wirtschaftliche Zusammenarbeit und Entwicklung (OECD) aufzeigen würde, indem nicht mehr die Akademikerquote, sondern die Abschlüsse auf Niveau 5, 6 und 7 von EQR/DQR verglichen würden.

7 Trotzdem kann Modularisierung aus pädagogischen und praktischen Gründen sinnvoll sein; viele Teilnehmer an der europäischen Diskussion sind beispielsweise im Zusammenhang mit der Einführung des Euro-

Qualifikationen durch die Hochschulen wird zwar in der Praxis vorgenommen. Die von vielen Staaten angestrebte Akkumulierung von Qualifikationen zu einem Beruf wird allerdings in Deutschland von den meisten Akteuren abgelehnt.

Generell bleibt in der deutschen Debatte das Stichwort »Modularisierung« ein Reizwort. Möglicherweise könnten Verfahren gemäß Berufsqualifizierungsfeststellungsgesetz (BQFG) hilfreich sein, Fachkräften, die im Ausland einen Berufsabschluss erworben haben, den Zugang zum deutschen Arbeitsmarkt zu erleichtern. Bei einem ablehnenden Bescheid können aufgelistete wesentliche Qualifikationsunterschiede/-defizite durch (Teil-)Nachqualifizierung mittels entsprechender Kurse bei einem Weiterbildungsträger oder beim Arbeitgeber ausgeglichen werden.

Die Kinder- und Jugendhilfe im DQR-Prozess

Insbesondere viele Gesundheitsberufe wurden dem DQR bisher nicht zugeordnet. Dies lässt sich mit der Unklarheit erklären, die sich aus der aktuell verhandelten Novellierung der EU-Anerkennungsrichtlinie über berufliche Qualifikationen ergibt. Diese Richtlinie sieht für die unter die Anerkennungsrichtlinie (2005/36/EG) fallenden Berufe (unter anderem Fachkräfte für Krankenpflege) ein fünfstufiges System als Anerkennungsverfahren vor und steht damit im Widerspruch zum DQR/EQR.

Im Unterschied zu den Gesundheitsberufen sind die Berufe der deutschen Kinder- und Jugendhilfe bereits klassifiziert. Hier besteht – wie bei anderen Segmenten und Akteuren der Gesellschaft – eine große Herausforderung darin, unterschiedliche Ausbildungswege den jeweiligen Niveaustufen des DQR angemessen zuzuordnen, ohne die Anforderung an die Fachkompetenz zu reduzieren. Hinter den Forderungen nach »Professionalisierung« wie nach »Öffnung und Anerkennung« verbergen sich unterschiedliche bildungspolitische und ökonomische Interessen, die sich nur bedingt durch das Spannungsfeld zwischen Wissenschaft und Praxis beschreiben lassen.

Die Bachelor-Abschlüsse der Studiengänge der frühen Kindheit (»Kindheitspädagogik«) werden analog zu den Zuordnungen des Hochschulwesens dem Niveau 6 des DQR zugeordnet, die Master-Abschlüsse entsprechend dem Niveau 7. Die fachschulisch erworbene Qualifikation der staatlich anerkannten Erzieherin findet sich – wie der Bachelor – auf

päischen Leistungspunktesystems ECVET (European Credit System of Vocational Education and Training) von einem System von Akkumulierungen ausgegangen.

Niveau 6 des DQR. Entsprechend der Rahmenvereinbarung über Fachschulen der Kultusministerkonferenz vom 7.11.2002 (KMK, 2002) und dem Gemeinsamen Orientierungsrahmen »Bildung und Erziehung in der Kindheit« (JFMK 2010) handelt es sich bei Fachschulen um weiterbildende Schulen, die prinzipiell den Abschluss einer einschlägigen Erstausbildung, in der Regel eine mehrjährige Berufsausübung, erfordern und auf die Übernahme von Führungsaufgaben vorbereiten; sie gehören daher dem tertiären Sektor des Bildungssystems an.

Die Hochschulen haben diese Einordnung der Fachschulen auf Level 6 des DQR lange Zeit weitgehend abgelehnt und den Fachschulen als Defizit ein »schulisches gegenüber einem forschenden Lernen« zugeschrieben (Studiengangstag Pädagogik der Kindheit 2011, S. 11). Dass sich aus unterschiedlichen Lehr- und Lernansätzen eine Höherwertigkeit der hochschulisch erworbenen Abschlüsse ergibt, erschließt sich jedoch nicht unmittelbar. Das Ausbildungs- und Qualifikationsprofil von Erzieherinnen und Erziehern sieht die eigenverantwortliche und selbstständige Übernahme von Erziehungs-, Bildungs- und Betreuungsaufgaben in allen sozialpädagogischen Bereichen vor. Daraus leitet sich das »Kompetenzorientierte Qualifikationsprofil für die Ausbildung von Erzieherinnen und Erziehern an Fachschulen/Fachakademien« ab (KMK 2011). Ein »Länderübergreifender Lehrplan Erzieherin/Erzieher« steht mit dem Entwurf vom 1. Juli 2012 kurz vor der Beschlussfassung (Länderübergreifender Lehrplan 2012).

Mittlerweile haben sich die Hochschulen weitgehend mit der DQR-Philosophie und der daraus folgenden gleichwertigen Einordnung der Erzieherinnen und Erzieher im DQR abgefunden, verweisen aber weiterhin auf die Besonderheit hochschulisch erworbener Kompetenzen (siehe dazu Stieve, in diesem Band).

Dokumentation und Sichtbarkeit der DQR-/EQR-Einstufungen

Nach dem derzeitigen Diskussionsstand im AK DQR, in der Bund-Länder AG DQR, der Kultusministerkonferenz und der Wirtschaftsministerkonferenz gibt es für die Dokumentation aller neu ausgestellten Qualifikationsbescheinigungen, Diplome und Europass-Dokumente und die darin enthaltenen Verweise auf das erreichte Niveau des DQR/EQR drei Alternativen, die sowohl nacheinander als auch gleichzeitig verfolgt werden könnten:

- Erstens eine Aufnahme des DQR-Niveaus in die Europass-Zeugniserläuterungen unter der Rubrik »Niveau der Zeugnisse, national und international«. Der Vorteil dieses Verfahrens, das im AK DQR präferiert wird, bestünde darin, dass man damit eine Art europäischer Standardbeschreibung feststellbarer Kompetenzen hätte. Der größte Nachteil bestünde darin, dass sich mehr als 30 Staaten hierüber verständigen müssten.

- Zweitens eine Ergänzung des Verzeichnisses der anerkannten Ausbildungsberufe gemäß § 90 Abs. 3 Nr. 3 BBiG mittels einer neuen Spalte, in der das Niveau des jeweiligen Ausbildungsberufs verzeichnet ist.
- Drittens eine Dokumentation auf dem jeweiligen Abschlusszeugnis.

Während einer Übergangszeit wird das DQR-Niveau wohl in die Zeugniserläuterung, die Bestandteil des Zeugnisses ist, aufgenommen werden. Der Erlass entsprechender Verordnungen und die technische Gestaltung erfordern noch eine Übergangszeit, insbesondere bei den Fachschulen, die dem Landesrecht unterliegen.

Die Bundesländer haben sich prinzipiell für einen Vermerk auf den Zeugnisformularen ausgesprochen. Da dafür alle Bundesländer ihre Zeugnisverordnungen ändern müssen, ist mit einer Ausweisung des EQR/DQR-Niveaus auf Zeugnissen nicht vor der zweiten Jahreshälfte 2013 zu rechnen. Die Hochschulen werden das DQR-Niveau in ihr »Diploma Supplement« aufnehmen.

Referenzierung oder Normierung?

Der DQR begründet keine Ansprüche; zumindest wird dies in der aktuellen Debatte stets betont (vgl. Herdegen 2009). Es gibt im DQR keine »höheren« und »niederen« Ausbildungsformen, sondern unterschiedliche Umfänge von Kompetenzzuwachs an verschiedenen Lernorten. Eine aus Kreisen der Hochschulen befürchtete institutionelle »Gleichstellung« von Hochschulen und Fachschulen ist jedenfalls im DQR nicht intendiert.

Gegen ein solches Verständnis als Referenzsystem gibt es kaum Einwände. Allerdings erwarten viele Vertreter nicht nur seitens der Hochschulen, dass der DQR längerfristig nicht lediglich den Status eines Referenzsystems behält, sondern selbst zu einer Norm werden könnte. Das würde bedeuten, dass die Einordnung in den DQR Ansprüche begründen könnte, die bisher in anderen Systemen begründet und verankert sind (Zulassung zur Master-Qualifizierung et cetera).

Die Hochschulen befürchten – teilweise mit Blick auf die neuen ›dualen‹ Studienangebote –, dass manche »genuin« hochschulischen Bildungsprozesse dadurch infrage gestellt würden. So könnte es möglich werden, mit geringem Zeitaufwand einen akademischen Grad zu erwerben, wenn Kompetenzen, die in der (fachschulischen) Weiterbildung erworben wurden, als gleichwertig mit den Kompetenzen, die im Studium erworben werden, angesehen werden. Zugleich würde der fachschulische Lehrplan als mit der Hochschullehre vergleichbar erklärt. Somit stünden zwei Qualifikationsprofile nebeneinander, die sich als wettbewerbliche Alternativen verstehen müssten (andersartige, aber gleichwertige Angebote konkurrieren um die gleiche Nachfrage auf dem Markt für Bildung und Ausbildung). Außerdem stellt sich, eine solche Entwicklung vorausgesetzt, die nicht unmaßgebliche Frage, was unter diesen Umständen von der Freiheit von Lehre und Forschung übrigbleibt.

Hochschulen, die frühpädagogische Studiengänge anbieten, befürchten außerdem, dass sich der Mehrwert eines solchen Studiums nicht mehr automatisch einstellt. Denn seit dem Beschluss der Kultusministerkonferenz von 2009 (vgl. KMK 2009) können Erzieherinnen und Erzieher in den meisten Bundesländern auch ohne schulische Hochschulzugangsberechtigung ein Studium beginnen. Bisher wird dieser sogenannte Hochschulzugang auf der Basis beruflicher Qualifikation von den Bundesländern so geregelt, dass dieser den Zugang zu einem Erststudium ermöglicht, also zu einem Bachelor-Studium. Da der DQR bei fachschulischen Qualifikationen der Weiterbildung und Bachelors von einem gleichwertigen Kompetenzniveau ausgeht, könnte bei einer eines Tages doch normierenden Funktion des DQR beispielsweise die Erzieherinnenausbildung gleich den Weg zu einem Masterstudium eröffnen.

Manche Vertreterinnen und Vertreter der akademischen Ausbildungen für die Kinder- und Jugendhilfe befürchten überdies, dass von einem kompetenzorientierten System eine Tendenz zur Dequalifizierung und Deprofessionalisierung ausgeht, woran geringere Aufstiegschancen sowie Gehalts- und Ansehensverluste gekoppelt sind. Solche Befürchtungen werden insbesondere vom Erziehungswissenschaftlichen Fakultätentag und dem Fachbereichstag Soziale Arbeit formuliert, während andere Akteure, etwa aus dem Bereich der Fachschulen, auch angesichts der Entwicklungen auf dem Arbeitsmarkt eine gegenteilige Entwicklung erwarten (siehe dazu die Beiträge von Müller-Neuendorf und Stieve, in diesem Band).

Falls der DQR sich normierend gestalten würde, könnte er schließlich auch Auswirkungen auf das Tarifsystem haben. Einige europäische Staaten, in denen der nationale Qualifikationsrahmen per Gesetz eingeführt wird, werden ihr Tarifsystem (mindestens das des öffentlichen Dienstes) daran orientieren. Das könnte auch in Deutschland der Fall sein, falls die Tarifpartner dies vereinbaren.

Fazit

Bei der Erarbeitung des DQR wurden inhaltlich und methodisch neue Wege beschritten. Denn die Leitgedanken des EQR – lebenslanges Lernen, Mobilität, Kompetenzorientierung – erfordern einen neuen Blick auf das deutsche Bildungssystem. Auch die in europäischen Zusammenhängen entwickelte Methode der »offenen Koordinierung« stellt in Deutschland ein Novum dar: Das Referenzsystem des DQR wurde von Expertinnen, Experten und Interessierten gemeinsam mit der Politik ausgehandelt; Konsens war immer dann erreicht, wenn kein Beteiligter mehr widersprach. Ein derartiges Verfahren hat zwar eine politische, aber kaum eine justiziable Konsequenz. Ob EQR und DQR eine eigene Dynamik entfalten und ob sie Bildung in Deutschland und in Europa verändern, wird sich wohl bis 2014 herausstellen. Bis zur Implementierung jedenfalls sind noch Änderungen zu erwarten, da der Prozess noch ungewohnt ist und noch nicht alle Implikationen klar sind.

Literatur

Arbeitskreis Deutscher Qualifikationsrahmen (AK DQR) (2011): Der Deutsche Qualifikationsrahmen für lebenslanges Lernen – verabschiedet vom Arbeitskreis Deutscher Qualifikationsrahmen.

Autorengrupe Bildungsberichterstattung (2012): Bildung in Deutschland 2012. Ein indikatorengestützter Bericht mit einer Analyse zur kulturellen Bildung im Lebenslauf. Bielefeld

Rat der Europäischen Union: Empfehlung des Rates vom 20.12.2012 zur Validierung nichtformalen und informellen Lernens (2012/C 398/01)

Herdegen, Matthias (2009): Der Europäische Qualifikationsrahmen für lebenslanges Lernen – Rechtswirkungen der Empfehlung und Umsetzung im deutschen Recht. Gutachten im Auftrag des Bundesministeriums für Bildung und Forschung

Jugend- und Familienministerkonferenz (JFMK) (2010): Gemeinsamer Orientierungsrahmen »Bildung und Erziehung in der Kindheit«, Umlaufbeschluss vom 14.12. 2010

Kommission der Europäischen Gemeinschaften (2005): Arbeitsunterlage der Kommissionsdienststellen. Auf dem Weg zu einem Europäischen Qualifikationsrahmen für Lebenslanges Lernen, Brüssel, 08.072005 (SEK 2005/957)

Kommission der Europäischen Gemeinschaften (2006): Vorschlag für eine Empfehlung des Europäischen Parlaments und des Rates zur Errichtung

eines Europäischen Qualifikationsrahmen für Lebenslanges Lernen (EQF), Brüssel, 05.09 2006 (SEK 2006/1093 und 1094)
Kultusministerkonferenz (KMK) (2002): Rahmenvereinbarung über Fachschulen der KMK vom 07.11.2002
Kultusministerkonferenz (KMK) (2009): Hochschulzugang für beruflich qualifizierte Bewerber ohne schulische Hochschulzugangsberechtigung, Beschluss der Kultusministerkonferenz vom 06.03.2009
Kultusministerkonferenz (KMK) (2011): Kompetenzorientiertes Qualifikationsprofil für die Ausbildung von Erzieherinnen und Erziehern an Fachschulen/Fachakademien. Beschluss vom 01.12.2011
Länderübergreifender Lehrplan Erzieherin/Erzieher (2012). Entwurf vom 01.07.2012. www.boefae.de/wp-content/uploads/2012/11/laenderuebergr-Lehrplan-Endversion.pdf (23.2.2013)
Schopf, Michael (2005): Europass, EQF, ECVET und CQAF – reformiert die EU jetzt die deutsche Berufsausbildung? In: bwp@, Nr. 8, Juli 2005, S. 4
Ständige Konferenz der Kultusminister der Länder/Bundesministerium für Bildung und Forschung/Wirtschaftsministerkonferenz/Bundesministerium für Wirtschaft und Technologie (KMK/BMBF/WMK/BMWi) (2013 a): Gemeinsamer Beschluss zum Deutschen Qualifikationsrahmen für lebenslanges Lernen. Berlin
Ständige Konferenz der Kultusminister der Länder/Bundesministerium für Bildung und Forschung/Wirtschaftsministerkonferenz/Bundesministerium für Wirtschaft und Technologie (KMK/BMBF/WMK/BMWi) (2013 b): Anlage zum Gemeinsamen Beschluss zur Einführung des Deutschen Qualifikationsrahmens für lebenslanges Lernen (DQR). Berlin
Studiengangtag Pädagogik der Kindheit (2011): Ausführliche Stellungnahme von GründungsteilnehmerInnen des Studienganges Pädagogik der Kindheit zu aktuellen Entwicklungen im Rahmen der Ausgestaltung des DQR, 02.09.2011

III. Standpunkte in der frühpädagogischen DQR-Kontroverse

Die Relativierung eines Paradigmas

Wie die Neuformatierung der frühpädagogischen Ausbildungslandschaft zur Aufwertung der Fachschulen führt

Manfred Müller-Neuendorf

Am Ende seines Beitrags zum Workshop *Verändert der Europäische Qualifikationsrahmen die Hochschullandschaft?* fragt Winfried Heidemann (2010, S. 110) ernüchtert danach, ob es denn wirklich keinen Weg gäbe, der die Spaltung zwischen »Bildung durch Wissenschaft in Einsamkeit und Freiheit« in humboldtscher Tradition und »Bildung im Medium praktischer Berufstätigkeit« nach Georg Michael Kerschensteiner überwindet.

Mit der Entscheidung des Arbeitskreises Deutscher Qualifikationsrahmen (DQR), die Bachelor-Hochschulabschlüsse und die berufsbildenden Fachschulabschlüsse auf dem gleichen Niveau einzuordnen, wird bildungspolitisch aus Sicht der Fachschulen[1] die *Gleichwertigkeit von beruflicher und hochschulischer/akademischer Bildung* dokumentiert. Gleichzeitig wird ein wichtiger Anstoß zur Verzahnung hochschulischer und beruflicher Bildung gegeben, zumal das Ziel des DQR darin besteht, einen Rahmen für die Vergleichbarkeit, Transparenz und Durchlässigkeit für die in unterschiedlichen Institutionen erworbenen Qualifikationen bereitzustellen. Konstitutiv ist dabei der Leitgedanke, dass grundsätzlich jedes Qualifikationsniveau auf verschiedenen Bildungswegen erreichbar ist.

Ist damit das aus vorindustrieller Zeit geerbte »deutsche Bildungsschisma« überwunden (Baethge 2006, S. 13; siehe auch Baethge, in diesem Band)? Bildungspolitisch wohl ja, denn das herrschende Narrativ zielt auf Transparenz, Durchlässigkeit und Anschlussfähigkeit statt auf Abschottung und Exklusion (vgl. AK DQR 2009). Dieser Paradigmenwechsel ist hingegen erst dann zu erreichen, »wenn Silodenken und Festhalten an Binnenlogiken aufgegeben werden sowie divergierende Sichtweisen und widersprüchliche Interessenslagen sich annähern«, wie Angelika Diller in ihrer Expertise zur Gleichwertigkeit und Durchlässigkeit im Bildungssystem zu bedenken gibt (2010, S. 4). Insbesondere mit Blick auf die Reform im Bereich der Frühpädagogik werden diese dialog-

1 Analog zum Qualifikationsprofil »Frühpädagogik« – Fachschule/Fachakademie (2011) werden unter dem Begriff »Fachschule« auch die bayerischen Fachakademien für Sozialpädagogik verstanden.

orientierten Herausforderungen deutlich. Sie werden im folgenden Beitrag aus Sicht der Fachschulen für Sozialpädagogik mit dem dezidierten Ziel erörtert, dringend notwendige Perspektiven konstruktiver Kooperationen aufzuzeigen.

Denn beide Abschlüsse – staatlich anerkannte Erzieherinnen und Erzieher an der Fachschule und staatlich anerkannte Kindheitspädagoginnen und Kindheitspädagogen an der Hochschule – werden im DQR, in dem alle allgemeinen und berufsbildenden Abschlüsse auf acht Niveaustufen eingeordnet und verglichen werden (u.a. Bachelor, Fachschule, Fachwirt, Meister), als gleichwertig auf Niveau 6 eingestuft (vgl. AK DQR 2011, S. 4; KMK/BMBF/WMK/BMWi 2013a und 20013b; siehe auch Funk, in diesem Band).

Mit dieser gleichen Einstufung im DQR, die für die Fachschulen eine berechtigte Aufwertung ihrer Ausbildungsqualität mit sich bringt, wird das bisher vorherrschende Paradigma, die Professionalisierung der frühpädagogischen Fachkräfteausbildung ausschließlich über eine Akademisierung der Ausbildung voranzubringen und zu steuern, relativiert und durch die neu entwickelten qualitativen Professionalisierungselemente der Fachschulen erweitert. In diesem Sinne ist der DQR ein geeignetes Bezugssystem zur Niveaubestimmung für die in der Fachkräfteausbildung vermittelten fachlichen und personalen Kompetenzen von beiden Systemen.

Aus Sicht der Fachschulen handelt es sich bei der Zuordnung zum gleichen Niveau um einen in Bezug auf Form, Inhalt und Intention keinesfalls gleichartigen, sondern um einen auf die inhaltliche Qualität bezogenen gleichwertigen Weg in den sozialpädagogischen Beruf. Demzufolge ergibt es mit Blick auf die innovative Gestaltung von institutionellen Ordnungen, auf die fachliche Weiterentwicklung der Elementarpädagogik und auf den Wunsch nach einem konstruktiven Dialog über die Professionalisierung der Fachkräfteausbildung wenig Sinn, von einem Dilemma zu sprechen. Vor allem in solchen abgrenzenden Äußerungen lässt sich der von Baethge analysierte Reformstau verorten, weil »institutionelle Ordnungen nicht einfach Organisationen regeln, sondern zugleich relativ dauerhafte Interessen und Betrachtungsperspektiven begründen. […] In dieser Situation werden institutionelle Ordnungen schnell zur Reformbarriere« (2006, S. 18).

Der Professionalisierungsprozess sollte sich vielmehr in Form eines geordneten Miteinanders an den verbindlichen Eckpunkten des gemeinsamen Orientierungsrahmens »Bildung und Erziehung in der Kindheit« orientieren (KMK 2010a). Die Jugend- und Familienministerkonferenz hält es in dem Prozess der Weiterentwicklung der Fachkräfteausbildung für unbedingt erforderlich, dass eine Hochschulausbildung mit Abschluss Bachelor »Bildung und Erziehung in der Kindheit« nicht isoliert für sich steht, sondern vielmehr – im Sinne eines Schulterschlusses von Humboldt und Kerschensteiner – von einem engen Zusammenspiel zwischen Fachschul- und Hochschulebene geprägt ist (vgl. JFMK 2010).

Konsequenterweise sollte deshalb das Ziel die Entwicklung eines kohärenten und aufeinander abgestimmten Qualifizierungssystems zwischen Fachschulen und Hochschulen sein, das sich auf eine fach- und berufspolitische Perspektive für eine zukunftsfähige Personalstruktur in der Frühpädagogik beziehen kann. Insbesondere die Herausforderung, soziale und tarifliche Anerkennungsäquivalenzen zu erzeugen, verlangt einen von allen Beteiligten getragenen Bezugs- und Referenzrahmen. Solange es darüber keinen Konsens gibt, erleben wir »einen Konkurrenzkampf der Bildungsinstitutionen, wie er häufig bei der Höherstufung einer Ausbildungsinstanz« entsteht (von Balluseck 2013, S. 42).

Veränderte Anforderungen an die Fachkräfte – Konsequenzen für die Ausbildung

Demgegenüber besteht in der Fachdiskussion kein Zweifel darüber, dass der gesellschaftliche Wandel in Familie und Erziehung die Ansprüche an die Bildung, Erziehung und Betreuung von Kindern enorm verändert und erweitert. Die damit einhergehenden gestiegenen Anforderungen an die pädagogische Arbeit haben notwendigerweise Auswirkungen auf die Qualifizierung der Fachkräfte. Sie betreffen sowohl das professionelle Selbstverständnis – mithin das Berufsbild – als auch die für die pädagogische Arbeit benötigten Kompetenzen.

Als zentrales Scharnier zwischen bildungspolitischen Anforderungen und pädagogischer Realität stehen insbesondere die Kindertageseinrichtungen im Mittelpunkt. Sie haben dementsprechend in ihrer pädagogischen Arbeit den Fokus zukünftig darauf zu richten (Müller-Neuendorf/Obermaier 2012, S. 16 f.),

- die aktuellen Erziehungs- und Bildungsbedürfnisse der Kinder angemessen zu beantworten,
- die länderspezifischen Bildungspläne entwicklungsgerecht umzusetzen,
- die multiplen Bedürfnisse der Eltern in postmodernen Lebenslagen wahrzunehmen und
- die effektive Vernetzung mit anderen Institutionen zu gewährleisten.

Dadurch wird das Aufgabenspektrum der Fachkräfte in den sozialpädagogischen Einrichtungen ausgeweitet und zugleich komplexer und differenzierter.

Auf allen Ebenen der sozialpädagogischen Ausbildungspyramide wird ein erweiterter Bedarf an fachspezifischen und arbeitsfeldübergreifenden Kompetenzen eingefordert:

- die Stärkung von Wahrnehmungs-, Deutungs- und Reflexionskompetenzen,
- die Stärkung von didaktischer Kompetenz im Kontext des Bildungsauftrags,
- die Ausprägung von Beobachtungs- und Diagnosekompetenz,
- die Stärkung organisationsbezogener Kompetenzen,
- die Förderung der Persönlichkeitsbildung.

Dieser Bedarf wurde bereits von der Jugendministerkonferenz in ihrem Beschluss vom Mai 2005 auf der Grundlage einer umfangreichen Expertise zur Sachstandsanalyse und eines Positionspapiers des Deutschen Jugendinstituts zur Neugestaltung sozialer Ausbildungen festgestellt (vgl. JMK 2005, TOP 13).

Die Qualifizierungsoffensive der Hochschulen als Herausforderung für die Fachschulen?

Mit der Gründung der ersten hochschulischen Bachelor-Studiengänge für frühpädagogische Fachkräfte im Jahre 2005 und dem Start der PIK-Initiative (Profis in Kitas) der Robert Bosch Stiftung zur Professionalisierung der Fachkräfteausbildung begann mit Rückenwind der Bologna-Reform eine Qualifizierungsoffensive der Hochschulen im Feld der Frühpädagogik. Durch die Gründung von mittlerweile mehr als 60 Bachelor-Studiengängen (vgl. der Beitrag von Dudek/Hanssen/Reitzner, in diesem Band) wurde ein neuer, akademischer Weg zur Professionalisierung des frühpädagogischen Handlungsfeldes beschritten.

Mit der wissenschaftlichen Ausbildung von Kindheitspädagoginnen und -pädagogen an Hochschulen ist der Anspruch verbunden, wissenschaftlich fundierter und qualifizierter auf die veränderten Anforderungen an die pädagogische Arbeit in den Kindertageseinrichtungen zu reagieren.

Durch diese Entwicklung sehen sich die Fachschulen in ihrem Selbstverständnis als der bislang zentrale Ort für die Ausbildung sozialpädagogischer Fachkräfte in Deutschland strukturell herausgefordert und als Motor für Veränderungen in Konkurrenz gestellt. Trotz der bislang noch relativ geringen Anzahl an Hochschulabsolventen in diesem Feld hat sich dennoch in Politik, Wissenschaft und Fachöffentlichkeit weitgehend die Überzeugung durchgesetzt, die Professionalisierung der Fachkräfteausbildung für die Frühpädagogik zukünftig besser über eine Akademisierung voranbringen und steuern zu können. Jedoch wird dieses Akademisierungsparadigma schon allein durch die bisherigen Absolventenzahlen fragwürdig, zumal, wie Thomas Rauschenbach zu bedenken gibt, es unter den gegenwärtigen Bedingungen etwa 150 Jahre bis zur vollständigen Akademisierung dauern würde (vgl. Otto 2009).

Die veränderten Anforderungen des Berufsfeldes, aber auch die rasante Gründung der Bachelor-Studiengänge für Bildung und Erziehung im Kindesalter an Hochschulen haben indes den Prozess der inhaltlichen Erneuerung der Fachkräfteausbildung an Fachschulen herausgefordert und beschleunigt. Zwei prominente Ergebnisse markieren die aktuelle Entwicklung, durch die die Ausbildungsqualität an den Fachschulen erhöht wird:

- Das kompetenzorientierte Qualifikationsprofil der Kultusministerkonferenz bündelt die vielfältigen Ansprüche an die berufliche Ausbildung zur Erzieherin/zum Erzieher und misst dabei explizit dem Lernort Praxis eine besondere Bedeutung bei. Es beschreibt die beruflichen Handlungskompetenzen, über die eine qualifizierte Fachkraft zukünftig verfügen muss (vgl. Sekretariat der Ständigen Konferenz der Kultusminister 2011).
- Der länderübergreifende Lehrplan Erzieherin/Erzieher konkretisiert auf der Grundlage des kompetenzorientierten Qualifikationsprofils die inhaltliche und lernorganisatorische Ausgestaltung der Fachschulausbildung (vgl. Länderübergreifender Lehrplan Erzieherin/Erzieher 2012).

Der länderübergreifende Lehrplan als inhaltlicher Referenzpunkt für die Niveauzuordnung im DQR

Der kompetenzorientierte Lehrplan ist in einen strukturellen und fachlichen Kontext eingelagert, der im folgenden Schaubild dargestellt wird.

Abbildung 1: Einbettung des länderübergreifenden Lehrplans

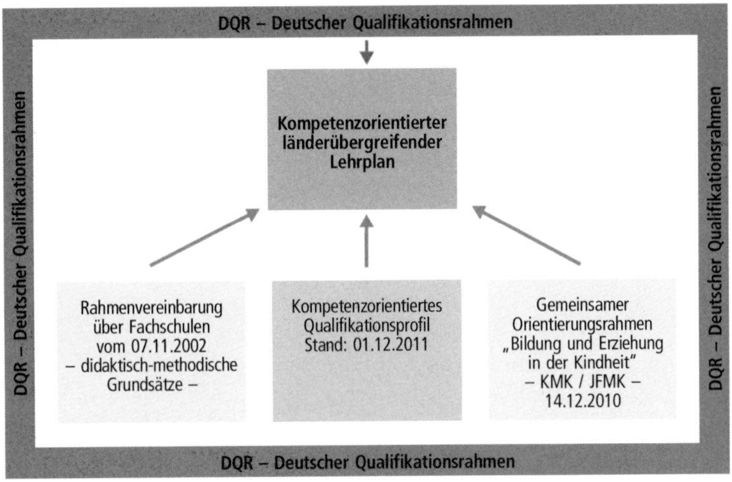

Quelle: Länderübergreifender Lehrplan Erzieherin/Erzieher 2012, S. 6

Der gemeinsame Beschluss der Kultusministerkonferenz und der Jugend- und Familienministerkonferenz zum Orientierungsrahmen »Bildung und Erziehung in der Kindheit« (vgl. KMK 2010a) enthält den Auftrag, die bestehende Rahmenvereinbarung über die Fachschulen (vgl. KMK 2010b) unter Berücksichtigung des Orientierungsrahmens um ein kompetenzorientiertes Qualifikationsprofil für alle Arbeitsfelder der Erzieherinnen und Erzieher zu ergänzen. Das kompetenzorientierte Qualifikationsprofil wurde vom Schulausschuss der KMK und der Arbeitsgemeinschaft der obersten Landes- und Familienbehörden der JFMK am 01.12.2011 bzw. am 29./30.03.2012 beschlossen.

Die im kompetenzorientierten Qualifikationsprofil definierten Ausbildungsvorgaben werden für die Länder verpflichtend. Zur weiteren Umsetzung des kompetenzorientierten Qualifikationsprofils in den Ländern haben die zuständigen Referatsleiterinnen und -leiter sowie Referentinnen und Referenten der Länder Lehrkräfte benannt, die einen länderübergreifenden Lehrplan für die Fachschulen für Sozialpädagogik entwickelt haben. Der seit dem 1. Juli 2012 vorliegende länderübergreifende Lehrplan ist im Konsensverfahren zwischen JFMK und KMK verabredet worden.

Insbesondere im Kontext von Durchlässigkeit und Anschlussfähigkeit soll der länderübergreifende Lehrplan den Bundesländern eine solide fachliche Basis bieten, die eigenen Fachlehrpläne entsprechend auszurichten. Gleichzeitig stellt er sicher, dass die Erzieherinnenausbildung an den Fachschulen für Sozialpädagogik bundesweit in einem hohen Maße vereinheitlicht und damit vergleichbar wird, was indes für die frühpädagogischen Bachelor-Studiengänge an den Hochschulen eine noch zu leistende Aufgabe darstellt.

Kompetenzorientierung als Grundsatz der Ausbildung

Der länderübergreifende Lehrplan für die Ausbildung zur Erzieherin/zum Erzieher ist kompetenzorientiert. Er beschreibt die zu entwickelnde erweiterte berufliche Handlungskompetenz als Einheit von Wissen und Können, die in einem handlungs- und entwicklungsorientierten Lernprozess in Verbindung mit reflektierten berufspraktischen Erfahrungen erworben wird.

Kompetenzorientierung als Grundsatz der Ausbildung erfordert handlungs- und entwicklungsorientierte didaktische Ausbildungsansätze. Sie werden durch die Ausbildungsgrundsätze *Handlungsorientierung* und *Entwicklungsorientierung* beschrieben. Mit Bezug auf diese didaktischen Prinzipien wird die Ausbildung als produktiver Interaktionsprozess verstanden, der wichtige Grundlagen zur Entwicklung personaler, sozialer, fachwissenschaftlicher und beruflicher Kompetenzen fachspezifisch und fachübergreifend vermittelt. Dies wird durch Unterrichtsprinzipien befördert, die einen aktiven, selbst gesteuerten Lernprozess ermöglichen.

Die verwendeten Kompetenzkategorien und ihre Beschreibung orientieren sich am Entwurf des Deutschen Qualifikationsrahmen für lebenslanges Lernen (DQR). Kompetenz wird in diesem Sinne als umfassende Handlungskompetenz verstanden. Sie wird als *Fachkompetenz* – unterteilt in Wissen und Fertigkeiten – und *Personale Kompetenz* – unterteilt in Sozialkompetenz und Selbstständigkeit – beschrieben. Methodenkompetenz ist dabei integraler Bestandteil dieser Dimensionen (siehe auch Funk, in diesem Band).

Für ein erweitertes Verständnis von Kompetenz und ihrer prozesshaften, qualitativen Entwicklung wurde das Allgemeine Kompetenzmodell von Fröhlich-Gildhoff, Nentwig-Gesemann und Pietsch (2011) gewählt, das eine Differenzierung von Handlungsgrundlagen (Disposition), Handlungsbereitschaft und Handlungsrealisierung beziehungsweise Handlungsvollzug (Performanz) vornimmt. Hiernach resultieren die Grundlagen der Handlungsfähigkeit aus dem wechselseitigen Zusammenspiel von

- explizitem wissenschaftlich-theoretischem Wissen,

- implizitem Erfahrungswissen, das in professionellen Kontexten immer wieder in reflektiertes Erfahrungswissen transformiert werden sollte,
- Fertigkeiten, zum Beispiel methodischer oder didaktischer Art.

Das Konstrukt ist subjektbezogen. Im kompetenten Handeln einer Fachkraft verbinden sich Wissen und Fertigkeiten, die das Handeln einer konkreten Situation erfordern, mit professioneller Haltung und Bereitschaft zum Handeln. Situationsbezug, fachliche Expertise, Persönlichkeit und Performanz als tatsächlich erbrachte Leistung sind die spezifischen Merkmale des Kompetenzbegriffes.

Unter Rekurs auf eine kritisch-konstruktivistische Didaktik und Lernkultur (vgl. Reich 2006; Klafki 1996) folgt die Kompetenzorientierung der Ausbildung an Fachschulen einer gedanklichen Linie von Grundlegung, Erweiterung, Vertiefung und Profilbildung im Hinblick auf die Entwicklung von Wissen, Fertigkeiten, Sozialkompetenzen und Selbstständigkeit.

Der jetzt vorliegende länderübergreifende Lehrplan stützt sich in seiner konzeptionellen Ausgestaltung auf handlungs- und entwicklungsorientierte didaktische Ausbildungsansätze, also insgesamt auf eine mehrdimensionale didaktische und methodische Realisierung von Unterricht und Praxis.

Lernfelder als inhaltliche Struktur des länderübergreifenden Lehrplans

Der länderübergreifende Lehrplan strukturiert die Ausbildung nach Lernfeldern, in denen die zentralen Elemente und Anforderungen professionellen pädagogischen Handelns in der Praxis aufgeführt sind. Sechs Lernfelder mit unterschiedlicher Zahl von Unterrichtsstunden werden voneinander abgegrenzt:

Tabelle 1: Lernfelder und Unterrichtsumfang gemäß dem länderübergreifenden Lehrplan

Lernfelder	Unterrichts-stunden
1. Berufliche Identität und professionelle Perspektiven weiterentwickeln	160 – 200
2. Pädagogische Beziehungen gestalten und mit Gruppen pädagogisch arbeiten	240 – 280
3. Lebenswelten und Diversität wahrnehmen, verstehen und Inklusion fördern	240 – 280
4. Sozialpädagogische Bildungsarbeit in den Bildungsbereichen professionell gestalten	600 – 680
5. Erziehungs- und Bildungspartnerschaften mit Eltern und Bezugspersonen gestalten sowie Übergänge unterstützen	160 – 200
6. Institution und Team entwickeln sowie in Netzwerken kooperieren	160 – 200

Quelle: Länderübergreifender Lehrplan Erzieherin/Erzieher 2012, S. 14f. (Stand: 1. Juli 2012)

»Die Abstimmung des schulischen Lehrplans mit den Erfordernissen der praktischen Ausbildung wird [...] institutionell, konzeptionell und fachlich gesichert« (ebd. 2012, S. 14), sodass der Theorie-Praxis-Transfer im Rahmen der Lernfelder im länderübergreifenden Lehrplan verbindlich gemacht wird.

Neben der Verständigung über das entwicklungs- und handlungsorientierte didaktische Konzept der Ausbildung mit der Festlegung der zentralen Lernfelder kommt der Vernetzung der Lernorte Schule und Praxis im länderübergreifenden Lehrplan eine zentrale Bedeutung zu. Denn die Entwicklung einer umfassenden beruflichen Handlungskompetenz ist auf kontextbezogene, praktische Erfahrungen und auf ein systematisiertes Lernen in der Praxis angewiesen. Dadurch werden den angehenden Erzieherinnen und Erziehern besondere Lernerfahrungen ermöglicht, welche die Entwicklung ihrer beruflichen Identität unterstützen. Dazu gehören die Vernetzung von Unterrichtsinhalten in den Lernfeldern mit der sozialpädagogischen Praxis in Form von Hospitationen, Expertengesprächen, Projekten und den ohnehin obligatorischen Praktika (vgl. Müller-Neuendorf/Obermaier 2012, S. 17ff.). »Insgesamt beträgt der berufspraktische Anteil nahezu ein Drittel des Gesamtvolumens der Ausbildung in der Fachschule« (Länderübergreifender Lehrplan Erzieherin/Erzieher 2012, S. 14).

Persönlichkeitsbildung über den Erwerb einer professionellen Haltung

Neben den nötigen Fachkompetenzen setzt frühpädagogisches Handeln im Arbeitsfeld Tageseinrichtungen für Kinder entsprechend dem DQR ausgeprägte personale Kompetenzen voraus, die zusammen erst die Professionalität des frühpädagogischen Personals ergeben. Die personale Kompetenz zeigt sich in einer professionellen Haltung, die sich »einerseits auf ein handlungsleitendes professionelles Rollen- und Selbstverständnis im Sinne eines Habitus [bezieht], andererseits auf die sich beständig weiterentwickelnde Persönlichkeit der pädagogischen Fachkraft« (Robert Bosch Stiftung 2011, S. 49). Die hier beschriebene professionelle Haltung wird erst durch biografische Selbstreflexion sowie durch die Fähigkeit zur systematischen und methodisch fundierten Reflexion pädagogischer Handlungspraxis im Prozess der Ausbildung entwickelt und gefestigt.

Mit Blick auf die im kompetenzorientierten Qualifikationsprofil formulierten sozialen und personalen Kompetenzen lässt sich die in der fachschulischen Ausbildung anzustrebende professionelle Haltung zusammenfassend als eine primär kind- bzw. adressatenzentrierte Haltung und Einstellung beschreiben, die die Fachschulabsolventinnen und -absolventen empathisch und beziehungsfähig in eine wahrnehmende Beobachtung bringt und die ihnen fachlich abgesichert den Umgang mit Differenz und Ungewissheit ermöglicht (ebd.).

Die Ausbildung einer professionellen Haltung ist stets auch auf kontextbezogene, praktische Erfahrungen und ein systematisiertes Lernen in der konkreten pädagogischen Praxis angewiesen. Vor allem durch die Ermöglichung von praktischen Erfahrungen und methodisch angeleiteter Praxisreflexion entwickelt sich eine berufliche Identität. Dazu zählen unter anderem eben auch personale Eigenschaften wie Selbstständigkeit, Zuverlässigkeit, Eigeninitiative, Begeisterungsfähigkeit, die Bereitschaft zur Arbeit an der eigenen Persönlichkeit mit dem Ziel des lebenslangen Lernens und der Übernahme von Verantwortung (vgl. Robert Bosch Stiftung 2011, S. 49ff.). Die Entwicklung einer professionellen Haltung ist deshalb für die Fachschulausbildung ein integrativer Bestandteil im Sinne einer Stärkung der professionellen Beziehungs- und Bildungsarbeit der auszubildenden Fachkräfte.

Fasst man die Kompetenzen, Inhalte und Aussagen zur professionellen Haltung sowie die Vorgaben zur Kooperation zwischen den Lernorten Praxis und Fachschule des kompetenzorientierten Qualifikationsprofils sowie des länderübergreifenden Lehrplans zusammen, so dürfte die Einstufung der Fachschulausbildung auf dem Niveau 6 des DQR nicht sonderlich überraschen. Laut DQR-Niveau 6 verfügen die Absolventinnen und Absolventen über »Kompetenzen zur Planung, Bearbeitung und Auswertung von umfassenden fachlichen Aufgaben- und Problemstellungen sowie zur eigenverantwortlichen Steuerung von Prozessen in Teilbereichen eines wissenschaftlichen Faches oder in einem beruflichen Tätigkeitsfeld [...]. Die Anforderungsstruktur ist durch Komplexität und häufige Veränderungen gekennzeichnet« (DQR 2011, S. 7).

Ausbildungsübergreifender Dialog – Perspektiven gelebter Diversität

Es ist evident: Nur durch einen Transparenz schaffenden Bezugsrahmen lassen sich – jenseits des deutschen Bildungsschismas (vgl. Baethge 2006) – die nötigen Schnittmengen beider Ausbildungssysteme miteinander vergleichen und in eine entsprechende Form der Anrechnung bringen. Doch zunächst sind mit Sigrid Ebert (2012, S. 12) Forschung, Lehre und Praxis dringend aufgefordert zu klären, »was die Profession ›Erziehung und Bildung in der Kindheit‹ im Kern zusammenhält, was die beiden auf Niveau 6 des DQR gleichgestellten ›Kompetenzbündel‹ gemeinsam haben«. Erst auf der Basis dieser Klärung könnten dann weitere strategische Fragen in einem länder- und ausbildungsübergreifenden Diskurs angegangen werden. Aufs Ganze gesehen wird es also zukünftig um ein produktives und konstruktives Miteinander im multiprofessionellen Orchester der Ausbildung sozialpädagogischer Fachkräfte gehen. Auf der Grundlage dieses gemeinsamen Bezugsrahmens müsste

- eine größere Transparenz und Vergleichbarkeit der angestrebten Kompetenzen hergestellt werden,
- mit den relevanten Entscheidungsträgern und Akteuren im Feld eine Verständigung über die künftige Struktur und tarifliche Einbindung des Personals in den Einrichtungen (multiprofessionale Teams) erzielt werden,
- ein Pilotprojekt über ein institutionelles Transformationsmodell mit dem Ziel vereinbart werden, zusammen mit ausgewählten Fachschulen regional vernetzte integrierte Studiengänge zu realisieren.

Hierzu wäre ein Strategiekonzept vonnöten, das in einem länder- und ausbildungsübergreifenden Diskurs verbindliche Bildungsstandards für die pädagogische Arbeit mit Kindern entwickelt und gleichzeitig den Transparenz schaffenden Bezugsrahmen für die Ausbildung der sozialpädagogischen Fachkräfte an Hochschule und Fachschule formuliert.

Greift man resümierend nochmals die eingangs gestellte Frage auf, ob es denn wirklich keinen Weg gibt, der die Spaltung zwischen »Bildung durch Wissenschaft in Einsamkeit und Freiheit« in humboldtscher Tradition und »Bildung im Medium praktischer Berufstätigkeit« nach Georg Michael Kerschensteiner überwindet, so ist die bereits von Herwig Blankertz gegebene Antwort insbesondere hier aufschlussreich: Bildung und Ausbildung im Medium des Berufs erfordern die Überwindung der Trennung von wissenschaftsorientiertem und anwendungsorientiertem Lernen (vgl. Blankertz 1966). Mit seinem Weg der Vergleichbarkeit von Kompetenzen und der Einstufung von studien- und berufsbezogenen Abschlüssen hat hierzu der DQR einen wichtigen Beitrag geleistet.

Literatur

Arbeitskreis Deutscher Qualifikationsrahmen (AK DQR) (2009): Diskussionsvorschlag eines Deutschen Qualifikationsrahmens für lebenslanges Lernen. Berlin

Arbeitskreis Deutscher Qualifikationsrahmen (AK DQR) (2011): Der Deutsche Qualifikationsrahmen für lebenslanges Lernen. Berlin

Autorengruppe Fachschulwesen (2011): Qualifikationsprofil »Frühpädagogik« – Fachschule/Fachakademie. München

Balluseck, Hilde von (2013): Sind Fachschul- und Hochschulausbildung gleichwertig? In: Theorie und Praxis der Sozialpädagogik. H. 01/2013. S. 42–45

Baethge, Martin (2006): Das deutsche Bildungsschisma: Welche Probleme ein vorindustrielles Bildungssystem in einer nachindustriellen Gesellschaft hat. In: SOFI Mitteilungen Nr. 43, S. 13–27

Blankertz, Herwig: (1963): Berufsbildung und Utilitarismus. Düsseldorf

Diller, Angelika (2010): Von der Sackgasse zur Durchfahrtsstraße. Gleichwertigkeit und Durchlässigkeit im Bildungssystem. Herausgegeben vom Deutschen Jugendinstitut. München

Ebert, Sigrid (2012): Profis im Kita-System. In: Betrifft Kinder. 10/2012, S. 12

Fröhlich-Gildhoff, K./Nentwig-Gesemann, I./Pietsch, S. (2011): Kompetenzorientierung in der Qualifizierung frühpädagogischer Fachkräfte. Eine Expertise der Weiterbildungsinitiative Frühpädagogische Fachkräfte (WiFF). München

Heidemann, Winfried (2010): EQF und ECVET: Förderung von Durchlässigkeit und Übergängen im Bildungssystem. In: Erziehungswissenschaft. Mitteilungen der Deutschen Gesellschaft für Erziehungswissenschaft (DGfE). 21. Jg., H. 41, S. 105–111

Jugend- und Familienministerkonferenz (JFMK) (2010): Weiterentwicklung der Aus-, Fort- und Weiterbildung von Erzieherinnen und Erziehern. Beschluss (in der Fassung des KMK-Beschlusses vom 16. 09. 2010). www.jfmk2010.de (01.12.12)

Jugendministerkonferenz (JMK) (2005): Weiterentwicklung der Erzieherinnen- und Erzieherausbildung. Beschluss vom 12./13. 5. 2005. www.mbjs.brandenburg.de/sixcms/media.php/5527/TOP%2013 %20-%20Beschluss.15475640.pdf (01.12.2012)

Klafki, Wolfgang (1996): Neue Studien zu Bildungstheorie und Didaktik. Zeitgemäße Allgemeinbildung und kritisch-konstruktive Didaktik. 5. Auflage. Weinheim und Basel

Länderübergreifender Lehrplan Erzieherin/Erzieher (2012). Entwurf vom 01. 07. 2012. www.boefae.de/wp-content/uploads/2012/11/laenderuebergr-Lehrplan-Endversion.pdf (23. 2. 2013)

Müller-Neuendorf, M./Obermaier, M. (2012): Wandel der Erzieherinnenausbildung – zur wachsenden Bedeutung des Lernortes Praxis. In: Kindergarten heute: Praktikantinnen qualifiziert ausbilden. Sonderheft. Freiburg/Breisgau. S. 16–21

Otto, Jeanette: Die Kita-Lüge. Die Zeit vom 02.07.2009. www.zeit.de/2009/28/C-Kita-Chaos/seite-1 (21.01.2013)

Reich, Kersten (2006): Konstruktivistische Didaktik – Ein Lehr- und Studienbuch mit Methodenpool auf CD. Weinheim

Robert Bosch Stiftung (2011): Qualifikationsprofile in Arbeitsfeldern der Pädagogik der Kindheit. Stuttgart

Sekretariat der Ständigen Konferenz der Kultusminister der Länder in der Bundesrepublik Deutschland (KMK) (2010 a): Gemeinsamer Orientierungsrahmen »Bildung und Erziehung in der Kindheit«. Beschluss vom 14.12.2010

Sekretariat der Ständigen Konferenz der Kultusminister der Länder in der Bundesrepublik Deutschland (KMK) (2010 b): Rahmenvereinbarung über Fachschulen. Beschluss vom 07.11.2002 i.d.F. vom 03.03.2010

Sekretariat der Ständigen Konferenz der Kultusminister der Länder in der Bundesrepublik Deutschland (KMK) (2011): Kompetenzorientiertes Qualifikationsprofil für die Ausbildung von Erzieherinnen und Erziehern an Fachschulen/Fachakademien. Beschluss vom 01.12.2011

Sekretariat der Ständigen Konferenz der Kultusminister der Länder/Bundesministerium für Bildung und Forschung/Wirtschaftsministerkonferenz/Bundesministerium für Wirtschaft und Technologie (KMK/BMBF/WMK/BMWi) (2013 a): Gemeinsamer Beschluss zum Deutschen Qualifikationsrahmen für lebenslanges Lernen. Berlin

Sekretariat der Ständigen Konferenz der Kultusminister der Länder/Bundesministerium für Bildung und Forschung/Wirtschaftsministerkonferenz/Bundesministerium für Wirtschaft und Technologie (KMK/BMBF/WMK/BMWi) (2013 b): Anlage zum Gemeinsamen Beschluss zur Einführung des Deutschen Qualifikationsrahmens für lebenslanges Lernen (DQR). Berlin

Mehr Mut zur akademischen Professionalisierung

Ein Plädoyer für neue Anstrengungen beim Ausbau von kindheitspädagogischen Studiengängen

Claus Stieve

Folgt man den Diskussionen der vergangenen drei Jahre, so scheint sich geklärt zu haben, dass das entstandene Neben- und Nacheinander von Fachschul- und Hochschulausbildung in der Pädagogik der Kindheit (vgl. JFMK/KMK 2010; Deutscher Verein 2007 u.a.) mit einem deutlichen Schwerpunkt auf der Fachschule auf längere Sicht bestehen bleibt. Trotz der überaus erfolgreichen Einführung von circa 60 Bachelor-Studiengängen im letzten Jahrzehnt ist die Fachschulausbildung mit 19.000 Absolventinnen und Absolventen im Schuljahr 2010/11 die Regel (vgl. Dudek/Hanssen/Reitzner, in diesem Band). Für eine deutlich geringere Zahl von Interessenten bietet sich die Option eines Studiums an (geschätzt jährlich circa 1.000 Absolventinnen und Absolventen; vgl. auch Rauschenbach/Schilling 2013). Die Einordnung von Fachschulen und Fachhochschulen auf dem gleichen Level des Deutschen Qualifikationsrahmens (DQR) könnte dieses Verhältnis fixieren. Die Fachschulausbildung klingt aufgewertet, und eine umfassendere Verlagerung der Qualifikation an die Hochschule wirkt nicht mehr so dringlich. Diese dient vorrangig einer Weiterbildung auf Grundlage der Fachschulausbildung, z.B. um für Leitungsaufgaben zu qualifizieren.

Doch hat die Kultusministerkonferenz zusammen mit der Jugend- und Familienministerkonferenz 2010 ausdrücklich einen quantitativen Ausbau der Studiengänge, verbunden mit Durchlässigkeitsregelungen, begrüßt (vgl. JFMK 2010). Es lässt sich aber ahnen, dass die Levelzuordnung eine ganz andere Wirkung nach sich zieht. Sie gibt keinen Anreiz, im frühpädagogischen Feld arbeitende Personen für ein Hochschulstudium zu gewinnen, das vor allem auf Leitungsaufgaben vorbereitet (wofür der Aktionsrat Bildung besondere Anstrengungen fordert; ders. 2012, S. 58f.). Auch stärkt die Levelzuordnung nicht das besonders von den Fachschulen favorisierte Stufenmodell »erst Ausbildung – dann Studium« (vgl. etwa Mehring 2012). Durchlässigkeitsregelungen werden unsinnig, und die Motivation, ein Studium an die Erzieherinnen- und Erzieherausbildung anzuschließen, verliert einen weiteren Anreiz. Vor allem aber geht die Verkürzung der Professionalisierungsdebatte auf Gleichwertigkeit und Durchlässigkeit von Ausbildung und Studium an den Reformschritten vorbei, die mit Blick auf alle anderen Bereiche der Sozialen Arbeit und des Bildungswesens überfällig sind.

Es lohnt deshalb, sich noch einmal zu vergewissern, ob und warum eine Professionalisierung in der Pädagogik der Kindheit auf akademischer Grundlage so bedeutsam ist. Im folgenden Beitrag soll zunächst mit Sicht auf die Professionalisierung daran erinnert werden, warum die Etablierung eines Studiums an Hochschulen so bedeutsam ist, um darauf aufbauend szenarisch mehrere Hypothesen zu den Auswirkungen der Levelregelung des Deutschen Qualifikationsrahmens aufzustellen und ausblickend Herausforderungen zu benennen.

Worum geht es? Stichwort Professionalisierung

Die neuen Studiengänge der Pädagogik der Kindheit stellen einen notwendigen Schritt zur Professionalisierung dar, denn durch sie etabliert sich erstmalig ein frühpädagogisches Hochschulfach. Sie bieten die Chance, in weitaus systematischerer Form als in den Jahrzehnten zuvor wissenschaftlich-forschende Zugänge, Erkenntnisse und Konzeptionen in der Pädagogik der frühen Kindheit zu entwickeln und Berufseinsteigerinnen und -einsteiger daran forschend und lernend zu beteiligen. Forschung und Beteiligung ergänzen nicht nur die Wissens- und Fertigkeitsvermittlung sowie die Praxisorientierung der Fachschulausbildung (ein Eindruck, der entstehen kann beim Lesen des gemeinsamen Orientierungsrahmens von JFMK und KMK 2010), sondern sie bedeuten eine andere Ausrichtung des Zugangs zu Wissen und Praxis. Insbesondere darin liegt die notwendige Veränderung gegenüber den komplex gewordenen Bedingungen und teilweise widersprüchlichen Anforderungen einer in den Mittelpunkt des gesellschaftspolitischen Interesses getretenen Pädagogik der Kindheit.

Professionalisierung darf nicht voreilig aus einer möglichst effektiv herzustellenden besseren Qualität der unmittelbaren Arbeit mit dem einzelnen Kind heraus begründet werden. Sie bezieht sich auf eine veränderte Wahrnehmung, Gestaltung und Expertise des komplexen Tätigkeits- und Forschungsfeldes der Pädagogik der Kindheit und auf die verantwortliche Vertretung in den dazugehörigen gesellschaftlichen Diskursen. Auch aus Sicht der Akkreditierung wurde jüngst in einem Beitrag zur Anrechnung von Studienleistungen befürchtet, »dass mit den bis zum zulässigen Extrem verkürzten Bachelor-Studiengängen und der damit verbundenen zunehmenden Ökonomisierung der Bildung durch die Reduktion der Qualifikationen auf Maßstäbe der Employability – unter Vernachlässigung der Aspekte umfassender Bildung – das Niveau der tertiären Erstausbildung sinkt und bei Studierenden die Entwicklung einer hochschulischen Sozialisation und eines tieferen Verständnisses für ein bestimmtes Fachgebiet verhindert wird« (Kälble 2013b, S. 189).

Diese »umfassende Bildung« ist es aber, die ein Studium ermöglichen soll. Professionalisierung ist zwar nicht mit Akademisierung gleichzusetzen. Die wissenschaftliche Orientierung und Herausbildung eines forschenden Habitus, sprich: die Suche nach einem tieferen Verständnis des eigenen Fachgebiets und dem damit verbundenen Selbstverständnis, ist eine zentrale Voraussetzung in Bezug auf Selbstverantwortung, Organisation, Reflexivität und berufliches Ethos. Sie schafft hierfür den Begründungs- und Diskussionsrahmen (vgl. Baethge, in diesem Band).

In diesem Zusammenhang bedeutet Professionalisierung, Möglichkeiten einer veränderten Ausrichtung des pädagogischen Auftrags im Kontext sich wandelnder Lebenslagen und Konstruktionen von Kindheit und Familie zu reflektieren und zu konzipieren. Die Verknüpfung von Professionalisierung und Hochschulstudium ergibt sich aus der Komplexität veränderter Anforderungen an eine den Erfahrungszusammenhang von Kindern und Familien insgesamt in den Blick nehmende und nicht ohne Grund seit neuester Zeit so genannte »*Kindheits*pädagogik« (vgl. Stieve 2010).

Der Aktionsrat Bildung hat in seinem Gutachten (2012, S. 9 und S. 69ff.) solche Anforderungen benannt. Sinnvollerweise, aber zu ausschließlich bezieht er sich dabei auf die »Transformation« der Kindertageseinrichtung zur grundlegenden Bildungsinstitution. Tatsächlich sind Entwicklungen erkennbar, die den Handlungsrahmen einer kindheitspädagogischen Profession aufgrund ihrer besonderen Qualifikation *zwischen* Bildungswesen und Jugendhilfe erheblich ausweiten könnten. Sie reichen von der Wahrnehmung, Begleitung und Unterstützung kindlicher Bildungsprozesse über die sozialpädagogisch begründete bildende und partizipative Arbeit mit Familien in Kindertageseinrichtungen, Familienbildungseinrichtungen und in sozialräumlichen und kommunalen Netzwerken bis hin zu einer Reihe von die frühe und mittlere Kindheit unmittelbar betreffenden und mit der Frühpädagogik der Kindertageseinrichtungen korrespondierenden Tätigkeitsfeldern wie Frühe Hilfen oder Schulsozialarbeit an Grundschulen.

Eine stärker wissenschaftlich fundierte Beruflichkeit bedeutet in diesem Zusammenhang, nicht nur relativ klar umrissene wissenschaftliche Grundlagen zu erwerben, um sie dann anzuwenden, sondern den Umgang mit Unsicherheit zu erlernen, sowohl was den Zugang zu kindlichen und familiären Lebenswelten und Bildungsprozessen als auch was die eigene berufliche Rolle anbelangt (Studiengangstag Pädagogik der Kindheit 2011, S. 9). Dahlberg, Moss und Urban beispielsweise thematisieren die Gefahren, die Kindern gegenüber auftreten, wenn sie in herrschenden, für selbstverständlich genommenen Diskursen (Foucault) objektiviert werden, und stellen dem bewusst eine Ethik der Fremdheit und demokratischen Beteiligung gegenüber (vgl. Dahlberg/Moss 2005; Moss/Urban 2010).

Ein entsprechendes Berufsethos zu entwickeln ist eine zentrale Aufgabe von Professionalisierung. Sie äußert sich in der offenen, forschenden Wahrnehmung von Kindern, der darin begründeten Gestaltung ihrer unmittelbaren, pädagogisch arrangierten Umgebung, der dialogischen Interaktion mit ihnen und ihren Familien sowie der Selbstreflexion des eigenen pädagogischen Handelns. Diese Aufgabe bedarf aber zugleich der Fähigkeit zur kritisch-forschenden Analyse der kindlichen und familiären Lebenssituationen und der die eigene pädagogische Arbeit betreffenden gesellschaftlichen Bedingungen, Diskurse, Konstruktionen und Praxen. Ein damit korrespondierendes Praxisverständnis, in dem in besonderer Weise auch die Stärke der Fachhochschulen liegt, zielt auf ein aufgeklärtes Handeln durch »Erkenntnis, Kritik, Phantasie, Theorie«, als »Ausbruch aus Gewohntem durch Distanz, Überprüfung«, wie es Hans Thiersch einmal formulierte (1995, S. 230).

Strukturelle Möglichkeiten von Fachschulen und Hochschulen

Die Herausbildung eines forschenden Habitus braucht Zeit. Schon bei der Anrechnung von Vorkenntnissen auf ein Studium, erst recht aber in der Gleichwertigkeitsdebatte werden die strukturellen Unterschiede von kindheitspädagogischer Fachschul- und Hochschulausbildung verwischt. Sie ergeben sich nicht aus den Inhalten, sondern aus dem Umgang mit diesen, es sei denn, Hochschulen werden aufgrund einer Ökonomisierung und Standardisierung ihrer Lehre zu sehr dazu gedrängt, Inhalte ähnlich stark zu vereinheitlichen, wie dies in der schulischen Tradition der Fall ist. Die Reflexions- und Konzeptionsfähigkeit als Folge einer hochschulischen »Sozialisation« macht sich nicht an einem einzelnen Modul, sondern am Studium in seinem Gesamtverlauf fest.

Diese vollwertige akademische Qualifikation droht schon bei einer bis zur Hälfte zu verkürzenden Studienzeit auf der Strecke zu bleiben (vgl. die nachdrückliche Unterstreichung entsprechender Anrechnungsmöglichkeit durch die JFMK, unter anderem in ihrem Beschluss vom 14.12.2010). Bei der DQR-Einordnung bleibt sie völlig unbeachtet. Es ist weiterhin fraglich, ob die Lernergebnisse (outcomes) von Fach- und Hochschule tatsächlich in der Formulierung des DQR gleichwertig einzuordnen sind. Der Unterschied lässt sich eben nicht an einem einzelnen Modul, sondern am Prozess der wissenschafts- und forschungsorientierten Bildung eines Studiums insgesamt festmachen. Wenn eine Professionalisierung der Kindheitspädagogik ein durch wissenschaftliche Expertise begründetes berufliches Ethos mit dem damit verbundenen Gestaltungs- und Vertretungsanspruch anstrebt, dann ist die Gleichsetzung der bestehenden schulischen Ausbildung mit einem durch die Einheit von Forschung und Lehre bestimmten Studium ein Rückschritt und ein gesellschaftspolitisch defensives Signal.

Fachschulen leisten häufig eine qualitativ hochwertige Ausbildungsarbeit, und umgekehrt muss sich jeder Hochschulstudiengang fragen, ob er tatsächlich eine Einheit von Forschung und Lehre verwirklicht und gestaltet. Doch als schulisches System verfügen Fachschulen *strukturell* weder über den Auftrag noch über die Ressourcen, um Theorie, Konzeption und Reflexion in der Weise zu generieren, wie es Hochschulen mit einer gesetzlich verankerten expliziten Forschungsbeauftragung möglich ist (Studiengangstag Pädagogik der Kindheit 2011, S. 4f.).

Das Gleichheitsdilemma zwischen Fachschulausbildung und Hochschulstudium in der Pädagogik der Kindheit offenbart sich schon darin, dass die vorausgesetzte Qualifikation eines Lehrenden an Fachschulen (Befähigung zum Lehramt) oder an Fachhochschulen, Pädagogischen Hochschulen und Universitäten (Befähigung zur selbstständigen wissenschaftlichen Forschung, nachgewiesen durch eine Promotion, an Fachhochschulen verknüpft mit einer mehrjährigen außerhochschulischen Praxis) unbeachtet bleibt.

Fachschulen können zudem in ihrer generalistisch-sozialpädagogischen Ausrichtung, in der die Kindertageseinrichtung neben Ganztagsschule, Heimpädagogik und Jugendarbeit einen unter mehreren, wenn auch den gewichtigsten Inhalt darstellt, nur auf relativ fest umrissene Aufgaben in der Kindheitspädagogik vorbereiten. Das Bachelorstudium ermöglicht dagegen, den Fokus auf ein Feld sich aktuell ständig wandelnder, aber eng zusammenhängender Arbeitsprofile rund um Kinder und Familie zu richten. Dieses Feld reicht von der Arbeit in der Kindergruppe, der besonderen Expertise in verschiedenen Bildungsbereichen über neue Formen familienbildnerischer Tätigkeiten, Koordinationsaufgaben von Netzwerken, Schulsozialarbeit an Grundschulen, Inklusion, Leitung und Fachberatung bis hin zu Forschungstätigkeiten an Hochschulen.

In den vergangenen Jahren wurde durch die Einrichtung von Hochschulstudiengängen in diesem Zusammenhang viel erreicht. Es wächst eine empirische Forschungslandschaft, es beginnt ein neuer Theoriediskurs, es kommt zu einer umfassenden Zunahme und Vielfalt fachlicher und wissenschaftlicher Publikationen einschließlich erster Handbücher – und dies alles aus einer Verbindung mit der Lehre, sprich mit der Einrichtung von Studiengängen, heraus.

Die Fachhochschulen können dabei aus einer jahrelangen Tradition der Praxisorientierung schöpfen. Sie stellen den größten Teil der Studiengänge und bieten damit – bisher noch deutlicher als die Universitäten, die in der Regel nur Schwerpunktsetzungen innerhalb eines generalistischen pädagogischen Studiums ermöglichen – eine dezidiert auf die frühe Kindheit ausgerichtete Fokussierung an. Sie ermöglichen, die Pädagogik der frühen Kindheit und die Arbeit der Kindertageseinrichtung als grundlegenden und curricular auszuarbeitenden Teil des Bildungswesens zu fassen, diese Ausrichtung aber mit einem breiten sozialpädagogischen und lebensweltbezogenen Verständnis von Bildung zu verknüpfen (vgl. unter anderem Thiersch 1995). Sie bieten aus ihrer praxisnahen Tradition die Chance, dass Forschung und begleitete Praxis schlüssig ineinandergreifen und ermöglichen so gleichermaßen die reflektierte Erfahrung von Praxis im Feld wie auch die Entwicklung von Praxis in den Hochschulen selbst, etwa in Bildungs- und Lernwerkstätten oder Lehrforschungsprojekten.

Das gleiche Level und die Folgen

Die Zuordnung des Levels 6 für Fachschulausbildung und Bachelorstudium hemmt das Professionalisierungsbestreben in der Pädagogik der Kindheit, und es ist zu hoffen, dass die lang ersehnte Entwicklung nicht stagniert. Der Aktionsrat Bildung (2012, S. 39 ff.) und andere verdeutlichen, dass es ein äußerst langwieriger Prozess sein wird, eine qualitativ hochwertige Teil-Akademisierung zu erreichen. Die Levelzuweisung führt in diesem Bestreben zu einer unnötigen Irritation. Welche Auswirkungen könnten sich szenarisch ergeben?

1. Die Grundqualifikation an Fachschulen droht erneut zur Sackgasse zu werden.

Wer als Erzieherin oder Erzieher auf Niveau 6 steht, hat nur bedingt direkte Weiterentwicklungsmöglichkeiten, weil der Bachelor aufgrund der gleichen Niveaustufe zu keiner tatsächlichen Verbesserung zu führen scheint und die nächsthöhere Stufe, der Master, nur äußerst schwer erreichbar ist. In der Regel ist dafür der an einer Hochschule erworbene

Bachelor Voraussetzung. Auch wenn manche Bundesländer einen Masterstudiengang im Rahmen einer »offenen Hochschule« direkt zugänglich machen, dürften die Hürden von Eingangsprüfungen für Erzieherinnen und Erzieher aufgrund der fehlenden wissenschaftlichen Grundbildung zu Recht nur schwer zu bewältigen sein. Die erhebliche, den Erzieherinnen- und Erzieherberuf lange Zeit kennzeichnende Barriere, sich *im Feld* umfassend weiterqualifizieren zu können bzw. das eigene Fach (sofern es sich auf Frühpädagogik bezieht) tatsächlich zu *studieren*, könnte also mit der Levelregelung durch die Hintertür wieder eingeführt worden sein. Der Bachelor lohnt (scheinbar) nicht, der Master ist verschlossen.

2. Der Gewinn eines auf der Ausbildung von Erzieherinnen und Erziehern aufbauenden Studiums wird noch ungewisser.

2007 gaben in einer Studie des Forschungsverbundes DJI/TU Dortmund (2007, S. 17 f.) 9 Prozent der Befragten an, sie würden auf jeden Fall berufsbegleitend einen Studienabschluss erwerben wollen, weitere 48 Prozent konnten sich dies unter Umständen vorstellen. Inzwischen gibt es bei den weiterbildenden Studiengängen aber einige Anzeichen, dass die Bewerberlage zu gering ist. So richten sich beispielsweise in Nordrhein-Westfalen aus diesem Grund mehrere Studiengänge neuerdings grundständig aus. Erzieherinnen und Erzieher zögern sicherlich auch mit der Aufnahme eines Studiums, weil sie häufig berufstätig sind und abwägen, ob sie Studieren mit Arbeitstätigkeit und Familie verbinden können. Mindestens genauso relevant für ihre Entscheidung zu studieren dürfte aber die BEantwortung der Frage sein, welchen Gewinn sie eigentlich aus diesem Studium ziehen können. Diesen Gewinn lässt die gleiche Levelzuordnung diffuser erscheinen. So gaben zum Beispiel in einer Studie von Jutta Helm 93 Prozent der zu ihrer Studienmotivation befragten Studierenden mit sozialpädagogischer Vorausbildung an, sich mit dem Studium der Kindheitspädagogik einen beruflichen Aufstieg zu erhoffen (vgl. Helm 2010, S. 38).

Zumindest oberflächlich entsteht durch die gleiche Levelzuordnung aber der Eindruck einer doppelten Ausbildung, einmal auf Fachschul-, dann auf Hochschulebene. Der berechtigte Wunsch nach Aufstiegsmöglichkeiten, nach der Gestaltung attraktiver Arbeitsprofile *im Feld*, aber auch nach der Aufwertung der eigenen Tätigkeit wird durch das gleiche Level kaschiert. Das DQR-Level 6 für Fachschulen trifft deshalb vor allem die sogenannten weiterbildenden Studiengänge, und das kann kaum im Sinne vieler Protagonisten in der Fachpolitik sein. So fordern der Aktionsrat Bildung (2012, S. 9), der Deutsche Verein (2007, S. 14), mehrere Länder und natürlich die Fachschulvertretungen besondere Anstrengungen in der Entwicklung weiterbildender Studiengänge. Szenarisch könnten sich deutlich weniger ausgebildete Erzieherinnen und Erzieher bewerben. Dies könnte dazu führen, dass die Hochschulen, wie mancherorts schon erkennbar, von weiterbildenden Studienangeboten absehen.

3. Grundständige Studiengänge sind weniger betroffen.

Deutlich weniger dürften die grundständigen Studiengänge durch die gleiche Levelzuordnung tangiert sein. Diese Studiengänge stehen in Konkurrenz zu den Fachschulen, aber ein Studium lohnt sich auch bei gleichem DQR-Level deutlich mehr als eine Ausbildung. Die damit verbundenen Weiterentwicklungsoptionen dürften gegenüber der Levelzuordnung überwiegen. Dies zeigt sich auch in einer häufig sehr guten Bewerberlage, der allerdings relativ wenige Plätze gegenüberstehen (an der Fachhochschule Köln zum Beispiel jährlich 1.500 bis 2.000 Bewerbungen für momentan 45 Studienplätze).

Es sollte deshalb einmal mehr darauf ankommen, sich politisch nicht nur auf die weiterbildenden Studiengänge und damit verbundene herausgehobene Aufgaben (wie Leitung et cetera) zu konzentrieren. Gleichermaßen müssen die grundständigen Studiengänge gefördert werden, um tatsächlich sukzessive den Akademikeranteil von aktuell nur 4,2 Prozent in Kindertageseinrichtungen (vgl. den Beitrag von Dudek/Hanssen/Reitzner, in diesem Band) zu erhöhen und zugleich ein erweitertes Stellenprofil für Kindheitspädagoginnen und -pädagogen zu entwickeln. Dies formuliert auch der Aktionsrat Bildung, der es trotz aktueller Angewiesenheit auf die Fachschulausbildung als »unstrittig« bezeichnet, dass diese auf lange Sicht »nicht der Regelfall bleiben wird, um professionell im frühpädagogischen Bereich arbeiten zu können. Vielmehr ist weitgehend anerkannt, dass wir auf längere Zeit zwei parallele Ausbildungssysteme haben werden« (Aktionsrat Bildung 2012, S. 60, verweisend auf die JFMK 2010). Ein solches paralleles Ausbildungssystem lässt sich nur durch einen weiteren Ausbau grundständiger Studiengänge erreichen.

4. Nicht ob und wie, sondern wozu Kompetenzen angerechnet werden sollen, ist die dringend zu beantwortende Frage.

In diesem Zusammenhang ist auch die Anerkennungspraxis zu sehen. Unabhängig von DQR 6 darf eine Anerkennungspraxis nicht zu einer übermäßigen Verkürzung des Studiums führen (vgl. Schäfer/Gruber 2011). Ein Studium im Sinne der Entwicklung eines forschenden Habitus kann nicht in anderthalb Jahren absolviert werden. Jede Art der Anerkennung von Leistungen an Berufskollegs und Fachschulen muss deshalb weiterhin im Ermessenspielraum der hierzu berechtigten wie verpflichteten Hochschulen verbleiben und darf nicht pauschal geregelt werden, um die Anschlussfähigkeit zwischen Vorbildung und Studium und das akademische Niveau jedes einzelnen Studiengangs zu sichern. Der Fachbereichstag Soziale Arbeit weist darauf hin, dass es den Hochschulen nicht freisteht, außerhochschulische Qualifikationen nach anderen Maßstäben als der Kompatibilität für die Zuordnung auf Bachelor und Master anzuerkennen. Sie müssen diese Anerkennung nach den Kriterien des europäischen Hochschulraums in Fortentwicklung des Bologna-Prozesses vornehmen (Fachbereichstag Soziale Arbeit 2012, S. 4), das heißt, sich konstitutiv auf den wissenschaftlichen Charakter beziehen.

Die gleiche Niveaustufe 6 (selbst wenn innerhalb dieser Abstufungen denkbar sein mögen) droht in der Durchlässigkeitsfrage weitergehende Inkompatibilitäten und Unsicherheiten zu schaffen. Grundsätzlich stellt sich die Frage, wozu eine Anerkennung überhaupt sinnvoll sein soll, wenn es doch um das gleiche Level geht. Eigentlich »verlieren [...] Regelungen der vertikalen Durchlässigkeit zwischen Fachschule und Hochschule ihren Sinn, da mit dem Bachelor-Abschluss keine höhere Niveaustufe erreicht werden kann« (Kälble 2013 a, S. 12). Der Nachweis gleichwertiger Kompetenzen innerhalb der Anrechnung außerhochschulisch erworbener Kompetenzen auf das Bachelorstudium wird aufgrund des Niveaus 6 problematisch (ebd.).

Herausforderung: ein koordiniertes Gesamtkonzept

Das Dilemma, das sich aus Level 6 ergibt, zeigt einmal mehr, dass ein integriertes Gesamtkonzept für die verschiedenen Ausbildungswege und »ebenen« dringlicher wird. Es sollte von einer gemeinsamen Zielsetzung getragen sein, die allerdings nicht nur Fragen der aktuellen Kooperation der verschiedenen Aus-, Weiterbildungs- und Studienebenen betrifft. Wenn das gleiche Level 6 nicht zum Hemmschuh für Absolventinnen und Absolventen von Hochschulen werden soll, bedarf es einer koordinierten Zielorientierung für den Ausbau der Studiengänge in der Pädagogik der Kindheit und nicht nur für die Regelung des Status quo.

Der Aktionsrat Bildung hat in seinem Gutachten einen Forderungskatalog aufgestellt und damit mögliche Ziele benannt (2012, S. 9 und S. 69ff.). Grundsätzlich ist es sinnvoll, in dieser Weise fachpolitisch ein Gesamtkonzept zu fordern. So benennt der Aktionsrat Bildung zum Beispiel, dass die

Forschungslandschaft weiter auszubauen und eine bessere Bezahlung anzustreben sei und dass, wenn auch kaum erreichbar, 2020 jede Kindertageseinrichtung in Deutschland über eine akademisch qualifizierte Fachkraft verfügen solle (ebd.). Allerdings wäre eine Zielvereinbarung breiter auszurichten.

Dies bezieht sich besonders auf die Forderung des Aktionsrats, Studiengänge sollten sich explizit auf Kindertageseinrichtungen und vorrangig auf Bildungsthemen und Leitung ausrichten, und Hochschulen sollten besonders die berufsbegleitenden Studiengänge für ausgebildete Erzieherinnen und Erzieher ausweiten (ebd.). Nach der oben ausgeführten Argumentation einer wissenschaftsorientierten Professionalisierung sollten die Studiengänge sich auf Kindertageseinrichtungen, aber nicht ausschließlich auf sie, sondern auf eine Pädagogik der Kindheit im Zusammenspiel verschiedener Institutionen und im Kontext des Erfahrungs- und Lebenszusammenhangs von Kindern und Familien ausrichten, mit allen dazu gehörenden unterschiedlichen Aufgabenprofilen (frühe Hilfen, Krippe, Koordination von Tagespflege, Kindertageseinrichtung, Familienbildung, Koordination von Netzwerken, Schulsozialarbeit an Grundschulen et cetera). Es geht nicht nur um Leitung und ein abgestuftes System von Ausbildung und Studium, sondern gleichermaßen um die Möglichkeit des direkten Einstiegs ins Berufsfeld über ein grundständiges Studium.

Folgende Punkte für ein Gesamtkonzept lassen sich daher zusammenfassen:

- Erstens sollten Zielmarken zur sukzessiven Erhöhung des Akademikeranteils gesetzt und damit ein deutlicher politischer Wille zum Ausbau der Studiengänge ausgedrückt werden. Diese Erhöhung geht nur allmählich und wird Zeit benötigen, doch gerade deshalb bedarf es konkreter Planungen und Anreize. Würden die rund 51.000 Kindertageseinrichtungen in Deutschland im Jahr 2020 alle über eine akademisch ausgebildete Fachkraft verfügen, bedürfte dies einer zusätzlichen Kapazität von 23.000 Hochschulabsolventinnen und -absolventen, sprich eines mehr als dreifachen Ausbaus der Studiengänge in kürzester Zeit (Aktionsrat Bildung 2012, S. 43). Dies ist kaum erreichbar, zeigt aber umso dringlicher, dass es einer Planung dieses Ausbaus bedarf.
- Zweitens sollte ein deutlicher Fokus auf den Ausbau grundständiger Studiengänge gelegt werden, weil sonst eine tatsächliche Erhöhung des Akademikeranteils nur schwer realisierbar ist. 29 Prozent der Studierenden kindheitspädagogischer Studiengänge in Deutschland verfügen laut der Studie von Helm aktuell über eine Erzieherausbildung (2010, S. 76). Dies mag ein hoher Anteil an der Gesamtzahl der Studierenden sein;

dennoch bilden die beruflich Qualifizierten eine deutliche Minderheit unter den Studierenden. Dies verdeutlicht, dass die Studiengänge vorrangig einen neuen Berufseinstieg ermöglichen.

- Drittens ist eine klarere Konturierung der Studiengänge anzustreben, wobei sich diese an der Komplexität des Gegenstands der Pädagogik der Kindheit zwischen Bildungswesen und Sozialer Arbeit ausrichten muss.
- Viertens sollten Schritte eingeleitet werden, um den neuen Beruf einer staatlich anerkannten Kindheitspädagogin/eines staatlich anerkannten Kindheitspädagogen, dessen Einführung sich in vielen Bundesländern abzeichnet, gesellschaftlich zu etablieren.
- Fünftens bedarf es der Bemühung, nötige Anreize und Anforderungen zu schaffen, um trotz Level 6 die ausgebildeten Erzieherinnen und Erzieher verstärkt für ein Studium zu gewinnen. So könnten Anforderungen darin bestehen, dass jede Leitung in einem realisierbaren Zeitraum über einen akademischen Abschluss verfügen muss und dass bei weiteren Aufgaben verstärkt akademische Abschlüsse gefordert werden. Anreize für Studierende liegen bei Weitem nicht nur in studienverkürzenden Anrechnungen. Sie könnten auch darin bestehen, dass einschlägige Vorkenntnisse und Erfahrungen eine individuellere Ausgestaltung des Studiums und eine vertiefte Auseinandersetzung mit selbst gewählten Inhalten ermöglichen, ohne dass der Zeitraum für die Ausbildung eines forschenden Habitus zu sehr verkürzt wird. Weitere Anreize können in Freistellungen und Finanzierungsangeboten wie Stipendien für ausgebildete Erzieherinnen und Erzieher bestehen.
  Anforderungen und Anreize bedarf es zudem gegenüber den Hochschulen und Fachschulen, zum Beispiel in der Forderung nach weiteren Professuren, insbesondere auch an Universitäten, im Ausbau von Programmen zur Förderung des wissenschaftlichen Nachwuchses und der Möglichkeit zur Promotion sowie in einer deutlichen Einbeziehung von Fachschullehrerinnen und -lehrern. Anreize könnten schließlich Programme (verbunden mit Freistellungen et cetera) zu einer verstärkten inhaltlichen Kooperation von Hochschulen und Fachschulen bilden, etwa in gemeinsamen Lehr- und Forschungsprojekten. Solche Anforderungen und Anreize könnten verhindern, dass die Levelzuordnung zum Hemmschuh einer dringend notwendigen Entwicklung wird.

Literatur

Aktionsrat Bildung (2012): Professionalisierung in der Frühpädagogik. Qualifikationsniveau und -bedingungen des Personals in Kindertagesstätten. Münster

Dahlberg, Gunilla/Moss, Peter (2005): Ethics and Politics in Early Childhood Education. Contesting Early Childhood. London/New York

Deutscher Verein für öffentliche und private Fürsorge e.V. (2007): Positionspapier des Deutschen Vereins zu den Perspektiven der Ausbildung und der beruflichen Weiterentwicklung von Erzieherinnen und Erziehern. Berlin

Deutsches Jugendinstitut/Universität Dortmund (2007): Wie geht's im Job? KiTa-Studie der GEW. Frankfurt am Main

Fachbereichstag Soziale Arbeit (FBTS) (2012): Stellungnahme zur Einsetzung des Deutschen Qualifikationsrahmens (DQR). www.fbts.de/fileadmin/fbts/Aktuelles/Info_Vorstand/Stellungnahme_DQR_FBTS.pdf (09.04.13)

Helm, Jutta (2010): Das Bachelorstudium Frühpädagogik. Zugangswege – Studienzufriedenheit – Berufserwartungen. Ergebnisse einer Befragung von Studierenden. Eine Studie der Weiterbildungsinitiative Frühpädagogische Fachkräfte (WiFF). München

Jugend- und Familienministerkonferenz (JFMK) (2010): Weiterentwicklung der Aus-, Fort- und Weiterbildung von Erzieherinnen und Erziehern. Beschluss (in der Fassung des KMK-Beschlusses vom 16.09.2010). www.jfmk2010.de/cms2/JFMK_prod/JFMK/de/bes/06-2010_JFMK-Umlaufbeschluss_Gemeinsamer_Orientierungsrahmen.pdf (09.04.13)

Jugend- und Familienministerkonferenz, Kultusministerkonferenz (JFMK/KMK) (2010): Gemeinsamer Orientierungsrahmen »Bildung und Erziehung in der Kindheit«. www.jfmk2010.de/cms2/JFMK_prod/JFMK/de/bes/Anlage_zum_JFMK_Beschluss_6_2010_Gemeinsamer_Orientierungsrahmen.pdf (01.04.13)

Kälble, Karl (2013 a): Zur aktuellen Situation der Zuordnung fach- und hochschulischer Ausbildungen im Deutschen Qualifikationsrahmen. Ein Kommentar. In: Cloos, Peter/Oehlmann, Sylvia/Hundertmark, Maren (Hrsg.): Von der Fachschule in die Hochschule. Modularisierung und Vertikale Durchlässigkeit in der kindheitspädagogischen Ausbildung. Wiesbaden, S. 11–12

Kälble, Karl (2013 b): Möglichkeiten und Grenzen der Anrechnung von außerhalb des Hochschulwesens erworbenen Kompetenzen auf ein Hochschulstudium aus Sicht der Akkreditierung. In: Cloos, Peter/Oehlmann, Sylvia/Hundertmark, Maren (Hrsg.): Von der Fachschule in die Hochschule. Modularisierung und Vertikale Durchlässigkeit in der kindheitspädagogischen Ausbildung. Wiesbaden, S. 173–193

Mehring, Ludger (2012): »Fachschulen und Fachakademien: Kompetenzzentren mit Zukunftspotenzial« www.dji.de/cgi-bin/projekte/output.php?projekt =1130&Jump1=RECHTS&Jump2=10 (09.04.13)

Moss, Peter/Urban, Mathias (2010): Democracy and Experimentation. Two fundamental values for education. www.bertelsmann-stiftung.de/bst/de/media/xcms_bst_dms_32994__2.pdf (09.04.13)

Rauschenbach, Thomas/Schilling, Matthias (2013): Die Akademisierungsfrage der Frühpädagogik und ihre Nebenwirkungen. Erscheint in: Sektion Sozialpädagogik und Pädagogik der Frühen Kindheit der DGfE (Hrsg.): Konsens und Kontroversen zwischen Sozialer Arbeit und Pädagogik der Frühen Kindheit. Weinheim/München

Robert Bosch Stiftung (Hrsg.) (2011): Qualifikationsprofile in Arbeitsfeldern der Pädagogik der Kindheit. Ausbildungswege im Überblick. Stuttgart. http://www.bosch-stiftung.de/content/language2/downloads/PiK_Qualifikationsprofile.pdf (09.04.13)

Schäfer, Klaus/Gruber, Andrea (2011): Frühe Bildung – Perspektiven in der Ausbildung von Fachkräften. In: Frühe Bildung, H. 0, S. 46–48

Stieve, Claus (2010): »Kindheitspädagogik« und »KindheitspädagogIn«. Überlegung zu einer neuen Feld- und Berufsbezeichnung. In: Sozial Extra – Zeitschrift für Soziale Arbeit, 34. Jg., H. 5/6, S. 23–27

Studiengangstag Pädagogik der Kindheit (2011): Ausführliche Stellungnahme von GründungsteilnehmerInnen des Studiengangstages Pädagogik der Kindheit zu aktuellen Entwicklungen im Rahmen der Ausgestaltung des DQR. www.fbts.de/fileadmin/fbts/Arbeitskreise/Studiengangstag/Stellungnahme_Studiengangstag_Paedagogik_der_Kindheit_Original.pdf (04.04.13)

Thiersch, Hans (1995): Alltagshandeln und Sozialpädagogik (Erstauflage 1978). In: Neue Praxis, 25. Jg., H. 3, S. 215–234

Beobachtend, aber dennoch beteiligt?

Die Rolle der Universitäten bei der Entwicklung kindheitspädagogischer Ausbildungen

Hilmar Hoffmann

Der Streit um die Zuordnung von Fachschulausbildungsgängen in das Niveau 6 des Deutschen Qualifikationsrahmens (AK DQR 2011) folgt einem jahrzehntelangen Debattenritus um die Notwendigkeit der Akademisierung und den Status frühpädagogischer Fachkräfte. Früher wurde diese Debatte vor allem anhand bildungspolitischer Forderungen, zum Beispiel der Gewerkschaft Erziehung und Wissenschaft, oder anhand von Arbeitsmarktanalysen geführt (vgl. Beher/Hoffmann/Rauschenbach 1999). Das heißt, die Diskussion über eine Akademisierung fand in der Wissenschaft oder im fachpolitischen Raum statt, aber ohne direkte Beteiligung von Ausbilderinnen und Ausbildern frühpädagogischer Fachkräfte.

Diese Situation hat sich mit dem Aufbau von originär kindheitspädagogischen Studiengängen verändert. Zum ersten Mal stehen nun – von wenigen Ausnahmen im Rahmen der Diplom-Sozialpädagogen- und Diplom-Pädagogenausbildung abgesehen – einschlägig frühpädagogisch-akademisch ausgebildete Fachkräfte für den Arbeitsmarkt zur Verfügung. Auch gibt es in den circa 60 Studiengängen Mitarbeiterinnen und Mitarbeiter, die die Studierenden und späteren Fachkräfte vertreten (vgl. den Beitrag von Dudek/Hanssen/Reitzner, in diesem Band). Gleichzeitig existiert mit dem Studiengangstag »Pädagogik der Kindheit« eine institutionalisierte Interessenvertretung kindheitspädagogischer Studiengänge.

Der oben genannte Streit ist also zunächst einmal nichts anderes als ein nahezu selbstverständlicher Reflex auf eine Ausdifferenzierung des Ausbildungsmarktes. Dabei ist der Begriff des Marktes bewusst gewählt, zeigt sich doch mit einer Akademikerinnen- und Akademikerquote in Kindertageseinrichtungen von etwa 4 Prozent (ebd.), dass die Hochschulen insgesamt um Studierende für dieses Feld werben oder vielleicht sogar kämpfen müssen. Angesichts der deutlichen Positionierungen der Fachschulen und Hochschulen ist durchaus von Kämpfen zu sprechen (vgl. Studiengangstag 2012; Kobbeloer 2010).

Die Großwetterlage scheint also trüb. Die oben beschriebenen Dissonanzen zwischen Fachschulen und Hochschulen sind schließlich auch

Teil eines Verteilungskampfes in einem Feld, das nicht nur ein gesteigertes gesamtgesellschaftliches Interesse erfährt, sondern auch die erhöhten finanziellen Ressourcen im Blick hat.

Das heißt, ein eigentlich aus der Sicht einer Pädagogik der frühen Kindheit positives Phänomen führt zu einer zunächst einmal fragilen Situation mit Polarisierungen unter den Akteurinnen und Akteuren. Dass solche »professional wars« (vgl. Abott 1988) stattfinden, ist nichts Spezifisches im frühpädagogischen Bereich, sondern eine nahezu zwangsläufige Folge im Prozess der Verberuflichung einer sozialen Dienstleistung, die mit einer Akademisierung auf zahlenmäßig niedrigstem Niveau einhergeht. Diese wiederum war auch ein Reflex auf gestiegene Anforderungen im Feld, eine notwendige Erhöhung des beruflichen Status der Beschäftigten und eine Veränderung von Steuerungsmechanismen in der Hochschullandschaft (vgl. Hoffmann 2005). Der Aktionsrat Bildung hat dies aktuell noch einmal deutlich herausgestellt (vgl. Aktionsrat Bildung 2012).

Begleitet wird dieser Prozess von Versuchen – seien sie von fiskalpolitischer Seite oder von Fachschulen, nicht jedoch vonseiten der Fachschülerinnen und Fachschüler –, diese Akademisierung statuspolitisch begründet klein zu halten. Dies geschieht dann, wenn man Egalisierungsversuche wie im Fall der Argumentation für eine Zuordnung zum Niveau 6 im DQR vornimmt, die die Bemühungen einer Höhergruppierung durch Sondermerkmale zumindest tarifrechtlich schwächen, auch wenn kein unmittelbarer Zusammenhang zwischen Tarifvertragsverhandlungen und DQR existiert. Es geht somit insgesamt um soziale und finanzielle Anerkennung. Es geht aber auch um Professionalisierung des Feldes auf der Basis eines gesteigerten Anteils akademisch ausgebildeter Fachkräfte in Kindertageseinrichtungen.

Aber berührt dieser Streit die Universitäten überhaupt? Angesichts weniger universitärer Bachelor-Studiengänge im Bereich der Frühpädagogik könnte man schnell zu einem klaren »Nein« kommen. In einem erweiterten Blickfeld bröckelt diese Eindeutigkeit jedoch schnell. Stellt man die Frage nach der Rolle der Universitäten im Kontext des »Gleichheitsdilemmas«, so ist dies mithin automatisch auch eine Suche nach einer Einschätzung der Situation der universitären Pädagogik der frühen Kindheit im Kontext von Disziplin und Profession. Der Begriff der Einschätzung macht dabei deutlich, dass es sich bei der Suche nach vermeintlichen Antworten nur um Annäherungen handeln kann. Das liegt vor allem daran, dass Untersuchungen zur Disziplin der Pädagogik der frühen Kindheit derzeit nicht vorliegen und somit die selbstreflexive Betrachtung der

Genese und Konstitution dieser Subdisziplin der Erziehungswissenschaft noch aussteht.

Insofern sind die folgenden Ausführungen allenfalls als eine Annäherung an spezifische Entwicklungen der Pädagogik der (frühen) Kindheit im universitären Bereich zu sehen, deren empirischer Beleg erst noch zu erfolgen hätte. Vor diesem Hintergrund wird in einem ersten Schritt historisch kurz auf den Status quo der universitären Pädagogik der frühen Kindheit eingegangen, um dann gegenwärtige Tendenzen zu skizzieren. Darauf folgend wird dann noch einmal die Frage zu beantworten sein, inwiefern das »Gleichheitsdilemma« überhaupt die Universitäten berührt, um letztlich Klärungs- und Entscheidungsbedarfe für das ganze Feld zusammenzufassen.

Die Pädagogik der frühen Kindheit – ein kurzer Rückblick

Historisch betrachtet wurde der akademische Diskurs über frühpädagogische Themen in den alten Bundesländern seit Anfang der 1970er-Jahre nur an einigen wenigen Universitäten geführt (zum Beispiel Bamberg, Berlin, Dortmund, Lüneburg, Köln und Tübingen). Jenseits historischer Analysen bestimmten vor allem Fragen der konzeptionellen Entwicklung von Kindertageseinrichtungen die Forschungslandschaft. Dabei standen sich nicht selten quantitative empirische Forschung und Handlungsforschung mit implementierendem Anspruch (zum Beispiel im Kontext des Situationsansatzes) gegenüber (vgl. Fröhlich-Gildhoff 2012). Parallel dazu gab es Forschung und Untersuchungen in der Frühpädagogik vor allem durch Fachinstitute wie das Deutsche Jugendinstitut, das Sozialpädagogische Institut des Landes Nordrhein-Westfalen oder das Staatsinstitut für Frühpädagogik des Landes Bayern. Die Fachhochschulen spielten mit Ausnahme des persönlichen Engagements einiger Wissenschaftlerinnen und Wissenschaftler bis Ende des letzten Jahrhunderts keine Rolle in der Forschung. Infolgedessen konnte von einem flächendeckenden Ausbau einer Forschungslandschaft auch nicht in Ansätzen gesprochen werden.

Diesem Status quo der Disziplin entsprach der der Profession: Einen originär akademisch-frühpädagogischen Abschluss gab es noch nicht. Studierende an den genannten Universitäten kamen mit frühpädagogischen Inhalten vor allem in Diplom-Studiengängen der Erziehungswissenschaft oder in Studiengängen der Beruflichen Fachrichtung Sozialpädagogik (BFS) in Kontakt. Letztere wurden zu Beginn der 1980er-Jahre eingeführt, um Lehrerinnen und Lehrer für Fachschulen/Fachakademien für Sozialpädagogik im Rahmen eines Lehramtsstudiums auszubilden und damit sicherzustellen, dass die Lehrkräfte an den genannten Schulen verstärkt fachlich einschlägig qualifiziert werden. Mit der Wiedervereinigung 1990 kamen Standorte wie Chemnitz oder Erfurt hinzu, an denen ebenfalls frühpädagogische Inhalte gelehrt wurden. Diese Universitäten folgten aber ebenso den oben beschriebenen Abschlussvarianten Diplom oder Lehramts-Abschluss für die Sekundarstufe II.

Fasst man diese Entwicklung polarisierend zusammen, kann man im Rückblick von einer fragilen Disziplin der Pädagogik der (frühen) Kindheit ohne wirklich eigene Profession sprechen. Universitäre Forschung über Kindertageseinrichtungen fand zwar statt, das Personal hierfür stellten die Universitäten selbst jedoch nicht zur Verfügung. Inwieweit Absolventinnen und Absolventen des Diplom-Studiengangs Erziehungswissenschaft mit dem Schwerpunkt Frühpädagogik bei Trägern, etwa in der Fachberatung, eine Anstellung fanden, ist empirisch nicht genau belegbar.[1] Der Anteil dürfte aber eher marginal sein. Die beschriebene Entwicklung hatte auch zur Folge, dass an den Universitäten selbst kein großer Bedarf an Lehrenden der Frühpädagogik entstand. Die Zahl der Nachwuchs-Wissenschaftler mit Promotion blieb entsprechend klein.

Gegenwärtige Tendenzen

Die im Zuge des Bologna-Prozesses möglich gewordene Einrichtung frühpädagogischer Studiengänge führte bekanntermaßen zu etwa 60 Studiengängen, die – so die Empfehlung der Jugend- und Familienministerkonferenz – mit der Berufsbezeichnung »staatlich anerkannte/r Kindheitspädagoge/Kindheitspädagogin« abschließen sollen (vgl. JFMK 2011). Diese Studiengänge organisieren sich inzwischen im »Studiengangstag Pädagogik der Kindheit«, obgleich in den meisten Studiengängen der Schwerpunkt im Bereich der Pädagogik der *frühen* Kindheit liegt. Für die disziplinären Konturen dürften diese Veränderungen folgenreich sein.

Dennoch hat sich an dem oben beschriebenen Status quo bislang aus Sicht der Universitäten nur in Nuancen etwas verändert: An dem Ausbau der Bachelor-Studiengänge haben sich die Universitäten bislang kaum beteiligt. Nimmt man die Pädagogischen Hochschulen in Baden-Württemberg aus, die gewissermaßen per politischem Beschluss Studiengänge schufen, so finden sich nur wenige universitäre Studiengänge, wie zum Beispiel in Gießen oder Bremen, die Ausbildungen auf Bachelor-Niveau im Bereich

1 Eine Ausnahme könnte hier auch Berlin sein, das sehr früh für Leitungen von Kindertageseinrichtungen auch Diplom-Pädagoginnen und -Pädagogen eingestellt hat.

der frühen Kindheit anbieten. Der universitäre Ausbau vollzieht sich somit stärker auf Master-Niveau und folgt hier dem Muster der Vergangenheit, indem Schwerpunkte in erziehungswissenschaftlichen Studiengängen geschaffen werden. Erhalten blieben die BFS-Studiengänge, die alle mit kaum mehr als einer Professur pro Standort die Pädagogik der frühen Kindheit abdecken. Und auch die wenigen Promotionsstudiengänge der Universitäten konnten den entstandenen Bedarf an Personal nicht decken, was zur Folge hatte, dass einige Professuren nicht einschlägig erziehungswissenschaftlich besetzt werden konnten.

Die Universitäten haben folglich – absichtlich oder aus strukturellen Gründen[2] – am Ausbau des frühpädagogischen Disziplin- und Professionsfeldes nur partiell mitgewirkt, obgleich auch hier ein Wachstum der Stellen feststellbar ist.[3]

Die Rolle der Universitäten im frühkindlichen Bereich: Perspektiven

Angesichts der oben beschriebenen Entwicklungen könnte man mutmaßen, die Entwicklung ginge an den erziehungswissenschaftlichen Fakultäten der Universitäten vorbei. Dieser Vorwurf ließe sich bislang aber nur bezogen auf die Beteiligung an Bachelor-Studiengängen rechtfertigen. Hier nehmen die Universitäten eher die Rolle des Beobachters ein. Dies kann durchaus Sinn ergeben, und die Universitäten könnten davon kurzfristig profitieren.

Mehrere Gründe lassen sich dafür anführen: Der Aufschwung der Frühpädagogik produziert eine Nachfrage nach Promotionen, die derzeit noch exklusiv von den Universitäten vergeben werden. Universitäten könnten sich also an dieser Stelle auf eines ihrer Kerngeschäfte konzentrieren, nämlich auf die Forschung. Infolgedessen würden sie sich stärker auf die Beobachtung des Feldes konzentrieren, in dem ein riesiges Potenzial in der Politik- und Trägerberatung zu erkennen ist. Mittelfristig scheint mit dem DQR-Beschluss auch die Nachfrage nach Lehrkräften für die Fachschulen gesichert. Den Universitäten bliebe also ein wesentlicher Ausbildungszweig im frühpädagogischen Feld erhalten.

---

2 Unstrittig dürfte sein, dass die Universitäten auf die Bachelor-Master-Struktur nicht so gut vorbereitet waren wie die Fachhochschulen. Im Bereich der Sozialen Arbeit waren die anbietenden Fachbereiche von jeher interdisziplinär aufgestellt, was der Implementierung frühpädagogischer Studiengänge entgegenkam. Dies gilt umso mehr, als es dabei erhebliche Schnittstellen zur Sozialen Arbeit gibt.

3 Als Beispiel seien jenseits der geschaffenen Professuren an Pädagogischen Hochschulen in Baden-Württemberg Professuren an den Universitäten in Frankfurt, Hildesheim, Osnabrück, Vechta oder Gießen genannt. Genauere Untersuchungen von Denominationen wären hier als Desiderat festzuhalten.

In allen Punkten berührt die Universitäten das oben beschriebene Gleichheitsdilemma allenfalls mittelbar. Die Frage ist nur, wie tragfähig dieses Verhalten ist, setzt es doch auf die Beibehaltung zweier wesentlicher Punkte, nämlich erstens, dass das Promotionsrecht dauerhaft ausschließlich den Universitäten vorbehalten bleibt, und zweitens, dass es dauerhaft keine institutionelle Lösung für die Frage der Akademisierung des frühkindlichen Bereichs geben wird.

Eine szenarisch beschriebene Veränderung jeweils nur eines der beiden Punkte zeigt deutlich, dass für den Bereich der Frühpädagogik an Universitäten dann erhebliche Konsequenzen zu erwarten wären: Fiele das Monopol des Promotionsrechtes weg, so dürfte es geradezu zwangsläufig sein, dass diejenigen, die auch die grundständigen Studiengänge anbieten – vor allem Fachhochschulen –, sich zugleich für die Weiterqualifikation des Personals engagieren würden. Dabei gerieten die Universitäten rasch in die Defensive. Würde sich mittelfristig eine institutionelle Lösung bezogen auf eine Akademisierung des frühpädagogischen Bereichs ergeben, zum Beispiel durch Umwandlung von Fachschulen in Hochschulen, stellte sich automatisch die Frage der Zukunft der Studiengänge für das Lehramt Berufliche Fachrichtung Sozialpädagogik. Damit verlören die Universitäten einen ganz wesentlichen Teil ihres Ausbildungsportfolios in der Frühpädagogik.

Nimmt man dies zusammen, so zeigt sich, dass der Graben im Gleichheitsdilemma eben nicht nur zwischen Hochschulen und Fachschulen, sondern auch zwischen Universitäten und Fachhochschulen verläuft. Würden die Berufsfachschulen darüber hinaus ebenfalls eine stärkere Anerkennung ihrer Ausbildung in der Erzieherinnen- und Erzieherausbildung geltend machen, so dürfte sich eine weitere Konfliktlinie mit den Fachschulen auftun.

Was hier vorrangig als Organisationsdilemma beschrieben ist, hat ein Spiegelbild in den Biografien der Beschäftigten. Ihnen wird derzeit kein struktureller Mehrwert einer akademischen Ausbildung garantiert, wenngleich er politisch zunehmend eingefordert wird (vgl. Grossarth 2013). Gleichzeitig wird aber ein zusätzliches Studium häufig empfohlen. Das könnte man für einen Übergang der sich in der Ausbildung befindlichen Personen als Empfehlung akzeptieren. Zugleich wird aber dadurch eine Musterbiografie für ein Feld erstellt. Das lässt aus »lebenslangem Lernen« schon fast eine »lebenslange Ausbildung« werden: Sie dauert viereinhalb bis fünfeinhalb Jahre für die Fachschule zuzüglich eines um 50 Prozent reduzierten Studiums als Voraussetzung für den Berufseinstieg. Dabei ist längst nicht ausgemacht, dass die Hochschulen nicht versuchen werden, die Anerkennung so zu reduzieren, dass doch noch ein Semester zu dieser Zeit hinzukommt. Durchlässigkeit als individuelle Chance gerät so leicht in Gefahr, als Alibi für ungeklärte Strukturfragen herzuhalten.

Klärungs- und Entscheidungsbedarfe

Was kann man daraus schlussfolgern? Die Frage nach der Beteiligung der Universitäten im Feld der Frühpädagogik berührt die Universitäten vor allem dann, wenn ihr alleiniges Promotionsrecht fallen würde oder eine institutionelle Lösung für eine Akademisierung des Bereichs der Kindertageseinrichtungen anstünde.

Das bedeutet aber nicht, dass deshalb kein Bezug zu den gegenwärtigen Problemen in der Ausbildungslandschaft vorhanden wäre: Die im Kontext des Streits um die Einordnung der Fachschulen/Fachakademien für Sozialpädagogik auf Niveau 6 des DQR offensichtlich gewordene Konfliktlinie zu den Hochschulen ist nur ein Hinweis auf offene Fragen hinsichtlich der Entwicklung des gesamten Felds bezogen auf Disziplin und Profession. Dies sind keine Punkte, die allein in einer Ebene des Ausbildungssystems zu lösen sind, sondern die jeweils, wie oben gezeigt, Dominoeffekte für andere Ebenen haben. Dies verweist auf Klärungs- und Entscheidungsbedarfe. Einige Punkte seien kurz angedeutet:

So selbstverständlich es ist, dass in einer hoch ausdifferenzierten Gesellschaft unterschiedliche Wege in den Arbeitsmarkt eines Teilsegmentes möglich sein müssen, so plausibel ist es auch, dass es eine fachlich begründete und wissenschaftlich gestützte Vorstellung dessen gibt, was zumindest näherungsweise die Qualifikationen sein sollten, die eine Fachkraft benötigt. Hierzu ist in letzter Zeit im Rahmen zum Beispiel von WiFF (Weiterbildungsinitiative Frühpädagogische Fachkräfte) gearbeitet worden (vgl. DJI 2011). Klärung erscheint aber darüber hinaus notwendig, was – zumindest langfristig gedacht – der primäre institutionelle Zugang hierzu sein soll. Zugespitzt formuliert: Die vielfach vorgelegten Kompetenzmodelle und -kataloge bedürfen einer Ergänzung im Hinblick darauf, wer diese Qualifikationen eigentlich sicherstellen kann und soll.

Insofern sind zwar Kooperationen zwischen den unterschiedlichen Ebenen vor Ort sinnvoll, die genau an einer solchen gemeinsamen Umsetzung arbeiten. Sie ersetzen aber keinesfalls eine strukturelle Absicherung des gesamten Ausbildungssystems im Bereich der Kindertageseinrichtungen. Mithin: Ein Strukturmodell mit dem Charakter eines mittel- und langfristigen »Masterplans«, in dessen Vorbereitung und Planung alle Ebenen einzubeziehen wären, könnte Planungssicherheit für Organisationen, aber auch für die Auszubildenden selbst liefern.

Zudem sind auch (sub-)disziplinäre Klärungen erforderlich. Oder anders formuliert: Was ist eigentlich »Kindheitspädagogik«? Die Berufsbezeichnung »Kindheitspädagoge/Kindheitspädagogin« existiert, doch eine präzise Antwort auf die Frage, was dies ist, steht noch aus. Zumindest gibt es bereits unterschiedliche Vorstellungen, wie dieser Begriff hinsichtlich der Profession zu füllen sei.

Da sind beispielsweise Master-Studiengänge, die ein kindheitspädagogisches Profil in starker sozialpädagogischer Orientierung bieten (beispielsweise in Hildesheim). Hier kann tendenziell von einer sozialpädagogischen Spezialisierung gesprochen werden. Demgegenüber ist an anderen Standorten eine Annäherung an die Grundschulpädagogik festzustellen, zum Beispiel in Modellversuchen, die eine gemeinsame Pädagoginnen- und Pädagogenausbildung unter der Bezeichnung Kindheitspädagoginnen und -pädagogen kreieren wollen (vgl. Forschungsstelle Elementarpädagogik 2011). Bei letzterer Variante wären neue Berufsbilder denkbar. So könnten in einem Ein-Fach-Studium, ergänzt durch einen Schwerpunkt Inklusion oder Übergänge, Übergangsexpertinnen und -experten ausgebildet werden, die sowohl im Schul- als auch im Kindergartenbereich arbeiten können.

Dies bedeutet also zwei vollkommen unterschiedliche Zuschnitte, die Profession und Disziplin gleichermaßen verändern könnten: einerseits in einer Annäherung an die Sozialpädagogik und andererseits mit einer stärkeren Nähe zur Grundschulpädagogik. Inwieweit dies sogar synthetisch aufzulösen wäre, wäre eine spannende Frage für Projekte der Erziehungswissenschaft.

Fazit

Die Akademisierung des frühpädagogischen Bereiches ist nicht nur eine Frage des Personals in Kindertageseinrichtungen. Deshalb: Professionalisierung ist nicht gleich Akademisierung, aber Erstere geht nicht ohne Letztere (vgl. Hoffmann 2013). Wenn es gelingen soll, dass die Frühpädagogik und ihre Akteurinnen und Akteure stärker selbst über ihr Feld bestimmen und es nicht anderen Disziplinen oder Subdisziplinen – so wichtig diese auch sein mögen – überlassen (zum Beispiel der Psychologie, der Schulpädagogik, den Fachdidaktiken), dann bedarf es nicht nur einer qualifizierten Menge von einschlägig ausgebildeten Wissenschaftlerinnen und Wissenschaftlern, sondern auch einer wissenschaftlich abgestützten Profession Frühpädagogik.

Die Diskussion um einen »Masterplan« muss zur Sachlichkeit zurückkehren. Auch wenn abzusehen ist, dass es Streit um den richtigen Weg geben wird, so gehört es zur Professionalität, diesen produktiv zu ertragen. Dazu ist eine Entmythologisierung der Diskussion notwendig. Die Auseinandersetzungen um die Zuordnung der Abschlüsse im DQR waren voll dieser Mythen. Ein Beispiel: Wie eine De-Monstranz trugen Vertretungen von Fachschulen nicht selten die »Praxisnähe der Ausbildung« vor sich her. Weder wurde diese Praxisnähe jemals definiert noch ist überprüft, ob die Behauptung stimmt, und insgesamt bleibt unklar, wie sie überhaupt wirkt. In ähnlicher Gefahr stehen die Fachhochschulen und Universitäten: Zur Abgrenzung wird nicht selten der wissenschaftliche Habitus als Kompetenz bemüht. Dagegen ist vom Grundsatz her nichts einzuwenden. Ungeklärt ist aber auch hier, inwieweit die Hochschulen überhaupt sicherstellen können, dass sich dieser im Studium entwickelt. Auch hier wird an Mythen gebastelt.

Dabei steht die Sache selbst gar nicht infrage. Denn aus der heutigen Wissenslage heraus scheint beides wichtig: reflektierte Praxisnähe und wissenschaftlicher Habitus. Nur: Ungeklärt bleibt, wie sich beides produktiv generiert. Der Streit ist somit sowohl über inhaltliche, prozessuale als auch strukturelle Anpassungen zu führen, aber letztlich doch nur sachlich und damit wissenschaftlich fundiert zu entscheiden.

Es scheint an der Zeit, jenseits aller notwendigen Abgrenzungen und Öffnungen zwischen den unterschiedlichen Ausbildungsebenen im frühkindlichen Bereich daran zu arbeiten, ein stimmiges und für Profession und Disziplin bearbeitbares Modell einer Qualifizierung für unterschiedliche Tätigkeiten im kindheitspädagogischen Raum zu entwickeln. Auch die Universitäten könnten einen wesentlichen Beitrag dazu leisten, dem Ausbildungsfeld eine transparente Kontur zu geben. Allein dies wäre ein Erfolg für alle Beteiligten. Die Titelfrage »beobachtend, aber dennoch beteiligt?« ist also klar mit einem Ja zu beantworten, wobei die Beteiligung der Universitäten erheblich ausbaufähig wäre.

Literatur

Abbott, Andrew (1988): The System of Professions: An Essay on the Division of Expert Labor. Chicago

Aktionsrat Bildung (2012): Professionalisierung in der Frühpädagogik. Qualifikationsniveau und -bedingungen des Personals in Kindertagesstätten. Münster

Arbeitskreis Deutscher Qualifikationsrahmen (AK DQR) (2011): Der Deutsche Qualifikationsrahmen für lebenslanges Lernen. Berlin

Autorengruppe Bildungsberichterstattung (2012): Bildung in Deutschland. Ein indikatorengestützter Bericht mit einer Analyse zur kulturellen Bildung im Lebenslauf. Bielefeld

Beher, Karin/Hoffmann, Hilmar/Rauschenbach, Thomas (1999): Das Berufsbild der ErzieherInnen. Vom fächerorientierten zum tätigkeitsorientierten Ausbildungskonzept. Neuwied/Kriftel/Berlin

Bundesministerium für Familie, Senioren, Frauen und Jugend (BMFSFJ) (2013) (Hrsg.): 14. Kinder- und Jugendbericht. Bericht über die Lebenssituation junger Menschen und die Leistungen der Kinder- und Jugendhilfe. Berlin

Deutsches Jugendinstitut e.V. (DJI) (Hrsg.) (2011): Frühe Bildung – Bedeutung und Aufgaben der pädagogischen Fachkraft. Grundlagen für die kompetenzorientierte Weiterbildung. Ein Wegweiser der Weiterbildungsinitiative Frühpädagogische Fachkräfte (WiFF). München

Forschungsstelle Elementarpädagogik (2011): Gemeinsame Ausbildung elementar- und primarpädagogischer Fachkräfte. Osnabrück

Fröhlich-Gildhoff, Klaus (2012): Forschung in der Frühpädagogik – Geschichte, Stand und Standards oder: Von den Moden zu empiriebasiertem und profiliertem Handeln. In: Kägi, Sylvia/Stenger, Ursula (Hrsg.): Forschung in der Feldern der Frühpädagogik. Grundlagen, Professionalisierungs- und Evaluationsforschung. Baltmannsweiler, S. 36–58.

Grossarth, Jan (2013): Bachelors für die Bärchengruppe. FAZ vom 20.1.13. www.faz.net/aktuell/beruf-chance/campus/studiengaenge-fuer-erzieher-bachelors-fuer-die-baerchengruppe-12021162.html (27.02.13)

Hoffmann, Hilmar (2005): Traditionsbrüche in der Erzieherinnenausbildung – oder: die Folgen von Bologna. In: Betrifft Kinder, Heft 5, S. 29–40

Hoffmann, Hilmar (2013): Professionalisierung in der Frühkindlichen Bildung. In: Stamm, Margrit/Edelmann, Doris (Hrsg.): Handbuch Frühkindliche Bildungsforschung. Im Erscheinen

Jugend- und Familienministerkonferenz (JFMK) (2011): Staatliche Anerkennung von Bachelorabschlüssen im Bereich der Kindertagesbetreuung und Berufsbezeichnung. Beschluss vom 26./27. Mai in Essen. www.mbjs.brandenburg.de/sixcms/media.php/5527/TOP_7_2_endg__ltig.pdf (04.10.12)

Kobbeloer, Michael (2010): Erzieherinnenausbildung 2.0 oder Warum die Intelligenz der pädagogischen Praxis in den Fachschulen und Fachakademien zu finden ist. In: Betrifft Kinder, Heft 03.

Studiengangstag Pädagogik der Kindheit: Ausführliche Stellungnahme von GründungsteilnehmerInnen des Studiengangstages Pädagogik der Kindheit zu aktucllen Entwicklungen im Rahmen der Ausgestaltung des DQR. www.fbts.de/fileadmin/fbts/Arbeitskreise/Studiengangstag/Stellungnahme_Studiengangstag_Paedagogik_der_Kindheit_Original.pdf (04.04.13)

IV. Neue Konturen für das Arbeitsfeld der frühpädagogischen Fachkräfte

»Die Träger fragen sich, ob Stufe 6 angemessen sein kann«

Ein Interview mit Doris Beneke, Leiterin des Zentrums Familie, Bildung und Engagement der Diakonie Deutschland, über Chancen und Risiken der DQR-Debatte

Felix Berth: Nehmen wir mal an, eines Tages steht auf dem Zeugnis einer Fachschule für Erzieherinnen und Erzieher, dass dieses Zeugnis dem DQR-Niveau 6 entspricht. Was hat eine Erzieherin davon?

Doris Beneke: Sie hat zunächst vielleicht das Gefühl, dass sie damit breite Kompetenzen nachweisen kann, was ihr bei Bewerbungen helfen kann. Und sie sieht das möglicherweise als Beleg dafür, dass sie dank ihrer Ausbildung eine gute Basis für ihre Tätigkeit mitbringt. Gerade Berufseinsteigerinnen haben ja das Problem, dass sie bei einer Bewerbung außer den formalen Unterlagen nicht allzu viel anführen können.

Was Sie sagen, klingt auch nach Wertschätzung, die diese DQR-Einstufung für Erzieherinnen und Erzieher bedeuten kann.

Möglicherweise. Wertschätzung ist nicht das, womit Erzieherinnen und Erzieher im Alltag überschüttet werden. Die gesellschaftliche Anerkennung für diesen Beruf ist noch immer nicht besonders hoch; gleichzeitig erleben Erzieherinnen und Erzieher aber, dass die Arbeitgeber und das Arbeitsfeld heute hohe Anforderungen stellen. Dieser Widerspruch ist alltäglich geworden.

Aus Sicht der Arbeitgeber ist die DQR-Stufe 6 für Erzieherinnen vielleicht ein Risiko: »Noch ein Argument mehr, mit dem Erzieherinnen höhere Gehälter verlangen können«, könnte man sagen.

Meine Einschätzung ist, dass die DQR-Einstufung nicht der entscheidende Schlüssel für die Vergütungsstruktur oder die Eingruppierung ist. Er kann aber in der gesamten Debatte helfen, noch einmal grundsätzlich zu diskutieren, was eine angemessene Vergütung für diese Tätigkeit darstellt. Da ist im Vergleich zu anderen Berufsfeldern, gerade mit Blick auf den Schulbereich, eine Schieflage der Vergütungsstrukturen zu erkennen. Dennoch:

Der DQR allein wird nach meiner Erwartung nicht der Motor sein, der hier Bewegung hereinbringt – da müssen andere Faktoren dazukommen.

Sehen Sie als Vertreterin der Arbeitgeberseite einen Nutzen des DQR für Ihre Institution?

Ich glaube, dass unsere Trägervertreter nicht so sehr nach dem Nutzen des DQR für die Einrichtungen in der Diakonie fragen. Sie bezweifeln eher, dass die Einstufung der Erzieherinnen und Erzieher auf Stufe 6 gerechtfertigt ist. Denn in vielen Regionen regt sich eine starke Kritik an der Qualität der Fachschul-Ausbildung. Auch deshalb fragen die Träger, ob Stufe 6 angemessen sein kann. Sicher, wir haben Spitzen-Fachschulen, die mit mancher Hochschule mithalten können – sowohl in der Qualität der Ausbildung als auch bei der Qualifikation der Lehrenden. Aber die Mehrheit unserer Träger würde sagen: Ob die Realität der Fachschulen das einlöst, was die Stufe 6 signalisiert – das bezweifeln wir doch stark.

Das geschieht vermutlich auch mit einem Seitenblick auf die Altenpflege, die ja auch zum Angebot vieler Einrichtungen der Diakonie gehört: Der Abschluss einer Altenpflegeausbildung wurde nicht auf Stufe 6 eingruppiert …

Zwischen den Beschäftigten der Kindertageseinrichtungen und der Altenpflege direkt ist das kein Thema. Aber auf der Verbandsebene ist dieser Widerspruch vielen aufgefallen.

Kann es sein, dass diese Diskussion demnächst auch in der Breite geführt wird – also nicht nur bei Verbandschefs, sondern auch unter Beschäftigten?

Das könnte sein. Dann fürchte ich allerdings, dass wir eine sehr ungute Debatte bekommen, die sich um die Frage dreht, welcher der beiden Bereiche – Altenpflege oder Kindertagesbetreuung – denn der anspruchsvollere sei. Falls diese Diskussion begänne, hätten die Kitas gegenüber der Pflege in der Öffentlichkeit vermutlich eine schlechte Position. Eine solche Konkurrenz würde niemandem nützen.

Der DQR-Prozess ist ja kein Gesetzgebungsprozess. Würden Sie denn sagen, es lohnt sich, an dieser Stelle noch einmal zu betonen: »Die Stufe 6 ist in dieser Form unangemessen«?

Ich tue mich schwer, zu sagen »DQR 6 ist nicht das Richtige«, obwohl ich der Überzeugung bin, dass die Ausbildung an vielen Stellen nicht diesem Niveau entspricht. Meine Perspektive wäre eher, dafür Sorge zu tragen, dass die Ausbildung künftig dem Niveau von DQR 6 gerecht werden kann – was angesichts der realen Anforderungen in dem Arbeitsfeld durchaus angemessen ist. Dafür ist Zeit notwendig; dafür ist ein Entwicklungsprozess notwendig – wir brauchen einen deutlichen Qualifikations- und Professionalisierungsschub der Fachschulausbildung.

Ursprünglich hatte der DQR aber einen deskriptiven Anspruch: Er sollte reale Kompetenzen beschreiben – und nicht eine Benchmark setzen, die Ausbildungsinstitute irgendwann erreichen können.

Sicher, das war nicht so gedacht. Aber ich finde, dass wir mit einer schlichten Feststellung, ob uns diese Entscheidung gefällt oder nicht, der Dynamik in dem Feld nicht gerecht werden. Die schlichte Ablehnung der getroffenen Entscheidung hätte etwas Lähmendes; sie würde das Arbeitsfeld Kita nicht weiterbringen.

Was zur Frage führt, wie die Ausbildungslandschaft mit ihren Berufsfachschulen, Fachschulen, Fachhochschulen und Universitäten künftig gestaltet werden soll.

Natürlich ist das damit nicht entschieden. Wir müssen uns die Frage stellen, wie man die Entwicklung des gesamten Feldes weiter steuert, wie man die unterschiedlichen Ausbildungen langfristig weiterentwickelt. Man sollte überlegen, ob man die verschiedenen Ausbildungen eine Weile parallel laufen lassen kann; schließlich sind ja auch die Studiengänge noch in der Aufbauphase, und wir haben bisher nicht viele Erfahrungen mit Absolventinnen und Absolventen. Da ist ein intensiver, gemeinsamer Diskurs notwendig. Vor allem bei den Fachschul-Lehrkräften müssen wir überlegen, wie bei ihnen weitere Qualifizierungen möglich sind.

Sie sagen, Sie haben bisher nicht viele Erfahrungen mit den Absolventinnen der Studiengänge. Was schließen Sie aus den Erfahrungen, die Sie bereits haben?

Ich kenne die Absolventinnen nicht in der Praxis. Ich habe bisher bei mehreren Studiengängen meine Arbeit vorgestellt und habe dort immer hoch motivierte, diskussions- und reflexionsfähige Menschen erlebt und gedacht: Das sind Grundlagen, die wir in der Arbeit mit Kindern brauchen – neugierig zu sein, etwas zu hinterfragen, zu kommunizieren, reflexionsfähig zu sein. Wie die Absolventinnen der Studiengänge im alltäglichen Arbeiten in der Praxis zurechtkommen, kann ich nicht beurteilen.

Was können Sie über die Unterschiede zu denen sagen, die eine Fachschule besuchen?

Ich sehe den größten Unterschied in den Voraussetzungen, die die Schülerinnen und Studierenden mitbringen. Da finde ich die Frage interessant, warum sich die einen für dieses und die anderen für jenes Modell entscheiden. Das hat – so glaube ich – etwas damit zu tun, welche Form der Ausbildung junge Menschen bevorzugen und was sie sich zutrauen: Brauchen sie ein stärker angeleitetes Lernen? Oder ist ein auf Eigenständigkeit und Entscheidungskompetenz basierendes Studium das Richtige für die Einzelne oder den Einzelnen?

Sind denn die Träger bei der Einstellung von Hochschulabsolventinnen im Feld der Kitas zurückhaltend?

Unsere Träger im Bereich von Diakonie und Kirche sind zurückhaltend bis ablehnend. Das hat etwas mit unserer Trägerstruktur zu tun: Wir haben viele Ehrenamtliche, die in den Leitungsgremien der Träger sitzen – Kirchengemeinderäte und Presbyterien. Die Träger werden häufig also nicht von hauptamtlichen Professionellen geführt, sondern von ehrenamtlich Engagierten. Die können sich unter hochschulausgebildeten Fachkräften wenig vorstellen und fürchten, diese würden Unruhe hereinbringen, würden alles umwälzen, würden vielleicht nur die Theorie beherrschen, aber mit den Kindern zum Beispiel keine Lieder singen können. Und natürlich sehen die Träger einen Grundkonflikt, wenn sie eine Kita-Leitung mit Fachschulausbildung haben, aber für das Team eine Mitarbeiterin oder einen Mitarbeiter mit Hochschulqualifikation einstellen. Und teilweise erlebe ich auch, dass Eltern auf Distanz zu hochschulqualifizierten Kräften gehen. Nicht dort, wo viele bildungsbewusste Eltern leben, aber häufiger in ländlichen Regionen: Da bevorzugt man eher das, was man kennt – und das ist dann die Erzieherin.

Das heißt, die alte Gewerkschaftsforderung nach Fachhochschul-Niveau für die Erzieherinnen- und Erzieherausbildung stößt nicht nur aus finanziellen Gründen auf Widerstand der Arbeitgeber, sondern auch aus kulturellen?

Da sind noch dicke Bretter zu bohren. Ich erlebe zwar, dass die Offenheit wächst – aber bei unseren Trägerstrukturen dauert das noch.

Kann es sein, dass der DQR an dieser Stelle hilfreich ist?

Ich glaube, dass der DQR bei uns auf der Trägerebene nicht viel Bedeutung bekommen wird. Das mag bei professioneller geprägten Trägerstrukturen anders sein.

Also könnte man vergleichend sagen: Die Entscheidung eines Bundeslandes, auf Leitungsebene nur hochschulausgebildetes Personal einzustellen, hat wesentlich mehr praktische Auswirkungen auf die Träger als die DQR-Einstufung und ihre Wahrnehmung.

Auf jeden Fall. Auch da reagieren unsere Träger vielleicht zähneknirschend. Aber bei Leitungspositionen können sie das noch viel eher nachvollziehen. Denn den Allermeisten ist inzwischen klar, dass Leitungskompetenzen, die mit Entscheidungsfindung, Kommunikation und Management zu tun haben, in den Kitas immer wichtiger werden.

»Man sollte nicht so tun, als sei die Fachschule eine heimliche akademische Ausbildung«

Ein Interview mit Klaus Schäfer, ehemaliger Staatssekretär in Nordrhein-Westfalen, über den Sinn hochschulischer Qualifikationen in den Kitas

Felix Berth: Wenn Sie als politischer Mensch jemandem erklären sollten, worin der neue Stellenwert von Kindertageseinrichtungen besteht – was würden Sie dann sagen?

Klaus Schäfer: Dann würde ich sagen: Die Kindertageseinrichtung ist eine Institution, in der Kinder unter Gleichaltrigen – begleitet durch Fachkräfte – Bildung und Erziehung erfahren und vielfältige Gelegenheiten erhalten, sich selbst die Umwelt anzueignen. Das stärkt sie in ihrer individuellen Entwicklung und Persönlichkeitsbildung. Zudem ist der Besuch bei fast allen Familien zu einer wichtigen Ergänzung ihrer Erziehung geworden. Er wird heute ganz selbstverständlich in Anspruch genommen und nicht mehr nur von einem Teil der Kinder.

Vor zwanzig Jahren hätte man das auch gesagt.

Vor zwanzig Jahren war das Selbstverständnis des Kindergartens – und auch das Verständnis der Eltern über Sinn und Zweck von Kindertageseinrichtungen – durchaus noch ganz unterschiedlich, je nachdem, welcher Blick auf die Institution geworfen wurde. Natürlich gab es auch bereits die Position, dass der Kindergarten eine Bildungseinrichtung ist. Aber es gab immer noch grundlegende ideologische Kontroversen, zum Beispiel darüber, ob es nicht sinnvoller sei, dass Kinder zu Hause in der Familie aufwachsen, statt einen Kindergarten zu besuchen. Die Notwendigkeit der Vereinbarkeit von Familie und Beruf war längst noch nicht allgemein anerkannt. Auch war Ende der 1980er-Jahre an die Einführung eines Rechtsanspruchs auf einen Platz in einer Einrichtung nicht zu denken. Wir hatten zwar – beginnend im Jahr 1972 – eine lange Diskussion, ob es einen solchen Rechtsanspruch geben soll. Immer wieder ist dieser Rechtsanspruch aber gescheitert – übrigens auch noch 1989 bei der Entscheidung über das neue Kinder- und Jugendhilfegesetz. Einerseits geschah das sicher aus Kostengründen, andererseits – und das war viel entscheidender – auch, weil in der Gesellschaft noch ein eher konservatives Gedankengut präsent war und der Kindergarten im Kern als eine Art Ersatzinstitution gegenüber der Familie verstanden wurde. Es überwog noch deutlich die Auffassung, dass im Kern die Familie der bessere Ort für das Aufwachsen sei. Heute stellen wir fest, dass frühe Bildung einen deutlich höheren Stellenwert hat als vor zwanzig Jahren, was übrigens mit einem gewachsenen Stellenwert von präventiver Arbeit korrespondiert. Die Förderung durch die Kindertageseinrichtung stellt heute kaum noch jemand ernsthaft infrage, das zeigt die hohe Beteiligung von fast 95 Prozent aller Kinder in den Jahren vor der Einschulung.

Wenn frühe Bildung einen höheren Stellenwert hat, schließt sich die Frage an: Welche Form von Professionalität ist notwendig, um dem gerecht zu werden?

Kinder brauchen Fachkräfte, die in der Lage sind, sie individuell zu fördern, und zwar im Sinne von Bildung und Erziehung. Diese Fachkräfte müssen dazu beitragen, dass jedes Kind seine Rolle in der Gemeinschaft finden kann und in seinen Fähigkeiten auch entsprechend unterstützt wird. Das setzt ein breites Fachwissen und methodische Fähigkeiten voraus. So sind bei den Fachkräften neben den grundlegenden pädagogischen Fähigkeiten zum Beispiel auch beobachtende und diagnostische Fähigkeiten notwendig. Daher sind Bildungsdokumentationen notwendig: Sie öffnen den Blick für eine systematische Betrachtung. Denn es ist wichtig, Stärken und Schwächen der Kinder zu erkennen und die richtigen Wege in der Bildungsförderung zu gehen.

Das geht über »Betreuung« ziemlich weit hinaus.

Eindeutig. Ich würde auch sagen, dass das nicht von einer Profession alleine geleistet werden kann. Ganz wichtig sind natürlich die Erzieherinnen und Erzieher, aber auch Expertinnen und Experten für kulturelle Bildung, für partizipative Ansätze, für Sprachförderung et cetera. Eine Fachkraft alleine kann das nicht alles leisten – insofern denke ich durchaus an multiprofessionelle Teams, zumindest aber an eine Öffnung des Kindergartens für entsprechende Angebote. Hier kommt auch die Sinnhaftigkeit der Forderung nach einer Akademisierung der Ausbildung ins Spiel. Denn Bildung und Erziehung in diesem Alter ist äußerst anspruchsvoll geworden.

Dann bleibt die Frage, was das für die klassischen pädagogischen Fachkräfte – sprich: die Erzieherinnen und Erzieher – bedeutet.

Das ist schwer zu beantworten, weil man immer darauf achten muss, Fachkräfte nicht zu überfordern. Ich würde sagen: Pädagogische Fachkräfte benötigen heute Kenntnisse über entwicklungspsychologische Prozesse und über diagnostische Verfahren; sie müssen über Kompetenzen in der Arbeit mit Eltern verfügen; schließlich müssen sie Gemeinschaftsfähigkeit vermitteln und sich sprachlich gut ausdrücken können. Auch müssen sie etwas von der Bedeutung des Sozialraumes wissen. Von grundlegender Bedeutung sind aber auch methodische Kompetenzen, die den Alltag in der Kindertageseinrichtung prägen.

Ich kann mir gut vorstellen, dass die Leiter der Ausbildungsstätten da antworten würden: Unsere Fachschulen vermitteln das alles.

Natürlich werden sie dies antworten, und sie haben im Kern damit auch Recht. Aber das heißt ja nicht, dass das Erlernte auch so tief gehend ist und nachhaltig wirkt. Ich möchte da mit einer Erfahrung antworten, die ich gemacht habe, als wir in Nordrhein-Westfalen die Sprachstandsfeststellung Delfin 4 eingeführt haben. Eine der Kontroversen in diesem Zusammenhang drehte sich um die Frage, warum denn statt eines so aufwendigen Tests, den die Grundschullehrer in den Kitas durchführen, nicht einfach die Erzieherinnen und Erzieher nach ihren Einschätzungen der kindlichen Kompetenzen gefragt werden. Schließlich wüssten die Erzieherinnen und Erzieher wohl am besten, welches Kind Sprachförderung benötigt.

An der These habe ich spätestens dann gezweifelt, als ich mir angesehen habe, wer bis dahin an Sprachförderprogrammen teilgenommen hatte. Es waren fast ausschließlich Kinder mit Migrationshintergrund. Es fand eine Konzentration auf diese Zielgruppe statt, weil man offensichtlich annahm, dass deutsche Kinder keinen besonderen Sprachförderbedarf haben. Das soll kein Vorwurf sein, aber es zeigt, dass eindeutige Kriterien der Feststellung des Sprachstandes fehlten. Und genau solche Probleme soll eine fundierte Diagnose vermeiden. In Klammern dazugesagt: Mit Delfin 4 ist das nur unzureichend gelungen, deshalb wird dieser Test auch abgeschafft. Doch prinzipiell muss auch im Kindergarten präzise und für die Eltern nachvollziehbar gemessen und beobachtet werden, wenn Kinder optimal gefördert werden sollen. Das heißt dann auch für die Ausbildungsstätten, dass die erforderlichen Grundlagen in der Ausbildung der Fachkräfte gelegt werden müssen.

Kann man diese Delfin-4-Erfahrungen so deuten, dass Erzieherinnen und Erzieher sich eine diagnostische Kompetenz zugeschrieben haben, die sie gar nicht hatten?

Diagnostische Fähigkeiten basieren auf einem breit gefächerten Kompetenzfeld. Das kann man bei Erzieherinnen und Erziehern nicht per se voraussetzen. Diagnosen zu stellen ist ja auch nicht ihre Aufgabe, das ist die Aufgabe anderer Professionen. Oftmals habe ich den Eindruck gehabt, dass mit dem Begriff Diagnose sehr allgemein umgegangen wurde. Wenn ich mit einer bestimmten Hypothese antrete – etwa der, dass Kinder mit Migrationshintergrund grundsätzlich Sprachprobleme haben –, dann verliere ich andere Kinder bei dieser Frage aus dem Blick. Das ist dann so etwas wie eine selektive Einschätzung oder auch Wahrnehmung. Das müssen die Fachkräfte erkennen und entsprechend danach handeln. Es ist also ebenso notwendig, über die Fähigkeit zu verfügen, seine eigenen Grenzen zu erkennen und andere Fachdisziplinen zu beteiligen. Das ist eine Kompetenz, die angesichts der Komplexität der Förderung immer wichtiger wird.

Können Sie sich vorstellen, dass Fachschullehrer und Leitungen auf solche Beispiele allergisch reagieren, weil sie den Eindruck haben, ihre Arbeit werde »schlecht gemacht«?

Die Fachschulen leisten eine ganz wichtige Arbeit, die auch nicht schlecht gemacht werden sollte. Ich will auch deutlich sagen, dass wir nicht alles, was an Fähigkeiten vorhanden sein muss, auf die Ausbildung abwälzen dürfen. Die Fort- und Weiterbildung hat da auch eine wichtige Aufgabe. Ich denke aber, dass es notwendig ist, dass Erzieherinnen und Erzieher ihre Grenzen erkennen und diese auch in ihr Handlungskonzept einbauen müssen. Das sind sie den Kindern und den Eltern schuldig. Und ich halte es für selbstverständlich, dass damit nicht die Kompetenz einer Fachkraft in Gänze angegriffen wird. Auch ich muss mich in meinem Beruf mit der Möglichkeit auseinandersetzen, dass ich Fehler mache und diese auch erkennen muss. Auch diese Fähigkeit gehört zur Professionalität und damit zur Ausbildung. Das ist eine Voraussetzung dafür, Fachkraft zu sein.

Ist die heutige Erzieher-Ausbildung – bei aller Heterogenität, die da in Deutschland zu beobachten ist – die richtige Ausbildung für zeitgemäße Kindertageseinrichtungen?

Erzieherinnen und Erzieher in den Kindertageseinrichtungen gehen sehr professionell mit den wachsenden Herausforderungen um. Ich würde daher sagen, sie ist *eine* richtige Ausbildung und die Basis für die frühe Bildung. Aber ich glaube, dass wir auch den Weg der Akademisierung weitergehen müssen, denn Erziehung und Bildung sind heute viel komplexer anzulegen als in früheren Zeiten. Das verlangt dann auch nach mehr wissenschaftlichen Grundlagen in der Praxis. Wir müssen allerdings eine Balance zwischen fachschulisch und hochschulisch ausgebildeten Fachkräften entwickeln. Hier gilt es, beide Professionen miteinander zu verzahnen, was ja mit dem DQR angegangen wird.

Angesichts der realen Möglichkeiten – zahlreichen Absolventinnen der Fachschulen stehen wenige Absolventinnen von kindheitspädagogischen Studiengängen gegenüber – dürfte das ein realistisches Ziel sein.

Erstens ist es realistisch, zweitens sage ich nicht: Es sollen nur Akademiker in die Kitas. Wichtig ist die Beziehungsarbeit dort – und die kann auch von Menschen mit Fachschulausbildung hervorragend geleistet werden. Nötig ist Empathie, nötig sind Kompetenzen, andere Menschen anzusprechen und ihnen zu begegnen. Aber auch die Schritte, die die Hochschulen mit den kindheitspädagogischen Studiengängen getan haben, gehen in die richtige Richtung.

Der Aktionsrat Bildung sagt sehr klar: Im Jahr 2020 soll in jeder Kita-Leitung eine Akademikerin oder ein Akademiker arbeiten.

Ob das der richtige Weg ist, da zögere ich. Im Übrigen ist das meines Erachtens gar nicht zu schaffen. In Deutschland gibt es mehr als 50.000 Kindertageseinrichtungen, etwa 9.500 davon in Nordrhein-Westfalen. In unserem Bundesland gibt es derzeit 9 Hochschulen mit kindheitspädagogischen Studiengängen. Insgesamt dürften es etwa 1.500 Studierende sein. Das macht schon deutlich, wie schwierig es wäre, das Ziel von 9.500 Akademikern in Kita-Leitungen in NRW allein rechnerisch zu erreichen – mal abgesehen davon, dass längst nicht alle Absolventinnen dieser Studiengänge in einer Kita arbeiten und die, die es tun, nicht unbedingt eine Leitungsfunktion wollen oder bekommen.

Kann es sein, dass Sie für Ihr Ziel der Akademisierung im politischen Feld noch Überzeugungsarbeit leisten müssen?

Das Meinungsbild ist in der Politik durchaus ambivalent; manchmal speist sich das auch aus einer gewissen Zurückhaltung wegen erwarteter Kostensteigerungen, denn: Akademisierung wird die frühe Bildung teurer werden lassen. Dennoch gibt es eine große Gemeinsamkeit. Ich erlebe immer wieder Einigkeit auf allen politischen Ebenen dahingehend, dass die Frage der Qualität und damit auch der Anforderungsprofile an die zukünftigen Fachkräfte das zentrale Thema der Kita-Entwicklung in den nächsten Jahren sein wird. Die Akademisierung kann dazu Erhebliches beitragen. Natürlich bleibt noch ein Schritt notwendig, der von dieser Überzeugung zur tatsächlichen Einstellung von akademischen Kräften führt.

Sie können sich auch nicht vorstellen, dass der Länderminister-Beschluss zur Akademisierung zurückgenommen wird?

Nein, überhaupt nicht. Ich prognostiziere eher, dass wir in den nächsten Jahren noch feinere Differenzierungen dieses Beschlusses bekommen werden. Denn die Diskussion darüber und über die Schlussfolgerungen ist längst nicht beendet.

Wenn wir uns nun stärker mit dem DQR beschäftigen, fällt mir als Erstes die Konfliktbereitschaft vieler Beteiligter auf. Die DQR-Debatte ist insofern nicht neu, als die Konfliktlinien schon eine Weile zu erkennen sind.

Zwischen Fachschulen und Fachhochschulen verlaufen tatsächlich etliche Konfliktlinien. Es ist nachvollziehbar, denn von diesen Kontroversen lebt eine lebendige Ausbildungslandschaft. Aber man kann die Kontroversen sicherlich auch mit der Konkurrenzsituation und mit Statusfragen erklären. Eine der viel diskutierten Thesen dabei lautet, dass die Fachschule genauso gut ausbilde wie die Fachhochschule. Daran habe ich allerdings erhebliche Zweifel.

Woran machen Sie diese Zweifel fest?

Eine auf Bachelor-Niveau akademisch ausgebildete Fachkraft muss in der Lage sein, sehr differenziert zu beobachten und einzuschätzen und dabei die unterschiedlichen wissenschaftlichen Erkenntnisse einzubeziehen. Sie muss fähig sein, Unterschiede zwischen Kindern und in der kindlichen

Entwicklung genau wahrzunehmen und zu dokumentieren und vieles andere mehr. Da sehe ich durchaus Unterschiede zur Fachschulausbildung. Man sollte auch nicht so tun, als sei die Fachschule gewissermaßen eine heimliche akademische Ausbildung. Diese Debatte hatten wir ja bereits, etwa bei der Frage der Anerkennung von Ausbildungszeiten an den Fachschulen für ein späteres Bachelorstudium. Die Fachschulen wollten eher auf eine Betrachtung hinaus, dass ihre Ausbildung nahezu, mindestens aber annähernd, gleichzusetzen sei mit dem, was in einem Bachelor-Studiengang vermittelt wird. Dagegen habe ich mich immer gewehrt, weil es in die falsche Richtung geht und es meines Erachtens doch mehr eine Statusfrage zu sein scheint.

Was bedeutet das für die Einstufung der Erzieherinnen und Erzieher auf der Skala des DQR?

Ungleiches kann man mit gleichen Kriterien nur schlecht erfassen. Wenn ich den Blick allein auf die Ausbildungen des Schulberufssystems richte, dann kann ich durchaus Stufe 6 als angemessen ansehen. Wenn Sie mich fragen, müsste man jedoch immer auch deutlich machen, worin die Unterschiede bestehen. Denn wenn ich den Blick auf die Systeme von Hochschulen und Fachschulen richte, dann fallen mir doch erhebliche Unterschiede auf. Wenn trotz dieser Unterschiede für die Stufe 6 beim DQR plädiert wird, dann heißt das aber nicht, beide Ausbildungen seien gleich.

Aber was ergibt sich daraus? Die Vereinbarung von Bund und Ländern vom Mai 2013 sagt: Fachschulische Ausbildungen werden auf Stufe 6 geführt; Erzieherinnen und Erzieher sind auf Stufe 6 eingruppiert. Möchten Sie das revidiert sehen?

Diese Entscheidung ist nachvollziehbar und zeigt auch den deutlichen Trend zur Aufwertung der Fachschulausbildung und letztlich des Berufs der Erzieherin. Aber wir müssen zugleich sehen, dass es sich bei dieser Bewertung um *gleichwertige*, nicht aber um *gleichartige* Ausbildungen handelt. So wurde in einem Beschluss der Kultusministerkonferenz und der Jugend- und Familienministerkonferenz[1] bekräftigt, dass nur bis zu 50 Prozent der Ausbildungszeit an einer Fachschule bei der Aufnahme eines Bachelorstudiums angerechnet werden können. Das halte ich für richtig.

1 »Weiterentwicklung der Aus-, Fort- und Weiterbildung von Erzieherinnen und Erziehern – Gemeinsamer Orientierungsrahmen Bildung und Erziehung in der Kindheit«, Beschluss der Kultusministerkonferenz vom 16.09.2010 und der Jugend- und Familienministerkonferenz vom 14.12.2010.

Aus meiner Sicht wäre eine Einstufung der Ausbildung an der Fachschule auf der DQR-Stufe 5 durchaus eine angemessene Bewertung gewesen.

Damit werden Sie sich nicht beliebt machen.

Wir müssen uns ehrlich vor Augen führen, welche Kompetenzstufen wir haben und welche Unterschiede es gibt. Ein kleines praktisches Detail zur Verdeutlichung: Wenn Erzieherinnen und Erzieher in Nordrhein-Westfalen ein Bachelorstudium beginnen wollen, müssen sie oftmals eine Aufnahmeprüfung machen. Mir wird berichtet, dabei sei die Durchfallquote nicht gering. Da muss ich mich doch fragen, ob man einen Bachelorabschluss dieser Hochschule als gleichwertig zu einem Fachschulabschluss betrachten kann, wenn ein Teil dieser Erzieherinnen und Erzieher die Aufnahme an dieser Hochschule nicht schafft. Jedenfalls kommen einem da Zweifel, und wir sollten auch die Unterschiede nicht verwischen, das jedenfalls will auch der DQR nicht. Dennoch zeigt sich in dieser Entscheidung ein richtiger Trend, nämlich der der allgemeinen Anerkennung und Aufwertung des Erzieherinnenberufs. Das ist wirklich nötig. Keinesfalls aber wird damit eine Aussage der jeweils individuellen Kompetenzen der Absolventinnen verbunden.

Können Sie sich vorstellen, dass es neben einer »individuellen Akademisierung«, bei der Einzelne einen akademischen Abschluss erwerben, auch eine »institutionelle Akademisierung« gibt, bei der aus einer Fachschule eine Hochschule wird?

Wir haben gute Fachschulen, die auch gut ausbilden – das ist für mich keine Frage. Ich will auch nicht ausschließen, dass eine Fachschule sich so weiterentwickelt, dass sie eines Tages das leistet, was eine Fachhochschule leistet und deshalb einen anderen Status erhält. Doch das ist ein Prozess, über dessen Gestaltung wir sprechen müssen. Dabei müsste auch die Frage der Zugangsberechtigungen geklärt werden: Welche Voraussetzungen muss jemand mitbringen, der an einer solchen Fachhochschule studieren will? Und es stellt sich die Frage der Wissenschaftlichkeit. Da gibt es Unterschiede im methodischen Vorgehen, im Grund- und im Detailwissen und in der Breite der wissenschaftlichen Grundlagen et cetera. Die Fachschule ist in vielerlei Hinsicht eine praxisbezogene Ausbildung, was ich auch gut finde. Aber damit hat sie auch Grenzen, was die wissenschaftliche Erkenntnistiefe angeht.

Ich nehme mal die Perspektive einer Fachschulleitung ein, die über eine solche »institutionelle Akademisierung« einer Schule nachdenkt. Der würden Sie vermutlich sagen, dass das ein längerer Weg und nicht nur eine kleine Veränderung sein wird.

Das ist ein Weg, mehr nicht. Im Übrigen müssen wir über mehr Durchlässigkeit nachdenken, das jedenfalls erscheint mir als das wichtigste Ziel zwischen den Ebenen. Aber ich würde dieser Fachschulleitung gerne einen anderen Gedanken nahebringen: Ich glaube, dass der U3-Ausbau zwingend eine fachschulische Ausbildung benötigt. Ich glaube eben nicht, dass akademisch ausgebildete Kräfte auch die unmittelbare Betreuung aller Kinder zwischen null und sechs Jahren übernehmen sollten. Ich denke eher, sie haben weitergehende Kompetenzen, die ebenso gebraucht werden. Mir ist hier die Erzieherin bzw. der Erzieher wichtiger. Wir sehen doch heute schon, dass die Erzieherinnen und Erzieher mit unter dreijährigen Kindern Schwierigkeiten haben, weil sie sich in der Ausbildung eher auf die Förderung älterer Kinder konzentriert haben.

Sie würden der Fachschulleitung nahelegen, die Ausbildung gerade für Kinder vor dem dritten Geburtstag, also dem klassischen Kindergartenalter, zu stärken?

Zwangsläufig. Es bietet sich aus meiner Sicht an, die pädagogische Arbeit mit jüngeren Kindern stärker aufzugreifen. Denn ihre Zahl wird mit der Einführung des Rechtsanspruchs deutlich zunehmen. Da werden gut ausgebildete Erzieherinnen und Erzieher gebraucht. Deshalb hat auch die Fachschulausbildung eine gute und unverzichtbare Perspektive.

»Die Ausbildung muss der Einstufung folgen«

Ein Interview mit Ilse Schaad, GEW-Bundesvorstand, über die Rückwirkung des DQR auf die Fachschulen

Felix Berth: Wenn eine Erzieherin erwartet, gemäß ihrer Tätigkeit bezahlt zu werden – ist das eine realistische Erwartung?

Ilse Schaad: Die Anforderungen der Gesellschaft an Erzieherinnen sind hoch. Keiner ist mehr zufrieden damit, dass Kinder in einer Kita verwahrt werden und der Tag irgendwie rumgeht. Stattdessen wird erwartet, dass Kinder in den Einrichtungen nach ihrer Individualität in ihren Fähigkeiten und Fertigkeiten gefördert werden. Auch das, was in Einzelfällen als »Versagen des Elternhauses« betrachtet wird, sollen Erzieherinnen ausgleichen.

Und wenn eine Erzieherin nun fordert: Ich möchte dementsprechend bezahlt sein?

Dann hat sie aus unserer Sicht Recht. Bei uns jedenfalls würde ihr niemand widersprechen: Seit den 1990er-Jahren Jahren setzen sich die Gewerkschaften dafür ein, die sozialpädagogischen Tätigkeiten aufzuwerten. Davor existierte gesellschaftlich die Überzeugung »Erziehen kann jede«, denn Mutter kann ja auch fast jede werden. Im jüngsten Anlauf, in der Verhandlungsrunde 2009, haben die Gewerkschaften ver.di und GEW die Aufwertung der Tätigkeit der Erzieherinnen erneut verlangt.

Man könnte dieser Erzieherin entgegnen: Im öffentlichen Dienst wird nicht nach Tätigkeit bezahlt, sondern nach Qualifikation. Und eine Erzieherin hat normalerweise keinen akademischen Abschluss.

Man muss genau hinschauen: Es gibt durchaus große Bereiche des öffentlichen Dienstes, in denen nach Tätigkeit bezahlt wird. Das betrifft insbesondere die eher schlechter bezahlten Arbeiten. Je anspruchsvoller eine Tätigkeit ist, desto stärker tritt an die Seite des Merkmals »Tätigkeit« das Merkmal der Qualifikation. Das äußert sich zum Beispiel darin, dass in manchen Berufen eine akademische Qualifikation als Voraussetzung verlangt wird. Entsprechend der Qualifikation erfolgt dann die Bezahlung.

Wie beurteilen Sie die Position der Erzieherinnen in diesem Spannungsfeld?

Aus unserer Perspektive ist klar: Bei Erzieherinnen hat sich die Bezahlung nicht parallel zu den Tätigkeiten entwickelt. Wenn Sie ansehen, was Erzieherinnen heute alles leisten sollen – Bildungsdokumentationen, Sprachförderung, Elternarbeit et cetera –, dann ist das weit entfernt von dem, was in den 1970er- und 1980er-Jahren üblich war. Die Arbeitgeber entgegnen diesem Argument allerdings: In allen Berufen hätten sich die Anforderungen nach oben entwickelt; auch eine Sekretärin müsse heute komplexere Tätigkeiten bewältigen.

Die Gewerkschaften widersprechen dem?

Die Komplexität der Tätigkeiten ist bei Erzieherinnen schneller gewachsen als in anderen Berufen. Hinzu kommt: Soziale Kompetenzen, die beim Umgang mit Menschen notwendig sind, werden traditionell schlechter bezahlt als etwa technische Kompetenzen. Aus diesen beiden Gründen fordern wir auch, dass die Ausbildung der Erzieherinnen auf Fachhochschul-Niveau angehoben wird. Die Arbeitgeber erklären uns darauf regelmäßig: Da hätten sie nichts dagegen, aber die reale Tätigkeit bleibe doch die gleiche. Damit müsse auch die Bezahlung gleich bleiben. Das verdeutlicht: Das Argument der gleichen Tätigkeit bringen die Arbeitgeber – aus meiner Sicht – immer dann ins Spiel, wenn es ihnen nützt.

In Deutschland ist das Laufbahnrecht des öffentlichen Dienstes stark geprägt von der Betonung der »Mindestqualifikation«. Ob jemand real höhere Qualifikationen erwirbt oder erworben hat, ist dagegen weniger wichtig.

Dieser Zusammenhang ist deutlich: Jemand darf im öffentlichen Dienst nur dann eine bestimmte Laufbahn beginnen, wenn er mindestens diese oder jene Qualifikation vorweisen kann. Wenn der- oder diejenige dann ein paar Jahre nach Dienstbeginn in einem Studium, vielleicht parallel zum Beruf, eine höhere Qualifikation erwirbt, ist das aus Sicht der Arbeitgeber unwichtig und eine Art Privatvergnügen. Das wird uns Gewerkschaften immer mit Blick auf den Taxifahrer mit zwei Doktortiteln erklärt: Der verdiene ja auch nicht mehr als ein Taxifahrer ohne akademische Zertifikate.

Stellen Sie das infrage?

Nein, nicht grundsätzlich. Man muss ja auch sehen, dass jemand, der sich zusätzlich qualifiziert, seine Chancen erhöht, in Aufstiegspositionen zu kommen. Mit Blick auf die Erzieherinnen plädieren wir deshalb dafür, die Mindestanforderungen für das Arbeitsfeld der Erzieherinnen auf Fachhochschul-Niveau anzuheben. Der Grundsatz, dem wir dabei folgen, ist: Am Anfang des Lebens müssen die Kinder bestmöglich gefördert werden. Am Anfang müssen die Besten engagiert werden, um jedes Kind individuell fördern zu können.

Wenn nun der DQR in Deutschland praxisrelevant wird – etwa indem auf Zeugnissen die damit erreichte DQR-Stufe steht –, wird das an der Situation der Erzieherinnen etwas ändern?

Der DQR wurde nicht als künftiges Eingruppierungssystem konzipiert und wird auch nicht so kommuniziert. Gleichwohl habe ich immer darauf hingewiesen, dass sich der DQR dazu entwickeln wird. In Österreich etwa wird der nationale Qualifikationsrahmen bereits mit Blick auf das Tarifvertragssystem diskutiert. Deshalb ist es so wichtig, die DQR-Systematik zu überprüfen und auf logische Brüche zu untersuchen. Diese logischen Brüche haben wir aus meiner Sicht jedoch nicht verhindert. Schon der Versuch, schulische Abschlüsse aufzunehmen, obwohl das DQR-System für die Bewertung berufsqualifizierender Abschlüsse gedacht ist, war eine Fehlentscheidung. Kein Schulabschluss qualifiziert für einen Beruf – er qualifiziert für eine Ausbildung.

Die Einstufung der Abschlüsse von Fachschulen auf Stufe 6 des DQR ist aus Ihrer Sicht ein solcher logischer Bruch?

Mit dieser Einstufung sind die Qualifikationen der Erzieherinnen wie alle anderen Fachschulabschlüsse eingeordnet. Aus unserer Sicht passt das nicht genau, denn Fachschulen im Ingenieurwesen, die etwa zum Abschluss Techniker führen, und Fachschulen im Erziehungswesen sind nicht das Gleiche. Schon die Zugangsvoraussetzungen unterscheiden sich: Erstere sind in unserer Begrifflichkeit »echte« Fachschulen, weil ihnen eine komplette Berufsausbildung und eine Berufstätigkeit jenseits von Praktika vorausgeht; Letztere sind häufig »unechte« Fachschulen, weil die Erzieherinnen-Ausbildung für einen Teil der Auszubildenden eine berufliche Erstausbildung – zum Teil nach Absolvieren von Praktika – darstellt.

Nun scheint aber eine Entscheidung über die Einstufung aller Fachschulen – und damit auch der Erzieherinnen-Ausbildung – auf Stufe 6 gefallen zu sein. Wie werden Sie damit umgehen?

Ich würde sagen: Mit dieser Entscheidung ist die Ausbildung zur Erzieherin auf Niveau 6 angehoben worden, nun muss die Ausbildung dem faktisch folgen.

Damit entwickeln Sie also aus der Einstufung eine Forderung an die fachschulische Ausbildung: Sie soll in der Praxis so werden, wie sie in der DQR-Theorie bereits ist.

Das ist aus meiner Sicht die zukunftsträchtigere Forderung. Wir wissen doch: Alle Veränderungen zur Verbesserung von beruflichen Qualifikationsanforderungen sind Ergebnisse langer Diskussionsprozesse, vor allem in der Fachöffentlichkeit. Denken Sie etwa an die Ausbildung von Grundschullehrern: Das war lange Zeit – in der DDR noch bis 1989 – eine reine Seminaristen-Ausbildung; heute ist es eine vollakademische Ausbildung, gleichwertig zu den anderen Lehrer-Ausbildungen. Diese Transformation gelang nach langen Diskussionen um notwendige Qualifikationen der Grundschullehrer. Ich denke, dass es im Bereich der Sozial- und Erziehungsberufe eine ähnliche Entwicklung geben wird. Ich weiß zwar, dass solche Entwicklungen nicht linear verlaufen und gelegentlich auch gebremst werden – wenn etwa der Fachkräftebedarf stark steigt. Doch langfristig ist eine Anhebung der Qualifikationsanforderungen durchaus realistisch.

Wenn Sie versuchen, ein paar Jahre in die Zukunft zu blicken: Glauben Sie, dass eine Erzieherin in drei oder vier Jahren mit Verweis auf den DQR ein höheres Gehalt verlangen kann?

Das weiß ich nicht. Aber ich halte es für möglich, dass man sagt: Die Qualifikation der Erzieherinnen ist aufgrund des Ausbildungsorts Fachschule und des weiterbildenden Charakters auf Niveau 6 eingestuft, das setzt eine qualifizierte Ausbildung mit bestimmten Zugangsvoraussetzungen und bestimmten Inhalten voraus. Das muss in der Praxis geleistet werden.

Könnte der DQR in Tarifverhandlungen vielleicht als Argument in die Gegenrichtung verwendet werden – etwa, indem den akademisch qualifizierten Kindheitspädagoginnen höhere Gehälter verweigert werden, weil sie laut DQR ja auf der gleichen Stufe stehen wie die schlecht bezahlten Erzieherinnen?

Das ist in der Tat eine berechtigte Befürchtung. Die Arbeitgeberseite hat schon 2009 erklärt, dass eine höhere Qualifikation nicht automatisch zu einer besseren Bezahlung führt. Die Arbeit habe sich ja nicht geändert. Das aber genau ist der Irrtum. Es ist nämlich genau umgekehrt: Weil sich die Anforderungen im Arbeitsfeld geändert haben, steigen die Qualifikationsanforderungen. Aus beiden Aspekten ergeben sich dann aus unserer Sicht ein Anspruch auf und die Berechtigung von besserer Bezahlung.

Autorinnen und Autoren

Baethge, Martin, Prof. Dr., ist Präsident des Soziologischen Forschungsinstituts Göttingen (SOFI) und Professor i. R. für Allgemeine Soziologie, Schwerpunkte Bildungs- und Berufssoziologie und Soziologische Methodenlehre, an der Georg-August-Universität Göttingen. Seine Arbeitsschwerpunkte sind Arbeits-, Berufs- und Qualifikationsforschung sowie Berufsbildungs- und Weiterbildungsforschung im internationalen Vergleich. E-Mail: martin.baethge@sofi.uni-goettingen.de

Beneke, Doris, Diplom-Pädagogin, ist seit 2012 Leiterin des Zentrums Familie, Bildung und Engagement bei der Diakonie Deutschland. Zwischen 2004 und 2012 war sie Referentin für Kindertageseinrichtungen und Jugendhilfepolitik im Diakonischen Werk der Evangelischen Kirche in Deutschland, davor Geschäftsführerin des Fachverbandes Bundesvereinigung evangelischer Tageseinrichtungen für Kinder. E-Mail: doris.beneke@diakonie.de

Berth, Felix, M.A., ist Historiker und Ökonom. Er absolvierte die Deutsche Journalistenschule und schrieb bis 2011 als Redakteur der Süddeutschen Zeitung über Familien- und Gesellschaftspolitik. Felix Berth ist Coach und Supervisor (DGSv). Seit 2012 arbeitet er am Deutschen Jugendinstitut als Referent des Direktors. E-Mail: berth@dji.de

Cloos, Peter, Prof. Dr., lehrt Pädagogik der Frühen Kindheit an der Universität Hildesheim, Institut für Erziehungswissenschaft. Er ist Sprecher des Kompetenzzentrums Frühe Kindheit Niedersachsen. Seine Forschungsschwerpunkte sind Erziehung und Bildung in Kindertageseinrichtungen, qualitative Forschungsmethoden der Pädagogik der Kindheit und professionelles Handeln in Arbeitsfeldern der Pädagogik der Frühen Kindheit. E-Mail: cloosp@uni-hildesheim.de

Diller, Angelika, Sozialpädagogin und Diplom-Pädagogin, Supervisorin (DGSv) und Qualitätsmanagerin. Ab Mitte der 1970er-Jahre unterschiedliche berufliche Funktionen im Arbeitsfeld der Kindertageseinrichtungen. Am Deutschen Jugendinstitut ab 2003 als wissenschaftliche Referentin in der Abteilung Kinder und Kinderbetreuung mit dem Schwerpunkt »Institutionelle und fachpolitische Weiterentwicklungen«. Von 2009 bis September 2012 Leitung der Weiterbildungsinitiative Frühpädagogische Fachkräfte (WiFF). E-Mail: a.diller@t-online.de

Dudek, Joanna, M.A., hat an der Ludwig-Maximilians-Universität München Pädagogik, Psychologie und Soziologie studiert. Seit 2010 ist sie wissenschaftliche Referentin am Deutschen Jugendinstitut im Projekt Weiterbildungsinitiative Frühpädagogische Fachkräfte (WiFF). Schwerpunkt ihrer Arbeit ist die Analyse der Qualifizierungsmöglichkeiten für Quereinsteiger im frühpädagogischen Bereich. E-Mail: dudek@dji.de

Friederich, Tina, Diplom-Handelslehrerin, arbeitet seit 2008 als wissenschaftliche Referentin am Deutschen Jugendinstitut. Ihre Arbeitsschwerpunkte in der Weiterbildungsinitiative Frühpädagogische Fachkräfte (WiFF) sind sprachliche Bildung, Zusammenarbeit mit Eltern und Inklusion/Kinder mit Behinderung. E-Mail: friederich@dji.de

Friese, Marianne, Prof. Dr., lehrt Erziehungswissenschaften mit dem Schwerpunkt Berufs- und Wirtschaftspädagogik sowie Didaktik der Arbeitslehre an der Justus-Liebig-Universität Gießen. Ihre Forschungsschwerpunkte sind berufliche und betriebliche Aus- und Weiterbildung, Dienstleistungsberufe, Professionalisierung, Organisations-und Kompetenzentwicklung, Übergang Schule-Beruf, Berufliche Integrationsförderung, Gender- sowie Evaluationsforschung. E-Mail: Marianne.friese@erziehung.uni-giessen.de

Funk, Eberhard, Dr., studierte Geschichte, Sciences sociales und Betriebswirtschaft, promovierte in Politischer Wissenschaft und war wissenschaftlicher Mitarbeiter für Neuere Geschichte an der Freien Universität Berlin (FUB). Er war Referent der Ausstellung »Fragen an die deutsche Geschichte« des Deutschen Bundestages sowie Persönlicher Referent des Vizepräsidenten der FUB. Seit 2007 ist er wissenschaftlicher Referent im Deutschen Verein für private und öffentliche Fürsorge; er war zuletzt (stellvertretendes) Mitglied im Arbeitskreis Deutscher Qualifikationsrahmen (AK DQR). E-Mail: funk@deutscher-verein.de

Hanssen, Kirsten, Dr., persönliche Referentin des Direktors des Deutschen Jugendinstituts. Studium der Soziologie an der Universität Bielefeld, Arbeitsschwerpunkte: Kinder- und Jugendhilfe, Jugendforschung, Soziale Berufe, empirische Sozialforschung. E-Mail: hanssen@dji.de

Hoffmann, Hilmar, Prof. Dr., ist Erziehungswissenschaftler mit dem Schwerpunkt Frühkindliche Bildung/Elementarpädagogik und lehrt seit 2003 an der Universität Osnabrück. Gleichzeitig ist er Leiter Elementarpädagogik im Niedersächsischen Institut für Frühkindliche Bildung und Entwicklung (nifbe) und Sprecher des Studiengangtags Pädagogik der Krankheit. Seine derzeitigen Forschungsschwerpunkte sind frühkindliche Bildung und erzieherisches Handeln sowie Professionalisierung frühpädagogischen Fachpersonals. E-Mail: hilmar.hoffmann@uni-osnabrueck.de

Müller-Neuendorf, Manfred, Diplom-Pädagoge, ist seit 1993 Schulleiter des Erzbischöflichen Berufskollegs in Köln. Er ist Vorsitzender der Landesarbeitsgemeinschaft Katholischer Fachschulen für Sozialpädagogik in Nordrhein-Westfalen. Er war Mitglied der Arbeitsgruppe Qualifikationsprofil »Frühpädagogik«-Fachschule/Fachakademie des Deutschen Jugendinstituts und Mitglied der länderübergreifenden Arbeitsgruppe zur Entwicklung eines Lehrplans für die Ausbildung von Erzieherinnen und Erziehern an Fachschulen/Fachakademien. E-Mail: sachsenring@eb-koeln.de

Nürnberg, Carola, Dr., ist Diplom-Psychologin und seit 2010 wissenschaftliche Referentin am Deutschen Jugendinstitut in der Weiterbildungsinitiative Frühpädagogische Fachkräfte. Arbeitsschwerpunkt: anschlussfähige Bildungswege. E-Mail: nuernberg@dji.de

Rauschenbach, Thomas, Prof. Dr., Direktor und Vorstandsvorsitzender des Deutschen Jugendinstituts, Professor für Sozialpädagogik an der Universität Dortmund, Leiter des Forschungsverbunds DJI/TU Dortmund und der Dortmunder Arbeitsstelle für Kinder- und Jugendhilfestatistik. Seine Forschungsschwerpunkte sind u.a. Bildung im Kindes- und Jugendalter, Kinder- und Jugendarbeit, soziale Berufe in Ausbildung und Arbeitsmarkt, bürgerschaftliches Engagement sowie Kinder- und Jugendhilfestatistik. E-Mail: rauschenbach@dji.de

Reitzner, Bianca, Diplom-Psychologin, hat an der Katholischen Universität Eichstätt-Ingolstadt studiert. Seit 2012 ist sie wissenschaftliche Referentin am Deutschen Jugendinstitut im Projekt Weiterbildungsinitiative Frühpädagogische Fachkräfte (WiFF). Schwerpunkte ihrer Arbeit sind die Beobachtung und Analyse der Entwicklung frühpädagogischer Studiengänge in Deutschland. E-Mail: reitzner@dji.de

Schaad, Ilse, war nach einem Lehramtsstudium und dem Studium der Psychologie Lehrerin an Gesamtschulen in Bruchköbel und Berlin. Zehn Jahre lang war sie stellvertretende Vorsitzende des Gesamtpersonalrats der LehrerInnen und ErzieherInnen des Landes Berlin. Seit 2005 ist sie als Mitglied des Bundesvorstandes der Gewerkschaft Erziehung und Wissenschaft (GRW) zuständig für Angestellten- und Beamtenpolitik und Verhandlungsführerin der GEW bei bundesweiten Tarifverhandlungen. E-Mail: Ilse.Schaad@gew.de

Schäfer, Klaus, Prof., war bis 2012 Staatssekretär im Ministerium für Familie, Kinder, Jugend, Kultur und Sport des Landes Nordrhein-Westfalen und zuvor langjähriger Abteilungsleiter für Kinder- und Jugendhilfe. Er ist Diplom-Pädagoge und Honorarprofessor an der Universität Bielefeld. E-Mail: prof.klaus.schaefer@web.de

Stieve, Claus, Prof. Dr., arbeitete nach seiner Erzieherausbildung in der Gruppenarbeit, Leitung und Fachberatung von Kindertageseinrichtungen sowie als Projektmanager für frühkindliche Bildung. Nach Studium und Promotion ist er seit 2009 Professor für Erziehungswissenschaft mit Schwerpunkt frühe Kindheit an der Fachhochschule Köln und derzeit Studiendekan der Fakultät für angewandte Sozialwissenschaften. Seine Forschungsschwerpunkte bilden die Phänomenologie kindlicher Weltzugänge und Bildungstheorien der frühen Kindheit. Er ist stellvertretender Sprecher des Studiengangstags Pädagogik der Kindheit. E-Mail: claus.stieve@fh-koeln.de